不变弹性方差模型下的保险组合选择

刘海龙　刘小涛　著

科学出版社

北京

内 容 简 介

本书主要聚焦于不变弹性方差(CEV)模型下的非自融资组合选择问题,通过将非自融资组合优化问题和实物期权定价问题结合,建立了一套求解分析非自融资投资组合选择问题的一般性框架,阐释了非自融资组合和普通组合管理的区别与联系,突出了风险管理策略对非自融资组合管理的重要性.

本书适合动态投资组合选择方向的相关研究人员、保险或年金组合管理人员阅读,也可供大学相关专业的师生参考.

图书在版编目(CIP)数据

不变弹性方差模型下的保险组合选择/刘海龙, 刘小涛著. —北京: 科学出版社, 2022.9

ISBN 978-7-03-071595-1

Ⅰ. ①不… Ⅱ. ①刘… ②刘… Ⅲ. ①保险投资–组合分析 Ⅳ. ① F840.5

中国版本图书馆 CIP 数据核字(2022)第 029917 号

责任编辑: 魏如萍 / 责任校对: 彭珍珍
责任印制: 张 伟 / 封面设计: 有道设计

科 学 出 版 社 出版
北京东黄城根北街 16 号
邮政编码: 100717
http://www.sciencep.com

北京凌奇印刷有限责任公司 印刷
科学出版社发行 各地新华书店经销

*

2022 年 9 月第 一 版 开本: 720 × 1000 1/16
2023 年 2 月第二次印刷 印张: 10 1/4
字数: 210 000

定价: 106.00 元
(如有印装质量问题, 我社负责调换)

前　　言

近年来, 我国资本市场供给侧结构性改革不断深入, 其中一项重点任务便是推动更多中长期资金入市. 为此, 中国证券监督管理委员会进一步提升权益类基金占比, 扩大公募基金投顾业务试点范围, 鼓励和支持社保、保险、养老金等中长期资金入市, 推动个人养老金税收递延账户投资公募基金政策落地. 2020 年 3 月 22 日, 中国银行保险监督管理委员会 (以下简称银保监会) 副主席周亮在中华人民共和国国务院新闻办公室发布会上也表示, 银保监会将进一步深化金融供给侧结构性改革, 积极支持扩大直接融资. 2020 年 7 月 17 日, 银保监会发布《关于优化保险公司权益类资产配置监管有关事项的通知》, 指出根据保险公司偿付能力充足率、资产负债管理能力及风险状况等指标, 明确八档权益类资产监管比例, 最高可到占上季末总资产的 45%. 在监管政策的支持下, 公募基金和保险资管近期迎来了飞速发展.

公募基金是 A 股市场最主要的机构投资者之一. 随着 A 股被正式纳入明晟 (Morgan Stanley Capital International, MSCI) 指数体系, 公募基金的发展思路开始出现一些新的特征. 一方面, 在外资风险平价、全天候、宏观风险因子等模型的启发下, 以往以精选个股为主要获取超额收益手段的权益型基金, 开始逐渐重视资产配置在投资决策中的作用. 例如, 以资产配置为核心投资策略的基金产品——基金中的基金 (fund of funds, FOF) 于 2017 年开始登陆 A 股公募市场, 并在最近几年取得了迅猛的发展. 另一方面, 随着 A 股市场的日益成熟, 作为资产配置最重要的底层基础资产, 交易型开放式指数基金 (exchange traded fund, ETF) 也取得了迅猛的发展. 截至 2021 年 7 月初, A 股市场可以正常交易的 ETF 涵盖股票、货币、债券、商品、黄金等大类资产, 并有恒生 ETF (159920.SZ)、标普 500ETF (513500.SH)、日经 ETF (513520.SH) 等跨境 ETF 可供投资者进行全球资产配置.

保险是 A 股市场的第二大机构投资者. 近年来, 我国保险公司总资产持续稳步增加. 银保监会的统计数据显示, 2019 年全年保险公司原保险保费收入达 4.3 万亿元, 同比增长 12.2%; 赔款与给付支出 1.3 万亿元, 同比增长 4.9%. 保单件数高速增长, 2019 年前四季度保险业新增保单件数 495.4 亿件, 同比增长 70.5%. 截至 2020 年第二季度末, 保险公司总资产达 22 万亿元. 分项来看, 其中产险 2.4 万亿元, 人身险 18.6 万亿元, 再保险 5133 亿元, 保险资产管理公司总资产 643 亿元. 从投资去向来看, 传统的保险资金主要配置于存款和债券. 近年来, 随着宏观利率的持续下行, 以权益投资作为主要增强手段的各类 "固收 +" 产品开始逐渐受到重视, 保险资金投资股市额度不断提升. 2020 年第三季度末保险资金运用额度达 20.52 万亿元, 投资股票和基金的规模达 2.76 万亿元, 占保险资金运用余额的 13.45%.

保险资金投资证券市场有利于提高保费资金利用效率, 拓宽自身利润来源, 从而提升公司竞争力. 例如, 在伯克希尔·哈撒韦集团中, 政府雇员保险公司 (Government Employees Insurance Company, GEICO) 以其源源不断的保费收入提供稳定可持续的现金流, 巴菲特则致力于资金的投资运作. 尽管近年来由于事故发生率升高, 理赔成本不断增加, GEICO 的承保端利润不断收缩, 但得益于巴菲特的 "聪明投资", 投资收入保持稳健增长态势. 然而, 相比于固收或类固收产品, 保险资金涉足证券投资却面临较大的市场风险. 监管政策要求, 保险资管需结合对资本市场及各类资产风险收益的判断, 确定合适的资产配置策略, 并同时满足投资目标和各种风险预算约束.

保险组合管理问题并不完全等价于普通组合管理问题. 和一般的投资组合相比, 保险组合最大的不同在于其具有非自融资 (non-self-financing) 性, 即除所持有的资产价格波动外, 保费收入和赔付支出均会导致组合的总规模发生变化, 从而导致投资策略发生变化, 并最终得到不同的间接效用. 从组合管理过程来讲, 除市场风险外, 保险投资策略还必须考虑自身的业务风险. 特别地, 保险公司可能在给上市公司提供保单服务的同时投资其股票, 这就导致保险业务和投资业务之间出现关联交叉. 这种关联性对于组合管理而言是一把双刃剑, 如果处理不当, 组合就可能面临双重风险暴露的不利冲击. 事实上, 因为系统性风险的存在, 这种关联性其实是普遍存在的.

另外, 由于保险资金运作周期偏长, 所以保险组合选择是一个典型的跨期组合选择 (intertemporal portfolio choice) 问题, 故必须考虑资产的长期动态风险收益特征. 经典的动态组合选择模型, 如 Merton (1969) 中通常假设风险资产价格过程服从几何布朗运动, 这意味着收益率序列满足独立不相关的正态分布, 且收益率和波动率参数为确定常数. 在几何布朗运动假设下, 对于同一投资者而言, 除投资期限因素外, 不同时刻的状态变量是完全等价的, 故投资者只需要关注当前状态即可, 所以对应的投资策略称为短视策略 (myopic policy), 这样的投资环境称为不变 (常数) 机会集 (constant opportunities).

然而大量的金融市场特征事实, 如收益率的肥尾分布、期权的波动率微笑、动量效应等并不支持正态独立假设. 为了更加贴近现实, 近年来学者主要关注时变或随机机会集 (time-varying/stochastic opportunities) 中的组合选择问题, 如随机收益率模型 (Kim and Omberg, 1996; Liu, 2007)、随机波动率模型 (Chacko and Viceira, 2005; Zeng and Taksar, 2013)、机制转换模型 (Ang and Bekaert, 2002, 2004)、跳扩散模型 (Liu et al., 2003; Aït-Sahalia et al., 2009) 等. 投资者在时变机会集中进行动态决策时, 除需关注下一瞬间风险收益状态外, 还需考虑决策集在未来可能发生的各种变化, 这就导致了动态 (跨期) 对冲需求 (dynamic/intertemporal hedging demands) 的出现.

不变弹性方差 (constant elasticity of variance, CEV) 过程是一个著名的随机波动率模型, 指价格过程满足随机微分方程:

$$\frac{\mathrm{d}S(s)}{S(s)} = \mu \mathrm{d}s + \sigma S(s)^\alpha \mathrm{d}Z(s),$$

其中, α 为波动率的弹性系数, 即单位对数价格变动引起的单位对数波动率的变化. CEV 模型最早由 Cox 和 Ross (1976) 提出. 相比于几何布朗运动模型, 该模型的波动率一般情况下不再是常数, 而是依赖于价格本身的幂函数. 当 $\alpha = 0$ 时, 其退化为几何布朗运动模型; 当 $\alpha < 0$ 时, 其通常用来刻画股票市场的杠杆效应 (leverage effect), 即价格下跌时波动率会放大的现象 (Beckers, 1980; Christie, 1982; Yu, 2005; Aït-Sahalia et al., 2013; Zumbach, 2013); 当 $\alpha > 0$ 时, 能够刻画商品的反杠杆效应 (inverse leverage effect), 即价格上涨时波动率会放大的现象 (Geman and Shih, 2009; Assa, 2016).

作为一个随机波动率模型, CEV 模型曾被广泛地应用于衍生品定价中, 近年来, 许多学者研究了 CEV 模型下的动态组合选择问题, 尤其是保险组合选择问题, 但是仍然存在若干不足之处. 首先, 大量文献在处理 CEV 模型和盈余资金流的风险相关性时, 要么假设其完全相关, 要么假设其完全不相关, 而忽视了部分相关的情形. 其次, 已有基于 CEV 模型的保险组合选择模型主要优化终端财富对应目标, 然而在现实中, 除终端财富分布之外, 投资者还关心实现终端财富的具体实现路径, 一般要求在存续期内组合需满足一定的动态风险约束条件. 在 CEV 模型下, 尚无文献研究带有风险预算约束的最优投资问题. 最后, 大量的保险组合选择文献着重于同时讨论投资和再保险策略. 现实中, 对于小型的保险公司, 其的确具有一定的再保险需求, 以转移对冲自身的部分风险. 然而对于有足够风险承担能力的大型保险公司而言, 由于再保险保费并不是廉价的, 因此只需要专注于纯投资 (investment-only) 策略即可. 事实上, 我国的保险业务数据也显示, 再保险资产规模远远小于原保险资产规模, 这意味着实际中再保险服务可能 "求而不得", 所以管理者只能采取纯投资策略.

如何在综合考虑市场风险、盈余风险及二者相关性风险、时变投资机会集风险的基础上求解投资策略, 仍然是保险投资实务和学术研究关心的热点问题之一. 结合市场实际, 针对现有研究的不足, 本书使用 CEV 模型刻画金融市场的随机波动现象, 在考虑金融市场和盈余资金流之间的完全或部分风险相关性以及动态在险价值 (value at risk, VaR) 风险预算约束的基础上使用随机最优控制 (stochastic optimal control) 方法求解五个保险组合优化问题.

利用随机最优控制方法求解组合选择问题的核心在于化简哈密顿–雅可比–贝尔曼 (Hamilton-Jacobi-Bellman, HJB) 方程 (组), 由于本书建立的保险组合选择模型考虑了更多的因素, 现有方法并不奏效, 因此必须寻求新的途径. 我们的做法是通过实物期权方法将保险组合转换为普通的自融资组合, 从而可以利用已知结果直接猜测出间接效用函数的形式. 这种做法背后的逻辑在于随机资金流是一系列不可交易的未来收益流, 本质上可以看作实物期权, 它最终导致保险组合和对应融资组合的间接效用存在差异. 如果投资者可以通过支付对价收购保险业务从而抹平效用差异, 该对价就是资金流的期权价值.

本书的推导验证了这种做法的可行性, 结果表明, 在本书考虑的几个模型中, 非自融资投资组合选择问题的确可以转化为一个实物期权定价问题和一个自融资组合选择问题. 同时, 相比于自融资组合的短视投资需求和动态对冲需求, 非自融资组合的投资策略中还会多出来额外的投资需求——静态对冲需求和德尔塔对冲需求. 其中, 静态对冲需求旨在对冲随机资金流本身的波动风险, 而德尔塔对冲需求则主要是为了对冲随机资金流对应的实物期权价值波动风险.

本书共包含 6 章, 详细安排如下.

第 1 章为文献综述. 首先综述了组合选择问题的基本概念和相关模型; 其次, 分别论述了均值–方差和期望效用两种不同优化目标下的研究思路、常用方法以及最新进展; 最后, 详细总结了四种常见时变市场模型下的经典组合选择模型.

第 2 章基于完备市场假设, 在 CEV 模型下研究了双曲绝对风险厌恶 (hyperbolic absolute risk aversion, HARA) 型保险组合的最优动态选择问题. 假定盈余过程服从带漂移的布朗运动, 即扩散近似 (diffusion approximation) 模型. 为了揭示非自融资组合选择问题和风险中性定价问题之间的关系, 假定市场中只有一个风险源, 即驱动资金流过程的布朗运动和驱动风险资产价格的布朗运动完全相关. 投资者的目标是最大化终端财富的期望效用. 根据随机控制理论, 首先建立该问题的 HJB 方程; 然后通过猜测值函数的代数形式, 直接将三维非线性偏微分方程化简为两个二维抛物型偏微分方程, 并借助于变量分离技巧和 Feynman-Kac 公式分别求得它们的显式解及相应的最优投资策略; 最后, 重点讨论了完备市场假设下的非自融资选择问题与相应自融资组合选择问题及无套利定价问题的联系、最优投资策略的结构及其金融学含义, 并给出了数值案例.

第 3 章在第 2 章的基础上进一步研究了 HARA 效用函数的特例——常数绝对风险厌恶 (constant absolute risk aversion, CARA) 型保险组合在非完备市场中的最优动态选择问题. 具体而言, 本章仍然假定风险资产的价格过程服从 CEV 模型, 随机资金流服从扩散近似模型, 特别地, 在金融市场风险的基础上进一步考虑了保险行业的特异性风险. 根据随机控制理论, 首先建立该问题的 HJB 方程, 然后通过猜测值函数的代数形式, 分别求得它们的显式解及相应的最优投资策略, 给出了盈余资金流的效用无差异价值, 并严格证明了解的验证定理 (verification theorem). 最后, 针对特殊的资金流和 CEV 模型参数, 详细讨论了最优策略的意义, 并通过数值案例分析了参数变化对结果的影响.

第 4 章在第 3 章的基础上基于均值–方差目标研究了相应的最优时间一致投资问题. 具体而言, 该章仍然假定风险资产的价格过程服从 CEV 模型, 随机资金流服从扩散近似模型, 且存在特异性风险. 假设投资者具有均值–方差目标并进行时间一致决策. 首先根据时间不一致随机最优控制理论建立扩展 (extended) HJB 方程组, 然后通过综合运用分离变量和随机控制技巧得到问题的最优时间一致 (time-consistent) 投资策略的显式解. 接着讨论了投资策略的经济含义, 并特别分析了均值–方差组合的特例——最小方差组合. 最后, 给出了数值案例, 分析了忽视时间一致对冲策略导致的福利损失.

第 5 章基于 CEV 模型考虑了一个均值–方差准则下的时间一致资产负债管理问题. 假设债务过程服从几何布朗运动, 并且和风险资产存在部分风险相关性. 通过求解该时间不一致随机最优控制问题, 最终得到了均衡资产负债管理策略的显式解, 并讨论了其经济含义.

第 6 章考虑了确定缴费 (defined contribution, DC) 型年金在受到 VaR 风险预算约束时的最优投资问题. 首先将 VaR 风险预算约束转换为投资策略的动态取值范围, 然后通过建立受约束 HJB 方程得到投资策略的一些重要性质, 并进一步利用多期二叉树方法给出数值解, 最后探讨了参数变化对结果的影响.

本书一方面期冀能够为保险资产管理实务提供科学严谨的决策依据及有益参考; 另一方面, 希望基于金融学视角拓宽现有基于随机控制理论的保险组合选择问题研究边界. 本书发展的将非自融资组合选择问题转换为实物期权定价问题和自融资组合选择问题的方法具有一定的普适性, 对其他场景下的保险组合选择问题研究具有一定的启示. 由于研究问题本身具有一定的复杂度, 难免存在一些不足之处, 欢迎广大读者批评指正. 本书的研究工作受国家自然科学基金项目 (项目编号：71873088) 和中国博士后科学基金项目 (项目编号：2021M701444) 的资助. 本书出版过程中得到科学出版社的编辑魏如萍的大力协助, 谨在此一并致谢.

刘海龙　刘小涛

2021 年 12 月 9 日

目　　录

第1章　投资组合选择问题综述 ·· 1

1.1　投资组合选择问题概述 ··· 1

1.2　不同投资目标下的组合选择问题 ·· 2

1.3　不同市场环境下的组合选择问题 ·· 8

1.4　本章小结 ··· 19

第2章　完备市场下基于HARA效用和CEV模型的保险最优投资策略 ········ 20

2.1　引言 ··· 20

2.2　模型建立 ··· 21

2.3　问题求解 ··· 24

2.4　结果分析 ··· 30

2.5　本章小结 ··· 38

第3章　非完备市场下基于CARA效用和CEV模型的保险最优投资策略 ······ 39

3.1　引言 ··· 39

3.2　模型建立 ··· 41

3.3　问题求解 ··· 42

3.4　结果分析 ··· 48

3.5　本章小结 ··· 54

第4章　非完备市场下基于均值–方差准则和CEV模型的保险均衡投资策略 ··· 56

4.1　引言 ··· 56

4.2　模型建立 ··· 57

4.3　问题求解 ··· 59

4.4　结果分析 ··· 70

4.5　本章小结 ··· 76

第5章　非完备市场下基于均值–方差准则的均衡资产负债管理策略 ········· 78

5.1　引言 ··· 78

5.2　模型建立 ··· 79

5.3　问题求解 ··· 81

5.4　本章小结 ··· 95

第 6 章　CEV 模型下基于 CARA 效用和动态 VaR 约束的 DC 型年金最优投资策略 ·················· 97

　6.1　引言 ·· 97

　6.2　模型建立 ·· 99

　6.3　问题求解 ··· 103

　6.4　数值算例 ··· 106

　6.5　本章小结 ··· 110

参考文献 ··· 111

附录 A　CEV 过程的基本数学性质 ··· 127

附录 B　随机微分方程和 Feynman-Kac 公式 ·································· 134

附录 C　预先承诺策略和时间一致策略 ·· 136

　C.1　基本经济假设 ··· 136

　C.2　预先承诺投资策略 ··· 138

　C.3　时间一致 (均衡) 投资策略 ·· 141

附录 D　主要定理证明 ··· 142

　D.1　定理 3.5 证明 ··· 142

　D.2　定理 4.5 证明 ··· 144

　D.3　定理 5.3 证明 ··· 145

附录 E　第 6 章数值算法核心实现代码 ··· 147

第 1 章 投资组合选择问题综述

本章首先介绍投资组合选择问题的概念和模型; 其次, 分别论述均值–方差和期望效用这两种常见目标下的求解方法及最新进展; 最后, 总结四类常见时变市场下的组合选择模型及一些重要结果. 这些方法和结果为本书的求解分析提供了有益借鉴.

1.1 投资组合选择问题概述

组合选择 (朱书尚等, 2004; 何朝林和孟卫东, 2009; Brandt, 2010; Markowitz, 2010; 郑振龙和陈志英, 2012; Rogers, 2013; Detemple, 2014; Zhang et al., 2018), 又称资产配置 (asset allocation) (Campbell and Viceira, 2002; Wachter, 2010), 是金融学术研究和投资实务关注的核心问题之一. 狭义的组合选择问题主要关注单个微观主体在不确定环境中的最优 (跨期) 投资决策问题, 广义的组合选择问题进一步考虑了经济主体的消费、生产、寿险等决策行为, 以及建立在此基础上的金融市场乃至整个经济体的一般均衡模型.

Markowitz (1952) 建立的均值–方差模型揭开了现代微观金融学的序幕; Sharpe (1964) 在此基础上建立了资本资产定价模型 (capital asset pricing model, CAPM). 随后, Merton (1969, 1971) 建立了最优投资消费模型和跨期资本资产定价模型 (intertemporal capital asset pricing model, ICAPM) (Merton, 1973). 金融经济学中的很多问题, 如组合保险问题 (Brennan and Solanki, 1981; Grossman and Vila, 1989; Basak, 1995)、套期保值问题 (Stulz, 1984; Duffie and Jackson, 1990; Duffie and Richardson, 1991; Basak and Chabakauri, 2012)、效用无差别定价问题 (Hodges and Neuberger, 1989; Davis et al., 1993; Musiela and Zariphopoulou, 2004a, 2004b; Mania and Schweizer, 2005)、企业年金或者养老基金的配置问题 (Rudolf and Ziemba, 2004; Cairns et al., 2006; Bodie et al., 2009; 刘海龙, 2011; 张初兵等, 2011; 张初兵, 2014)、保险人 (公司) 的纯投资及投资和再保险问题 (Browne, 1995; Hipp and Plum, 2000; Yang and Zhang, 2005; Wang et al., 2007; Wang, 2007)、动态资产负债管理问题 (Consigli and Dempster, 1998; Hoevenaars et al., 2008; Ferstl and Weissensteiner, 2011; Yao et al., 2013) 等都可以在组合选择模型的框架下进行求解. 实证研究 (Brinson et al., 1986, 1995; Blake et al., 1999; Ibbotson and Kaplan, 2000; Ibbotson, 2010; Cardinale et al., 2014) 表明, 资产配置在投资决策中起到决定性作用.

组合选择问题主要研究理性经济人在不确定投资机会集中如何进行决策, 以使得一定约束条件下的目标达到最优. 经典的组合选择模型中涉及两个核心假设: 一个是投资者的优化目标及约束条件, 另一个是决策机会集或者经济环境. 投资目标及其约束反映了经济人对各种机会的权衡取舍态度以及受到的各种主客观限制. 从现有研究来看, 均值–方差准则 (Markowitz, 1952) 和冯·诺依曼–摩根斯坦恩期望效用函数 (Merton, 1969, 1971) 是组合选择问题中最为常用的两种目标函数; 近年来随着行为经济学的发展, 损失厌恶 (Berkelaar et al., 2004)、双曲折现 (Laibson, 1997)、模糊厌恶 (Bossaerts et al., 2010) 等偏好也逐渐开始引起学者的关注.

在狭义的组合选择模型中, 投资机会集特指金融市场中资产价格的动态以及决策者面临的各种可能的交易约束. 在完全信息 (full information) 情况下, 价格模型及所有涉及的参数对于所有投资者都是已知且相同的. 在完美市场 (perfect market) 中, 由于信息完全对称且已知、资金借贷利率相等、不存在买空卖空约束和显隐性交易成本等, 投资机会集则简化为资产价格的联合动态过程. 在连续时间金融中, 通常假设资产的价格服从 (多元) 几何布朗运动过程, 这一假设意味着投资机会集是不随时间变化的, 但却与许多现实数据不符. 近年来, 随着实证资产定价研究的发展, 大量更加切近现实市场的时变金融市场模型开始逐渐被引入到组合选择问题中. 我们首先论述均值–方差准则和期望效用函数这两种最经典目标下的组合选择模型和求解方法, 然后论述几类典型时变金融市场环境下的组合选择模型.

1.2   不同投资目标下的组合选择问题

确定投资目标, 即经济人的偏好是进行组合选择建模时需要首先解决的问题. 一般而言, 即使投资集完全相同, 不同投资目标下的策略也不完全相同. 在半个多世纪以来的组合选择研究中, 最常使用的目标当属马科维茨模型 (Markowitz, 1952) 的均值–方差准则和最优投资消费模型 (Merton, 1969, 1971) 的冯·诺依曼–摩根斯坦恩期望效用函数. 后者在数学上是一个典型的随机最优控制问题, 通常可以沿用 Merton (1969, 1971) 的思路首先给出某一投资策略下组合财富演化的随机过程, 然后根据有效状态变量确定值函数 (间接效用函数) 所满足的 HJB 方程. 其核心是求解 HJB 方程, 一般可以根据边界条件的函数形式猜测出值函数的可能形式, 从而降低 HJB 方程的维度, 消除其中的非线性项, 最终求得显式解. 因为方差不具有迭代期望性质, 进而导致均值–方差目标不满足贝尔曼最优性原理, 所以无法直接套用经典随机最优控制方法, 并且均值–方差目标对应的优化结果和通常意义上的 "最优" 有一定的区别. 由于这两种目标下的模型在方法和结果上存在较大差异, 因此我们分别对其进行综述.

在下面的叙述中, 假定 t 为决策开始时刻; T 为投资组合绩效评估时刻; $s \in [t, T]$ 为所有决策时刻; $\mathscr{F}_s$ 为截至 s 时刻的所有信息; W_T 为 T 时刻的组合财富.

1.2.1 基于均值–方差准则的组合选择

均值–方差模型源于 Markowitz (1952) 的奠基性工作. 该模型使用组合收益率的方差来衡量风险, 理性投资者面临的最优投资问题是如何选择资产的配置比例, 以使得给定风险下组合的期望收益率最大或者在给定期望收益率下组合面临的风险最小; 当同时考虑投资组合的期望收益和风险时, 投资者的目标可以记为[①]

$$\mathbf{E}[W_T | \mathscr{F}_t] - \frac{\gamma}{2} \mathbf{Var}[W_T | \mathscr{F}_t], \tag{1.2.1}$$

其中, γ 为风险厌恶系数. 在资产预期收益率向量和方差–协方差矩阵给定时, 该问题在数学上对应于一个多元二次规划问题, 具有显式解. 考虑到各种实际约束, 在基准模型(1.2.1)的基础上进一步加入无风险资产、卖空和融资约束、持仓上限等.

除风险和收益的权衡外, 时间配置是金融决策的另一个重要视角, 即未来和现在的抉择. 但是 Markowitz (1952) 的模型是单期的, 实际中投资活动并不只进行一次决策, 因此, 一个自然而然的推广便是多期均值–方差模型, 或者在数学上更加易于建模处理的连续时间均值–方差模型. 然而相应多期问题却并不容易求解, 在单期均值–方差投资组合模型提出后的几十年中, 大量研究主要集中于讨论短视多期模型 (Campbell and Viceira, 1999; Aït-Sahalia and Brandt, 2001; Jagannathan and Ma, 2003; Bansal et al., 2004; Acharya and Pedersen, 2005; Hong et al., 2006; Brandt, 2010; Campbell et al., 2010). 短视多期模型指投资者在当期只需要优化下一期的目标即可, 但是每一期最优并不意味着最终结果最优.

实际中进行多期问题决策时, 在每一步除考虑当前状态和下一期的信息外, 还必须虑及下一期的下一期及更远时间段的各种可能的变化, 如此随着时间的推移依次更新策略直至到期, 这便是动态均值–方差组合选择问题. 例如, 在连续时间完备市场假设下, Bajeux-Besnainou 和 Portait (1998)、Bielecki 等 (2005)、Cvitanić 等 (2008)、MacLean 等 (2011) 求解了终端期望财富等于预设水平的均值–方差模型. 在非完备市场假设下, Cochrane (2014) 求解了使得组合收益率的长期方差最小化, 但又同时必须保证组合的长期收益率均值等于一个提前设定水平的最优投资策略.

动态问题和静态 (单期) 问题的最大区别在于动态模型会考虑投资决策集在未来可能发生的各种变化. Brandt (1999)、Campbell 和 Viceira (1999) 的研究表明, 在

[①] 在单期模型中, 投资目标通常针对的是收益率; 在多期或者连续时间模型中, 投资目标通常针对的则是财富本身. 在此仅关注连续时间模型.

多期组合选择问题中, 风险资产的配置权重主要来自跨期对冲需求. 然而动态均值–方差组合选择问题求解却较为困难, 不同于 Merton (1969, 1971) 建立在期望效用函数基础上的连续时间最优投资消费问题, 由于方差不具备迭代期望性质, 因此贝尔曼最优性原理以及在此基础上建立的经典随机最优控制方法无法直接适用于处理该问题, 这方面的研究一直进展缓慢. 直到 21 世纪初, Li 和 Ng (2000)、Zhou 和 Li (2000) 分别在离散及连续时间完备市场假设下, 提出了嵌入法 (embedded technique), 从而可以将原始均值–方差问题转化为一个目标函数为二次函数的辅助优化问题, 该辅助优化问题可以直接使用经典的随机控制方法或者鞅方法求解. 在此基础上, Wang 和 Forsyth (2010) 利用有限元方法给出了均值–方差准则下嵌入法对应的 HJB 方程的数值求解方法. Cui 等 (2012) 放松了自融资条件, 允许组合存续期内投资者撤回资金, 得到了一个占优于自融资均值–方差组合策略的投资策略. Dang 和 Forsyth (2016) 进一步推广了 Cui 等 (2012) 的非自融资策略, 并给出了嵌入法得到的 HJB 方程的数值算法. Shi 等 (2017) 则进一步将非自融资占优策略推广到跳扩散市场.

　　嵌入法的提出极大地推动了动态均值–方差模型的发展, 利用该方法求解动态均值–方差模型得到的投资策略通常称为预先承诺策略 (pre-committed-strategy). 这是因为均值–方差目标具有时间不一致性 (time-inconsistency), 即在进行完初始决策后的某个时刻, 投资者有一定的动机去偏离初始时刻制定的投资策略, 除非投资者严守该承诺. 由于长期投资中, 管理人可能经常发生变化, 故严守承诺通常无法得到保证, 这意味着预先承诺策略是不稳定的.

　　为此, 在时间一致决策理论 (Strotz, 1955) 的基础上, Basak 和 Chabakauri (2010) 在非完备非常数投资集市场中, 利用全方差分解递推公式, 首次给出了动态均值–方差组合的时间一致投资策略的显式解以及几个特殊市场假设下的解析解. 随后, Björk 和 Murgoci (2014)、Björk 等 (2017) 分别在离散和连续时间框架下, 系统地建立起一类包括但不限于均值–方差目标的时间不一致随机最优控制问题的一般性理论. 不同于经典随机最优控制问题中 "最优解" 的概念, 时间不一致问题中的时间一致策略是一个子博弈完美纳什均衡 (Nash equilibrium) 解, 它是稳定的, Björk 给出了该解的严格数学定义并从博弈论的角度阐释了该解的金融学含义. 类似于经典随机动态规划问题的 HJB 方程, Björk 建立了扩展 (广义) HJB 方程组用来求解时间不一致随机动态规划问题

　　随着动态均值–方差问题的完整解决, 以及时间不一致随机最优控制理论的系统建立, 近年来, 大量的研究扩展了 Basak 和 Chabakauri (2010) 的时间一致动态均值–方差模型. Wang 和 Forsyth (2011) 给出了含有任意约束条件的动态均值–方差模型时间一致策略的数值求解方法. Basak 和 Chabakauri (2012) 在均值–方差准则下研究了非完备市场中的时间一致对冲策略. Zhang 等 (2017) 研究了均值–方差准

则下期权的时间一致对冲策略. 在 Basak 和 Chabakauri (2010) 的模型中, 投资者的时间一致投资策略与组合的当前财富无关, 即只要市场环境给定, 无论初始禀赋是多少, 投资者均投资固定数量的财富于风险资产. 为了解决这个问题, Björk 等 (2014) 引入了依赖于财富状态的风险厌恶系数, 求解了状态依赖风险厌恶系数下的动态均值–方差问题, 特别地, 当风险厌恶系数与财富的倒数成正比时, 给出了时间一致策略的显式解. 相应地, Li Y W 和 Li Z F (2013) 研究了状态依赖风险厌恶下保险人的最优投资和再保险问题. Sun 等 (2016) 在跳扩散几何布朗运动市场中, 同时研究了状态依赖的预先承诺策略和时间一致策略.

除使用方差刻画风险之外, Markowitz (2010) 还提及使用半方差、平均绝对离差、VaR、条件在险价值 (conditional value at risk, CVaR) 等测度风险. Rockafellar 和 Uryasev (2000)、Krokhmal 等 (2002)、Huang 等 (2010)、He 和 Zhou (2011)、He 等 (2015) 讨论了 CVaR 组合的最优配置问题; Basak 和 Shapiro (2001) 在完备市场中研究了带有 VaR 约束的常数相对风险厌恶 (constant relative risky averse，CRRA) 型投资者的最优投资问题; Campbell 等 (2001)、Alexander 和 Baptista (2004)、Cui 等 (2013)、Zhou 等 (2017) 研究了 VaR 框架下的组合选择问题.

需要指出的是, 虽然均值–方差模型在理论界极其流行, 但是作为一个定量模型, 其应用到实践层面却遇到了不少困难. 在投资实践中, 标的资产的期望收益不可直接观测, 所以必须进行统计估计, 在估计过程中必然会引入估计偏差. 由于模型给出的最优权重对输入极度敏感, 即使微小的变动也可能引起配置权重的巨大变化, 这就导致用估计值计算出的权重可能存在较大偏差. 为此, Black 和 Litterman (1991, 1992) 通过引入投资者观点及置信度修正了期望收益和风险矩阵, 从贝叶斯逆向优化分析 Kolm 和 Ritter (2017) 的思路出发, 建立了著名的布莱克–莱特曼 (Black-Litterman) 模型. 近年来, Harris 等 (2017) 进一步将该模型推广到动态情形.

实证研究表明, 在实践中风险较收益更容易估计. 基于直接控制分配管理风险的视角, Chow 和 Kritzman (2001)、Sharpe (2002)、鲍奕奕和刘海龙 (2007)、Roncalli (2013) 等研究了风险预算 (risk budget) 模型. 站在强调风险贡献均衡的角度, Qian (2005, 2011) 赋予所有配置资产相同的风险预算, 建立了风险平价 (risk parity) 模型。Clarke 等 (2013) 进一步给出了风险平价、最大分散化投资组合以及最小方差投资组合的非严格闭解形式. Zhu 等 (2010) 在均值–方差框架下引入了边际风险控制约束, 为积极组合风险管理提供了一个合适的分析工具. Li 等 (2013) 进一步在多因子模型和均值–方差框架下, 提出了一种在组合优化中分配系统风险的模型. Bai 等 (2016) 则给出了一种求解风险平价组合的最小二乘方法. 经典的风险平价模型中考虑的是资产的风险对组合风险的贡献, Roncalli 和 Weisang (2016) 基于风险因子的角度研究了风险因子组合的风险平价问题.

1.2.2 基于期望效用函数的组合选择

20 世纪 50 年代, 冯·诺依曼和摩根斯坦恩在公理化假设的基础上, 运用逻辑和数学工具, 建立了不确定条件下理性人进行决策分析的期望效用函数理论, 随后被广泛地应用于经济分析中. 作为一类特殊的期望效用函数, HARA 效用函数被广泛地应用于组合选择模型中. HARA 效用可以表示为

$$U(W) = \frac{1-\gamma}{\gamma}\left(\frac{a}{1-\gamma}W + b\right)^{\gamma}, \tag{1.2.2}$$

其中, a, b, γ 均为常数且满足 $a > 0, \frac{a}{1-\gamma}W + b > 0$, 相应的阿罗–普拉特 (Arrow-Pratt) 绝对风险厌恶函数为

$$A(W) = -\frac{U''(W)}{U'(W)} = \frac{1}{W/(1-\gamma) + b/a}. \tag{1.2.3}$$

组合选择研究中常用的 CRRA 效用、对数效用、CARA 效用、二次效用都是 HARA 效用的特例.

Samuelson (1969) 利用动态规划的方法建立起离散时间动态投资消费模型的基本框架, 并详细讨论了 CRRA 效用下经济人的最优投资和消费策略. Merton (1969) 将 Samuelson (1969) 的离散时间框架推广到连续时间框架; 在风险资产价格服从多维几何布朗运动模型的假设下, 利用随机最优控制方法给出了 CRRA 效用下最优投资和消费策略的解析解. Merton (1971) 分别在非几何布朗运动市场、更一般 HARA 效用函数、带有工资收入、不确定寿命、带有违约风险的无风险资产几种情形下进一步推广了连续时间动态投资消费模型.

在连续时间框架下求解最优投资消费问题时, 通常需要利用随机控制方法建立相应的 HJB 方程. 一般情形下, HJB 方程是一个非线性偏微分方程, 并不容易求解. 在完备市场假设下, Cox 和 Huang (1989) 提出了鞅方法, 它绕开了复杂的非线性偏微分方程求解问题, 可以将最优投资问题最终转化为线性偏微分方程的求解问题. Duffie 等 (1997) 利用随机控制理论中黏性解 (viscosity solution) 的技巧研究了含有不可对冲工资风险时, HARA 型经济人的最优投资消费问题. 假定股票价格服从一般的扩散过程, 且瞬时平均收益率和波动率都是价格自身的函数, Zariphopoulou (1999) 给出了 CRRA 型投资者的最优投资消费问题显式解的一般结构. 具体而言, 如果无风险利率为常数 r, 价格过程 $S(s)$ 为

$$dS(s) = \mu(S(s))ds + \sigma(S(s))dZ(s), \quad S(t) = S, \tag{1.2.4}$$

其中, $Z(s)$ 为一维标准布朗运动, 表示金融市场的不确定性. 如果投资者具有 CRRA

效用函数, 即 $U(W) = \dfrac{W^\gamma}{\gamma}$, 则其间接效用函数具有如下形式:

$$J(t, W, S) = \sup \mathbb{E}[U(W_T)|W(t) = W, S(t) = S] = \frac{W^\gamma}{\gamma}v(t, S)^{1-\gamma}, \qquad (1.2.5)$$

其中, $v(t, S)$ 满足抛物型偏微分方程:

$$v_t + \frac{1}{2}\sigma(S)^2 S^2 v_{SS} + \left[\mu(S)S + \frac{\gamma(\mu(S)-r)S}{1-\gamma}\right]v_S$$
$$+ \frac{\gamma}{1-\gamma}\left[r + \frac{(\mu(S)-r)^2}{2\sigma(S)^2(1-\gamma)}\right]v = 0, \qquad (1.2.6)$$

可以进一步利用 Feynman-Kac 公式给出显式解. Viceira (2001) 在离散时间框架下利用对数线性化近似 (log-linear approximate) 技术研究了不可完全对冲的劳动收入对 CRRA 型投资者最优投资消费策略的影响. Zariphopoulou (2001) 假定无风险利率为常数 r, 风险资产价格过程满足

$$\frac{\mathrm{d}S(s)}{S(s)} = \mu(s, X(s))\mathrm{d}s + \sigma(s, X(s))\mathrm{d}Z(s), \quad S(t) = S, \qquad (1.2.7)$$

$$\mathrm{d}X(s) = b(s, X(s))\mathrm{d}s + a(s, X(s))(\rho\mathrm{d}Z(s) + \sqrt{1-\rho^2}\mathrm{d}Z_1(s)), \quad X(t) = X, \qquad (1.2.8)$$

其中, $X(s)$ 为一个状态变量; $Z_1(s)$ 为状态变量本身的独有驱动随机因素 (特异性风险); ρ 为状态变量风险和收益率风险之间的相关系数. 如果投资者具有 CRRA 风险偏好, 即 $U(W) = \dfrac{W^\gamma}{\gamma}$, 则其间接效用函数具有如下形式:

$$J(t, W, X) = \sup \mathbb{E}[U(W_T)|W(t) = W, X(t) = X] = \frac{W^\gamma}{\gamma}v(t, X)^{\frac{1-\gamma}{1-\gamma+\rho^2\gamma}}, \qquad (1.2.9)$$

其中, $v(t, X)$ 满足抛物型偏微分方程:

$$v_t + \frac{1}{2}a(t, X)^2 v_{XX} + \left[b(t, X) + \rho\frac{\gamma(\mu(t, X)-r)a(t, X)}{1-\gamma}\sigma(t, X)\right]v_X$$
$$+ \frac{\gamma(1-\gamma+\rho^2\gamma)}{1-\gamma}\left[r + \frac{(\mu(t, X)-r)^2}{2\sigma(t, X)^2(1-\gamma)}\right]v = 0. \qquad (1.2.10)$$

同样地, 可以进一步利用 Feynman-Kac 公式给出其显式解. Henderson (2005) 在风险资产价格服从几何布朗运动的假设下, 给出了具有服从一般扩散过程且不可完全对冲工资收入的 CARA 型投资者最优投资策略显式解. 受利率期限结构中

的 "二次过程" (quadratic process) 相关概念 (Ahn et al., 2002; Chen et al., 2004) 的
启发, Liu (2007) 假定短期利率和股票收益率以及波动率服从 "二次过程", 在完
备和非完备市场中借助 Zariphopoulou (2001) 的变量分离方法分别将 CRRA 型投
资者的最优投资问题对应的 HJB 方程化简为黎卡提 (Riccati) 方程组, 并在几个特
殊情形下给出了解析解.

　　建立并求解 HJB 方程是研究动态组合选择问题的常规手段, 但是由于 HJB
方程是非线性偏微分方程, 除少数几个特殊投资目标和投资集外, 一般情况下很
难得到显式解. 因此, 在一些特殊情况下可以使用勒让德对偶变换 (Legendre dual
transformation) 的方法 (Xiao et al., 2007; Gao, 2009a) 移除非线性项, 其他一些情形
下需要借助数值求解手段. 然而, 当时变金融市场的风险资产数目和相关状态变
量增加时, 值函数的维度也会相应增加. 在非完备市场中, HJB 方程的维度以有效
状态变量数目的平方速度增长, 此时数值求解手段也无能为力. 为此, Cvitanić 等
(2003)、Detemple 等 (2003)、Brandt 等 (2005)、Bick 等 (2013) 分别在不同的假设
下发展了蒙特卡罗 (Monte Carlo) 模拟方法用于求解动态组合选择问题. 此外, 随
着近几年人工智能概念的流行, Li 和 Forsyth (2019) 开始尝试使用机器学习的方法
求解资产配置问题.

1.3　不同市场环境下的组合选择问题

　　对资产的风险收益联合动态特征建模是组合选择问题的核心. 资产价格过程
体现了投资者对资产回报和风险的动态预期. 在早期组合选择研究中, 如 Samuel-
son (1969)、Merton (1969)、Munk (2000)、Maenhout (2004)、Henderson (2005) 的
研究, 一般在连续时间下均假设风险资产服从 (多维) 几何布朗运动, 即

$$\frac{\mathrm{d}S(s)}{S(s)} = \mu \mathrm{d}s + \sigma \mathrm{d}Z(s), \tag{1.3.1}$$

其中, μ、σ 均为常数, 分别表示风险资产的瞬时收益率和波动率; $Z(s)$ 为一维标准
布朗运动, 表示金融市场的不确定性. 或者在离散时间下假设收益率时间序列服从
独立不相关的正态分布, 但是这一假设与真实市场中收益率分布尖峰厚尾、股票
收益率具有可预测性、期权存在波动率微笑、股价可能发生大幅度跳跃、"牛、熊"
等不同市场状态下收益率分布不同等事实不符. 为此, 学者建立了大量的时变金融
市场模型来描述资产的动态风险收益特性. 对于组合选择问题而言, 当投资集时变
时, 投资者在进行组合选择时不仅要考虑价格本身的风险, 还需要考虑投资机会集
变化带来的风险. 按照经济本质和数理统计模型, 我们将现有的时变投资集模型划
分为随机收益率、随机波动率、机制转换、跳扩散四种类型, 并分别对其进行综述.

1.3.1   基于随机收益率模型的组合选择

组合选择的终极目标便是获得投资收益, 对资产的收益做出合理的假设是进行组合选择的基本前提之一. 同一资产在不同时刻、不同状态下的收益可能发生变化, 不同资产在同一截面期内的收益也存在差异, 资产定价实证研究的主要工作之一便是从时间序列和横截面两个维度对收益率进行建模. 作为两种最为重要的利率投资标的, 现金和债券经常被纳入组合中, 其收益率通常用利率期限结构模型来刻画. 对于风险资产, 经典的做法是直接假设价格服从几何布朗运动, 这意味着资产收益率服从独立不相关的正态分布. 然而这却无法解释收益率分布具有尖峰厚尾性质、动量效应广泛存在等实证现象. 近年来, 资产定价实证中的一个重要共识便是风险资产超额收益率的可预测性 (Cochrane, 2008; Koijen and van Nieuwerburgh, 2011). 综合考虑到无风险资产的期限结构和风险资产的超额可预测收益率, 众多学者研究了相关的组合选择问题.

Kim 和 Omberg (1996) 假设市场风险价格 (market price of risk) 服从均值回复过程, 即风险资产价格过程满足

$$\frac{dS(s)}{S(s)} = \mu(s)ds + \sigma(s)dZ(s), \tag{1.3.2}$$

$$dX(s) = \lambda_X(\bar{X} - X(s))ds + \sigma_X(\rho dZ(s) + \sqrt{1-\rho^2}dZ_X(s)), \tag{1.3.3}$$

其中, $X(s) = \frac{\mu(s)-r}{\sigma(s)}$ 为市场风险价格; $\lambda_X(>0)$、σ_X、$\rho \in [-1,1]$、$\bar{X}$ 均为常数; $Z(s)$、$Z_X(s)$ 为两个独立的一维标准布朗运动. 利用变量分离技巧, Kim 和 Omberg (1996) 给出了 HARA 型投资者的最优投资策略显式解, 并从数学上详细地讨论了该组最优解的一些性质. 该模型的求解过程, 为后续组合选择问题提供了参考范式. 例如, Basak 和 Chabakauri (2010) 在同样假设下, 研究了动态均值–方差准则下的时间一致投资策略; 张玲等 (2015) 在同样假设下, 研究了 CARA 型投资者的最优动态资产负债管理问题. Barberis (2000) 在离散时间收益率可预测模型的基础上分析了参数估计误差对 CRRA 型长期投资者最优买入持有策略的影响, 结果发现即使存在参数估计误差, 在考虑收益率可预测性后, 随着投资期限的增加, 风险资产的投资比例也相应增加. Xia (2001) 在连续时间收益率可预测模型的基础上引入了模型不确定性, 研究了具有学习能力的 CRRA 型投资者的最优投资消费问题, 结果发现收益率可预测和学习行为对组合选择具有显著的影响. Wachter (2002) 假定风险资产的瞬时收益率服从均值回复过程, 分别研究了 CRRA 型经济人的最优组合选择和最优消费问题, 并给出了完备市场中最优配置策略的精确解. Maenhout (2006) 在市场的风险溢价服从均值回复过程的假设下, 研究了具有模型被错误识别担忧的 CRRA 型投资者的鲁棒投资策略, 结果发现, 为了满足鲁棒性, 投资者风险资产的

投资比例会下降, 但是动态对冲需求比例会增加. 此外, Basak 和 Chabakauri (2010) 给出了超额收益率服从均值回复过程时均值–方差目标对应的时间一致投资策略.

考虑到股票市场的短期动量效应 (Moskowitz et al., 2012; Novy-Marx, 2012; Asness et al., 2013) 和长期反转效应, Koijen 等 (2009) 假设瞬时收益率服从一个均值回复过程, 并同时受已实现历史收益率的影响. 基于此, Koijen 等 (2009) 研究了 CRRA 型投资者的最优投资问题. He 等 (2018) 在 Koijen 等 (2009) 研究的基础上, 考虑了一个有限时间动量模型, 使用随机延迟微分方程 (stochastic delay differential equations) 的随机最优控制理论 (Chen and Wu, 2010) 研究了 CRRA 型投资者的最优投资问题. Wu 等 (2017) 则在递归效用假设下研究了考虑动量效应的最优投资消费问题. Moallemi 和 Sağlam (2017) 在综合考虑收益可预测、交易成本、交易限制和风险的基础上, 提出了一种线性调仓规则, 并给出了相应的算法. Gârleanu (2009)、Gârleanu 和 Pedersen (2013, 2016) 在收益率可预测模型的基础上研究了非完美市场中的组合选择问题. 在类似模型假设下, Lioui (2013) 求解并对比了均值–方差目标下的时间一致和预先承诺策略. Li 和 Liu (2019) 进一步深入研究了最优动态动量交易策略.

在股息率、短期利率、长期利率均服从算术布朗运动的假设下, Brennan 等 (1997) 研究了 CRRA 偏好型投资者的最优股票、现金、永续债券最优配置问题. 美国市场的数据表明, 短视投资者的战术资产配置 (tactical asset allocation) 策略和 Brennan 等 (1997) 长期投资者的战略资产配置 (strategic asset allocation) 截然不同, 将收益率可预测性纳入战略资产配置模型中会显著提高组合的样本外收益. Sørensen (1999) 在 Vasicek 利率模型下, 研究了完备市场中 CRRA 型投资者的最优股票和债券配置问题. Brennan 和 Xia (2000) 在 Hull-White 利率框架下, 研究了 CRRA 型投资者的最优现金、债券、股票配置问题. Brennan 和 Xia (2002) 研究了通货膨胀背景下 CRRA 型投资者的最优股票、名义债券、现金的配置问题, 给出了最优投资策略的显式解. 同样在 Vasicek 利率框架下, Bajeux-Besnainou 等 (2003) 研究了 HARA 型投资者的最优股票、现金、债券配置问题, 给出了最优投资策略的封闭解. Munk 等 (2004) 假设股票的超额收益率服从均值回复过程, 名义短期利率服从 Vasicek 过程, 通货膨胀率也服从均值回复过程, 研究了 CRRA 型投资者的最优现金、名义债券、股票的配置问题, 给出了最优投资策略的显式解. Detemple 和 Rindisbacher (2005) 在含不可完全对冲风险的随机利率模型下, 研究了带有约束条件的 CRRA 型投资者最优投资策略, 并给出了显式解. Cairns 等 (2006) 在 Vasicek 利率框架下研究了 CRRA 效用下带有不可对冲的随机工资的 DC 型养老金的最优配置问题, 并得到了显式解. Munk 和 Sørensen (2010) 在利率服从 Vasicek 模型的基础上, 假设资产价格满足仿射过程 (affine process), 研究了具有随机工资的 CRRA 型投资人最优投资消费问题. Guan 和 Liang (2014a) 在随机利率和随机波动率框架下讨论了 CRRA 型经济人的 DC 型养老金投资问题. 在随机利率和随机通货膨胀率假设下, Guan 和 Liang (2014b) 讨论了 CRRA 型保险人的最优投资和再保险问题. Chang H 和 Chang K (2017) 在 Vasicek 利率模型下, 研究了 HARA 型经济人的最优投资消费问题.

　　某些股票价格之间存在协整关系, 投资者可以利用这种关系进行配对交易. Duan 和 Pliska (2004) 建立了连续时间下的协整模型用于期权定价. Jurek 和 Yang (2007) 在 CRRA 效用假设下考虑了满足均值回复过程的价差的最优配置策略及递归效用下的相应投资消费策略, 傅毅等 (2019) 求解了 CARA 效用下的最优投资策略. Tourin 和 Yan (2013) 在 Duan 和 Pliska (2004) 的模型下研究了 CARA 型投资者的最优配对交易策略, 即假设对数价格及其线性组合满足如下随机微分方程组:

$$\mathrm{d}\log(S_1(s)) = (\mu_1 - \sigma_1^2/2 + \delta X(s))\mathrm{d}s + \sigma_1 \mathrm{d}Z_1(s), \tag{1.3.4}$$

$$\mathrm{d}\log(S_2(s)) = (\mu_2 - \sigma_2^2/2)\mathrm{d}s + \sigma_2(\rho \mathrm{d}Z_1(s) + \sqrt{1-\rho^2}\mathrm{d}Z_2(s)), \tag{1.3.5}$$

$$X(s) = \alpha + \log(S_1(s)) + \beta \log(S_2(s)). \tag{1.3.6}$$

　　Liu 和 Timmermann (2013) 在 Duan 和 Pliska (2004) 研究的基础上加入了一个市场基准指数, 研究了 CRRA 型投资者的最优投资策略, 发现投资者投资于协整资产的权重并不总是一多一空, 在某些状态下, 投资者可能会同时做空两个协整资产. Lei 和 Xu (2015) 在 Tourin 和 Yan (2013) 研究的基础上加入了交易成本, 使用脉冲控制方法研究了投资者的最优择时 (进入和退出时刻) 策略. Chiu 和 Wong (2015) 研究了协整市场中均值–方差准则下的时间一致策略, Chiu 和 Wong (2018) 在此基础上进一步考虑了鲁棒配对交易策略.

　　在时变瞬时收益率均值模型中, 还有另一种常用模型——指数均值回复模型, 即价格的对数满足 Ornstein-Uhlenbeck 过程

$$\mathrm{d}X(s) = \lambda(\bar{X} - X(s))\mathrm{d}s + \sigma \mathrm{d}Z(s), \tag{1.3.7}$$

其中, $X(s) = \log(S(s))$ 为价格的对数; $\lambda(>0)$、σ、$\bar{X}$ 均为常数. Schwartz (1997) 引入该模型用于商品现货价格建模. Benth 和 Karlsen (2005) 研究了指数均值回复市场中 CRRA 型投资者的最优投资问题, 借助于 Zariphopoulou (1999) 的变换方法式 (1.2.5), 给出了投资策略的解析解. 王蕾和顾孟迪 (2013)、李启才和顾孟迪 (2016) 研究了指数均值回复市场中的最优投资和再保险问题. 傅毅等 (2017) 用指数均值回复过程刻画价差, 研究了配对交易问题. Ye (2018) 在考虑交易成本的基础上使用深度学习研究了均值回复资产的组合优化问题.

1.3.2   基于随机波动率模型的组合选择

在组合选择决策中, 投资者不但关注收益, 还关注风险. 投资组合的风险来源于所配置标的的风险, 因此对基础资产的风险过程建模也是进行组合选择的关键步骤. 资产波动率是最常使用的风险指标. 经典组合选择模型中通常假设波动率为常数, 然而它并不符合现实, 如该假设无法解释期权的波动率微笑现象. 近年来, 大量的实证研究表明 (Shephard and Andersen, 2009), 波动率存在随机动态结构, 特别地, 当考虑多个资产时, 收益率的相关系数矩阵也可能随时间发生变化. 为此, 学者建立了大量模型如 GARCH (generalized autoregressive conditional heteroskedasticity, 广义自回归条件异方差) 过程、Heston 模型 (Heston, 1993; da Fonseca et al., 2008)、CEV 模型 (Black, 1976) 等对资产价格和波动率进行联合建模.

近年来, 大量学者基于随机波动率假设研究了组合选择问题. 从现有的随机波动率模型来看, 一类直接用价格状态变量对波动率进行建模, 主要是 CEV 模型; 另一类则需要引入额外的状态变量来刻画波动率过程. 下面分别进行论述.

1. CEV 模型

在该模型下, 第一类文献主要研究具有确定资金流的动态组合选择问题. 肖建武和秦成林 (2005)、Josa-Fombellida 等 (2018) 研究了收益确定 (defined benefit, DB) 型养老金的最优投资问题. Xiao 等 (2007) 利用勒让德对偶变换的方法研究了对数效用型投资者企业年金的最优配置问题; Gao (2009b) 分别研究了 CRRA 和 CARA 型投资者 DC 型养老金的最优配置问题; Gao (2009a) 分别研究了 CRRA 和 CARA 型投资者企业年金的最优配置问题; Jung 和 Kim (2012) 进一步在 HARA 效用下研究了企业年金的最优投资问题. 除效用函数外, 张初兵和荣喜民 (2012) 在均值–方差目标下基于 CEV 模型研究了 DC 型养老金的最优投资策略.

第二类文献主要研究自融资组合选择问题及投资消费问题. Darius (2005) 首先研究了 CEV 模型下自融资组合的单资产及多资产最优选择问题. 肖建武和尹希明 (2011) 假设投资者的消费为常数, 在对数效用下研究了最优投资问题. 假定市场上有多个服从 CEV 过程的风险资产, Zhao 和 Rong (2012, 2017) 分别研究了 CARA 型和 CRRA 型投资者的最优投资问题. Chang 等 (2013) 研究了 CRRA 型和 CARA 型投资人的最优投资消费问题. 吴辉和马超群 (2015) 求解了 CARA 效用下的微分博弈问题. Bakkaloglu 等 (2017) 利用李群对称性方法给出了基于 CEV 投资消费问题的另一个解法. Yuan 和 Lai (2019) 假定消费服从算术布朗运动, 研究了 CARA 型经济人的最优投资问题. 此外, Basak 和 Chabakauri (2010) 给出了均值–方差准则下 CEV 模型的时间一致投资策略解析解; Shen 等 (2014) 则研究了相应的预先承诺策略.

第三类文献主要研究带有随机资金流的组合选择问题, 主要是保险组合选择及资产负债管理问题. 假定盈余过程是带漂移的布朗运动, 荣喜民和范立鑫 (2012) 分别研究了 CRRA 和 CARA 效用下保险人的最优投资问题; 在同样的假设下, Gu 等 (2010) 分别研究了 CRRA 和 CARA 效用下保险人的最优比例再保险和投资问题; Gu 等 (2012) 在 CARA 效用下分别考虑了保险人的最优纯投资和超额损失再保险及投资问题, 并在正弹性方差系数假设下严格证明了解的相关验证定理. Li 等 (2014, 2016a) 同时研究了 CARA 型保险人和再保险人的最优投资和再保险问题; Li 等 (2015) 研究了均值–方差准则下保险人和再保险人的时间一致投资策略; Wu K 和 Wu W X (2016) 利用勒让德对偶变换技巧研究了对数效用下的最优再保险及投资问题; 李冰和耿彩霞 (2018) 研究了 CARA 型保险人的最优鲁棒超额损失再保险和投资策略; 聂高琴 (2019) 研究了 HARA 效用下的再保险与投资策略. 假定盈余过程为经典的 Cramér-Lundberg 模型, Li 等 (2014) 研究了 CARA 型保险人的超额损失再保险和最优投资问题. 在同样的假设下, 李启才和顾孟迪 (2015) 进一步研究了 CARA 型保险人的比率合约与超额损失混合再保险和最优投资问题. 假定盈余过程是带跳过程和漂移项的布朗运动, Xiang 和 Li (2011)、Liang 等 (2012)、曾敏和陈萍 (2016) 研究了 CARA 型保险投资人的最优再保险和投资问题; Zheng 等 (2016) 考虑了保险人的鲁棒最优再保险投资策略; Wang 等 (2018) 同时研究了 CARA 型保险投资人和再保险投资人的最优投资和再保险问题; A 等 (2018) 进一步考虑了与历史业绩相关的资金流, 研究了相应的超额损失再保险和投资问题. 在均值–方差准则下, Shen 和 Zeng (2015) 研究了一类包括但不限于 CEV 模型下的预先承诺再保险投资策略; Lin 和 Qian (2015) 求解了最优时间一致再保险投资策略. 此外, Li 等 (2016b) 研究了带有随机收入的 DC 型养老金退休前与退休后的时间一致投资问题; Zhang 和 Chen (2016a) 研究了经典的资产负债管理问题; Li 等 (2017) 研究了带有违约债券的 DC 型养老金的时间一致投资问题.

2. 随机波动率状态变量模型

Longstaff (2001) 假设波动率服从漂移项为零的几何布朗运动, 同时为了刻画流动性约束, 假定投资者单位时间内调仓数量不能超过某一设定上限, 研究了对数效用下投资者的最优投资策略, 结果发现存在流动性限制时, 如同被施加融资约束或者卖空约束一样, 投资风险资产的比例可能会增加. 刘海龙和吴冲锋 (2002) 假设波动率服从一个复杂的扩散过程, 研究了 CRRA 型经济人的最优投资消费问题. Fleming 和 Hernández-Hernández (2003) 假定波动率是外生状态变量的一般函数, 状态变量服从一个扩散项为常数的特殊扩散过程, 研究了 CRRA 型经济人的无穷时间最优投资消费问题. Kraft (2005) 研究了 Heston 随机波动率框架下 CRRA 型投资者的最优投资问题, 指出该问题对应的 HJB 方程在经典 Heston 模型的参数约束集中不具良好定义, 并给出了最优解唯一且有限时模型参数的取值范围. Basak

和 Chabakauri (2010) 在均值–方差准则下给出了一类包括但不限于 Heston 模型的随机波动率模型对应的时间一致投资策略. 伊博等 (2012) 假设投资者可投资无风险资产和一种风险资产, 目标是最大化终端财富的期望幂效用, 风险资产的价格过程由 Stein-Stein 随机波动率模型 (Stein E M and Stein J C, 1991) 刻画. 同时, 投资者期望能在投资过程中利用动态 VaR 约束控制所面对的风险. 运用贝尔曼动态规划方法和拉格朗日乘子法, 得到了该约束问题最优策略的解析式及特殊情形下最优值函数的解析式. Zeng 和 Taksar (2013) 推广了经典的 Heston 模型, 假设波动率是外生状态变量的一般形式函数, 外生状态变量服从平方根扩散过程, 研究了 CRRA 型投资者的最优投资问题. 梁宗霞和赵笑阳 (2016) 假设利率模型是 Vasicek 模型, 股票模型是广义 Heston 随机波动率模型, 收入服从几何布朗运动, 且收入的增长率与利率有协整关系, 研究了 CRRA 型经济人的最优消费零息债券、股票和寿险投资决策问题.

　　Chacko 和 Viceira (2005) 假设股票波动率平方的倒数服从平方根扩散过程, 研究了非完备市场下具有递归效用的经济人最优投资消费问题, 在单位替代弹性下得到了显式解, 其他情况得到了近似解. 美国的实证数据显示, 波动率和回报率的瞬时相关系数为负. 此时, 即使投资者极度厌恶风险, 他们的动态对冲需求也并不大, 同时波动率风险对于投资决策的影响甚微. Hsuku (2007) 拓展了 Chacko 和 Viceira (2005) 的不完备市场模型, 引入了非冗余的衍生证券使市场完备化, 并基于 Heston 模型, 在连续时间递归效用下得到了最优投资策略在特殊参数下的解析表达以及一般参数对应的数值解. Larsen 和 Munk (2012) 建立了一个一般性的框架以评估在给定的市场环境中背离 CRRA 型投资者最优投资策略带来的福利损失, 他们特别指出, 当波动率随机时, 投资者可以从期权投资中获益, 同时对冲波动率的风险对于投资者而言是不重要的. Escobar 等 (2015) 假定投资者可以投资股票及衍生品市场, 股票价格过程带跳且波动率服从平方根扩散过程, 研究了具有模糊厌恶的鲁棒最优投资问题. 结果发现模糊厌恶会显著地影响价格和波动率各自对应的风险暴露, 在不完全市场中, 波动率模糊对投资策略的影响很小. 忽视跳跃风险、模型不确定性以及衍生品会导致福利损失. 数值算例表明忽视模型不确定性带来的损失不亚于不参与衍生品交易带来的损失. 在 Chacko 和 Viceira (2005) 研究的基础上, Faria 和 Correia-da-Silva (2016) 利用鲁棒控制利率和微扰技术进一步考虑了模糊厌恶下的组合选择问题, 发现考虑到模糊厌恶时, 随机波动率对投资策略有影响, 但是相对而言, 投资者更关注收益率的模糊性, 跨期对冲需求仍然很小. Escobar 等 (2017a) 分别在完备和非完备多因子随机波动率模型下研究了 CRRA 型投资者的最优投资问题, 发现短视投资、忽视衍生品资产以及使用单因子模型并忽视收益率之间的随机相关性会导致显著的福利损失.

　　Li 等 (2012) 假定风险资产价格服从 Heston 随机波动率模型, 盈余过程服从带漂移项的算术布朗运动, 分别给出了均值–方差框架下的保险人的时间一致再保险和投资策略以及纯投资策略封闭解. A 和 Li (2015) 在同样的市场条件下, 假设盈余过程服从经典风险过程, 分别给出了 CARA 效用下的保险人的时间一致再保险和投资策略以及纯投资策略封闭解.

在多元市场中, Buraschi 等 (2010) 用满足 Wishart 过程的相关系数矩阵刻画资产收益率的相关性风险, 研究了 CRRA 型投资者的最优投资问题, 结果发现相对于单个资产的情形, 多资产情形下对应的动态对冲需求变得更大. 由随机相关系数带来的动态对冲需求是显著的, 且随着方差–协方差矩阵冲击的持续性、杠杆效应的强度、投资集的维度及投资约束的持续时间的增加而增加. Chiu 和 Wong (2014a) 假设相关系数矩阵是 Wishart 过程的函数, 利用嵌入法研究了均值–方差准则下投资者的最优投资问题. Chiu 和 Wong (2014a) 在 Chiu 和 Wong (2014b) 研究的基础上, 加入了服从经典风险过程的负债, 研究了保险人的最优投资问题. Guan 和 Liang (2014a) 假设利率具有二次期限结构, 波动率满足 Heston 模型, 在 CRRA 效用下研究了 DC 型养老金的最优现金、债券、股票配置问题, 并给出了解析解. Luo 和 Zeng (2014) 在含有多个风险资产的市场中假设股票的收益率和波动率由有限状态的马尔可夫状态驱动, 并且波动率服从均值回复过程, 给出了离散时间框架下 CRRA 型投资者的最优投资策略近似解. Ma 和 Forsyth (2016) 给出了一个基于随机波动率模型的连续时间动态均值–方差组合数值求解方法.

另外, 肖建武 (2014, 2015) 基于 Heston 模型研究了养老金的相关配置问题. 樊顺厚等 (2016) 研究了 Heston 模型下的动态资产负债管理问题.

1.3.3　基于机制转换模型的组合选择

众所周知, 经济运行存在周期性, 如美林投资时钟将经济划分为复苏、过热、滞胀、衰退四个阶段, 不同周期阶段大类资产的相对强弱存在显著差异. 类似地, 资本市场也存在牛市和熊市两个状态, 并且在这两个状态之间的不断更替中演进. 在不同的市场状态下, 金融市场的收益率和波动率风险是不一样的. 为了刻画这种非连续状态, 计量经济学家引入了马尔可夫机制转换 (regime-switching) 型 (Hamilton, 1994; Ang and Timmermann, 2012; 韩立岩等, 2017) 对金融市场进行建模, 实证结果表明机制转换模型能够很好地描述资产收益率的尖峰肥尾、异方差和非对称相关系数等性质. 近年来, 大量学者研究了机制转换模型下的组合选择问题.

高波动熊市中, 国际证券间的相关性会增强, 此时国际投资能否起到分散化效果值得商榷. Ang 和 Bekaert (2002, 2004) 在离散时间框架下假设时变投资集由马尔可夫机制转换过程调制, 如熊市状态波动率和相关系数会增加, 求解了 CRRA 型投资者的动态组合选择问题. 结果表明, 即使考虑到机制转换, 国际分散投资仍有意义; 忽视机制转换对于纯风险资产组合影响并不大, 但是一旦加入了无风险资产, 影响则会变大. Graflund 和 Nilsson (2003) 在同样的框架下研究了 CRRA 型经济人的最优投资消费问题, 结果显示, 最优投资策略依赖于决策时的机制. 和以往文献相比, 在机制转换模型下, 动态对冲需求变得非常复杂, 只在一些机制下出现, 在另一些机制下并不出现. Honda (2003) 在连续时间下假设风险资产的瞬时期望收益率依赖于一个不可直接观测的服从马尔可夫过程的机制, 投资者根据历史价格数据估计出当前机制, 求解了 CRRA 型投资者的最优投资消费策略. 结果表明, 平均收益估计误差导致的对冲需求使得长期投资者和短期投资者的投资消费策略存在显著差异. Guidolin 和 Timmermann (2005) 指出, 英国股票和债券市场中存在"牛""熊"两个机制, 投资者感知到的状态概率对最优投资策略具有很大的影响, 尤其是短期投资者, 忽视机制转换会对其造成显著的福利损失. Guidolin 和 Timmermann (2007) 发现, 股票和债券收益率联合分布中存在崩盘、缓慢增长、牛市和复苏四个机制, 这四个机制下的最优投资策略相差很大并且随投资者估计的概率而改变. 在崩盘状态下, 投资者的投资期限越长, 持有的股票仓位越高; 但是在牛市状态下却完全相反. Guidolin 和 Timmermann (2008a) 还考虑了收益率的高阶矩的机制转换特征对国际组合选择的影响. Guidolin 和 Timmermann (2008b) 研究了机制转换模型下价值和规模因子的配置问题. Tu (2010) 研究了机制转换以及参数不确定情形下的最优投资组合问题, 实证结果表明忽略市场机制大约会造成每年 2% 的福利损失, 市场下跌时, 损失高达 10%. Liu (2011) 在资产的瞬时收益率期望满足隐马尔可夫过程的假设下给出了一类具有模糊厌恶的递归效用的经济人用随机变分和随机积分表示的最优投资消费策略, 美国市场的数据表明, 模糊厌恶对动态对冲需求影响很大.

Zhou 和 Yin (2003) 在几何布朗运动的基础上假设市场参数, 如无风险利率、风险资产瞬时收益率均值、波动率等均依赖于一个独立于资产收益率风险的有限状态机制, 利用嵌入法技术, 其给出了两组以常微分方程表示的均值–方差准则下的最优投资策略封闭解, 以及最小方差组合和该市场中对应的基金分离定律. Zhou 和 Yin (2003) 同时指出, 考虑机制转换的投资策略和不考虑机制转换的策略截然不同, 然而如果利率是确定的, 即使股票的风险溢价和波动率受机制调制, 考虑和不考虑机制转换的投资策略都是类似. Yiu 等 (2010) 在同样的市场假设下研究了受最大 VaR 约束的最优投资消费问题, 给出了机制转换模型对应的 HJB 方程的数值算法. 在 Yiu 等 (2010) 研究的基础上, Zhu 等 (2016) 假设机制不可观测, 研究了同样的最优投资消费问题. Hainaut (2014) 在综合考虑市场摩擦、交易成本、非流动性以及延迟支付等后, 利用脉冲控制技术研究了机制转换模型下的养老金最优缴费时机和缴费大小选择问题. Zou 和 Cadenillas (2014) 假设金融市场和保险损失过程均依赖于经济机制, 研究了 HARA 型保险人的最优投资、消费、保险问题, 发现最优策略与经济机制密切相关. 谷爱玲和陈树敏 (2016) 假设保险公司的盈余过程和金融市场的资产价格过程均由可观测的连续时间马尔可夫链所调节, 研究了具有 CARA 效用的保险公司的最优超额损失再保险和投资问题. Chen 等 (2016) 假设金融市场和保险赔付过程由机制转换过程驱动, 研究了 CARA 型保险人的最优投资和再保险策略, 通过求解机制转换 HJB 方程, 给出了最优策略的显式解. Escobar 等 (2017b) 在多元股票债券市场中引入了由机制转换过程调整的随机参数, 研究了 HARA 型投资者的最优投资问题, 结果表明, 最优投资策略中包含了一个投资乘数与机制相关的固定比例组合保险策略, 该策略保证了组合到期时财富不低于某一水平.

此外, Wu (2013) 在离散时间框架下假设市场参数由机制转换过程调整, 同时投资组合在存续期内存在依赖于机制的资金流, 给出了均值–方差组合对应的最优投资策略及有效前沿封闭解. Wei 等 (2013) 在机制转换市场中研究了均值–方差准则下的时间一致资产负债管理问题, 发现与不存在机制转换的市场相比, 此时时间一致策略和负债过程有关. Yao 等 (2016a) 在马尔可夫机制转换市场的基础上考虑了工资风险和死亡风险, 使用拉格朗日乘子法给出了均值–方差准则下 DC 型养老金的动态最优投资策略以及有效前沿的封闭解. Yao 等 (2016b) 在机制转换市场假设下研究了动态资产负债管理问题. Zhang 和 Chen (2016b) 在机制转换模型基础上加入了卖空约束, 利用拉格朗日乘子法给出了均值–方差组合对应的最优投资策略和有效前沿显性表达.

1.3.4 基于跳扩散模型的组合选择

前述组合选择模型中大多数假设价格过程服从纯扩散过程, 这意味着资产价格过程及影响资产价格过程的状态变量演化路径是连续的, 即价格或者状态变量在短时间内发生较大变化的概率很小. 但是在现实中却存在各种 "稀有事件" (rare event), 它们的发生会导致价格或者状态变量在短时间内发生较大变化. 为了刻画这种非连续性变化, 通常需要在扩散过程中引入跳. 例如, Merton (1976) 在几何布朗运动中引入了泊松跳过程用于欧式期权定价. 近年来, 建立在跳过程基础上的罕见灾难风险 (rare disaster risk) 模型 (Tsai and Wachter, 2015) 已成为资产定价和组合选择的核心研究内容之一, 它部分解释了资产定价实证研究中的收益率溢价之谜、波动率之谜、收益率可预测性以及金融市场中的一些其他现象.

在组合选择问题中, Merton (1971) 最早用跳过程来描述信用债券违约事件, 研究了 CRRA 型经济人的最优投资消费策略. Bellamy (2001) 严格证明了在多元跳几何布朗运动市场中, 基于期望效用最大化的组合选择问题存在最优解, 并给出了 CRRA 效用下值函数及最优投资策略的显式解. Framstad 等 (2001) 在跳几何布朗运动市场中引入了比例交易成本, 研究了 CRRA 型经济人在连续时间无限期框架下的最优投资消费问题. Dieckmann 和 Gallmeyer (2005) 基于跳扩散过程建立了一个包含两个异质 CRRA 型经济人的一般均衡模型. Aït-Sahalia 等 (2009) 假定风险资产价格服从多元跳几何布朗运动, 利用正交分解的方法给出了 CRRA 型投资者的最优投资消费策略封闭解. Jin 和 Zhang (2012) 在一个更一般的多维时变跳扩散市场中, 将 CRRA 型投资者的最优投资策略分解为纯扩散部分和纯跳部分, 得到了最优投资策略的半解析解. Jin 和 Zhang (2013) 在 Jin 和 Zhang (2012) 的基础上考虑了交易约束, 研究了 CRRA 型投资者的最优投资问题. 在带马尔可夫机制转换的跳扩散市场中, Bo 等 (2017) 研究了方差互换 (variance-swaps) 的最优投资问题.

　　极端事件发生不但会引起价格大幅变化, 还可能引起波动率发生大幅变化. 在 Heston 随机波动率模型 (Heston, 1993) 的基础上, Liu 等 (2003) 在风险资产的价格过程和波动率过程中同时引入了跳过程, 研究了 CRRA 型投资者的最优投资问题, 并得到了显式解. Liu 和 Pan (2003) 在价格过程带跳且波动率满足 Heston 过程的基础上引入了衍生品, 研究了 CRRA 型投资者的最优投资问题, 也得到了显式解. 实证分析显示, 国际风险资产收益率具有跳的特征, 并且跳事件倾向于在多个国家之间同时发生并导致系统性风险. 基于此, Das 和 Uppal (2004) 在多元风险资产的价格过程中引入了一个共同跳过程用于风险资产价格建模, 研究了 CRRA 型投资者的国际资产选择问题. 在 Liu 和 Pan (2003) 研究的基础上, Branger 等 (2008) 在波动率上引入跳, 详细探讨了波动率跳及模型不确定性对 CRRA 型投资者最优组合选择的影响. Rytchkov (2016) 在 Liu 等 (2003) 的基础上加入了由时变的收益率的波动率决定的保证金约束, 研究了递归效用下经济人的最优投资消费问题, 结果发现随着保证金的维持时间增加及波动率变大, 非标准对冲需求也会相应增加. Branger 等 (2017) 在多元 Heston 模型 (da Fonseca et al., 2008) 的基础上同时在风险资产的价格过程和方差–协方差过程中引入跳过程, 研究了 CRRA 型投资者的最优投资问题. Hong 和 Jin (2018) 在更加一般的多元跳扩散市场中研究了 HARA 型投资者的最优投资问题.

　　此外, Wu (2003) 在 Kim 和 Omberg (1996) 的均值回复收益率模型基础上引入了泊松跳, 得到了 CRRA 型投资者的最优策略近似解. 费为银等 (2015a) 在 Wu (2003) 研究的基础上引入了服从几何布朗运动的物价指数, 得到了使 CRRA 型投资者通货膨胀折现财富期望效用最大化的最优投资策略近似解. 同样, 在风险资产价格满足跳扩散过程的基础上, 费为银等 (2015b) 假设汇率服从几何布朗运动, 得到了使 CRRA 型外商以本币计价的财富期望效用最大化的最优投资策略近似解.

　　除期望效用函数之外, 很多学者也研究了均值–方差准则下跳扩散市场中的组合选择问题. Guo 和 Xu (2004) 利用嵌入法研究了均值–方差准则下多元跳几何布朗运动市场中的组合选择问题. 郭文旌等 (2011) 在经典风险模型下利用嵌入法技术研究了均值–方差准则下保险人的最优投资问题. 罗琰等 (2012) 在 Guo 和 Xu (2004) 研究的基础上加入了卖空约束, 同样考虑了均值–方差准则下的组合选择问题, 并得到了显式解. Dang 和 Forsyth (2014) 给出了跳几何布朗运动市场中均值–方差组合的最优脉冲控制投资策略数值求解方法. 在跳几何布朗运动市场的基础上, Liang 等 (2016) 假设风险过程为复合泊松过程, 且金融市场的跳过程和风险过程跳过程相关, 利用嵌入法技术研究了均值–方差准则下保险人的最优再保险和投资问题. 李爱忠等 (2018) 在多元跳几何布朗运动市场中, 进一步假设跳强度服从平方根扩散过程, 利用嵌入法研究了均值–方差准则下的最优投资问题.

经典的跳资产价格过程中一般假设跳风险服从泊松过程. 泊松过程中两次跳事件之间是独立的. 然而现实金融市场中风险资产价格过程在时间序列和横截面上具有传染现象, 一次风险事件爆发后, 紧接着爆发的金融事件的强度可能会加大, 一个金融资产价格受到冲击后, 其他金融资产价格可能同时受到冲击. Aït-Sahalia 和 Hurd (2016) 引入了 Hawkes 跳扩散过程来刻画这一现象, 并给出了对数型投资者最优投资策略的显式解, 以及 CARA 和 CRRA 型投资者的半解析解.

1.4　本章小结

作为现代金融学的重要研究分支, 投资组合选择模型研究理性经济人在不确定环境中的跨期有限资源配置问题. 从 Merton (1969) 的最优投资消费问题出发, 衍生出了基于期望效用函数优化的分析框架. 它在数学上对应于一个随机最优控制问题, 最常使用的方法便是建立并求解 HJB 方程, 最终可以得到值 (间接效用) 函数和最优投资策略. Markowitz (1952) 建立的均值–方差框架是另一大分支. 近年来, 随着时间不一致随机最优控制理论的建立, 动态时间一致均值–方差问题得到完整解决, 可以通过建立并扩展求解 HJB 方程得到值函数以及最优时间一致投资策略.

近年来的研究主要致力于求解动态时变市场中的投资策略, 常见的时变市场包含随机收益率、随机波动率、机制转换和跳扩散等模型. 从技术上来说, 时变模型增加了有效状态变量的数目, 给求解带来了一定的困难. 我们总结了一些重要的已知结果, 从结果上来说, 为了对冲投资机会集的时变风险, 投资策略中会出现跨期对冲需求.

除经典的自融资组合选择问题外, 保险精算领域的年金投资问题、保险投资及再保险问题、资产负债管理问题是建立在同一分析框架下的非自融资组合选择问题. 和自融资组合选择问题相比, 非自融资组合选择问题更加复杂, 管理人需要在既定目标下综合考虑资金流风险、市场风险、市场和资金流相关性风险以及时变市场风险, 尤其是在 CEV 模型下, 一些保险组合选择模型并不完善, 有待于进一步探索.

第 2 章　完备市场下基于 HARA 效用 和 CEV 模型的保险最优投资策略

本章研究 HARA 型保险人的最优动态组合选择问题. 假定盈余过程满足扩散近似模型, 风险资产价格过程服从 CEV 模型. 作为研究的起点, 同时为了简化问题便于后续分析, 假定市场中只有一个风险源, 即驱动盈余资金流过程的布朗运动和驱动风险资产价格的布朗运动完全相关, 因此这里的市场模型是完备的. 投资者的目标是最大化终端财富的期望效用.

首先根据随机控制理论建立该问题的 HJB 方程; 然后通过猜测间接效用函数的代数形式, 将三维非线性偏微分方程化简为两个二维抛物型偏微分方程; 接着借助变量分离技巧和 Feynman-Kac 公式分别求得其显式解, 从而得到最优投资策略; 最后分析了间接效用函数、盈余资金流实物期权价值及策略的经济含义, 并给出了数值算例. 本章揭示了完备市场中非自融资组合选择问题与自融资组合选择问题以及实物期权定价问题之间的基本联系.

2.1　引　　言

近年来, 基于 CEV 模型的动态组合选择问题开始引起学者的广泛研究关注 (Xiao et al., 2007; Gao, 2009a, 2009b; Jung and Kim, 2012; 荣喜民和范立鑫, 2012; Wang et al., 2018). 但到目前为止, CEV 模型下基于 HARA 效用的保险组合选择问题少有研究涉及. 在上述研究中, 虽然具体的经济情形设定不同, 但在模型本质上荣喜民和范立鑫 (2012) 可以视为 Gao (2009b) 在随机资金流情形下的推广. 受 Jung 和 Kim (2012) 推广 Gao (2009b) 的启发, 本章试图将荣喜民和范立鑫 (2012) 的 CRRA 效用和 CARA 效用推广到更加一般的 HARA 效用函数上. 假定市场上存在一只利率为常数的无风险资产和一只价格服从 CEV 模型的风险资产, 投资组合面临的盈余过程是带漂移的布朗运动, 且其风险和风险资产的价格风险完全相关, 本章求解 HARA 效用下动态非自融资组合最优配置问题.

本章在模型假设、求解方法、最终结果、经济含义四个方面不同于已有文献. 首先, 本章在更加一般的 HARA 效用下研究了基于 CEV 模型的带有随机可完全对冲资金流的组合选择问题. 众所周知, CRRA 效用、CARA 效用、二次效用都是 HARA 效用的特例, 除此之外, HARA 效用还包括了对数及其他更加一般的效用,因此荣喜民和范立鑫 (2012) 研究的效用为本章的特例. 另外, 本章考虑的资金流具有随机性, 其特例便是资金流风险为零, 此时模型退化为 Jung 和 Kim (2012) 的研究中的模型, 进一步对效用函数参数取特定值, 可以得到 Xiao 等 (2007)、Gao (2009a, 2009b) 的研究结果. 虽然聂高琴 (2019) 也在 HARA 效用下研究了基于 CEV 模型的保险组合选择问题, 但是其忽视了盈余过程和金融市场的风险相关性.

其次, 不同于现有文献中经常使用的勒让德对偶变换方法, 本章给出了一个更加直接的 HJB 方程化简方法. 利用随机控制理论求解最优组合选择问题的核心在于求解 HJB 方程. 由于存在随机波动率状态变量, CEV 模型下最优投资问题对应的 HJB 方程化简后是一个三维非线性偏微分方程, 较难求解. Xiao 等 (2007)、Gao (2009b)、Jung 和 Kim (2012)、荣喜民和范立鑫 (2012) 通过勒让德对偶变换将其转换为对偶问题, 最终通过求解线性对偶方程得到原始问题的解; 而本章直接猜测出值函数的形式, 并据此将问题对应的三维非线性偏微分方程化简为两个二维抛物型偏微分方程. 分析表明这种求解方法不仅提供了技术上的便利性, 且更容易分析解的经济含义. 在后续章节中, 将进一步展示这种新方法能够处理勒让德对偶变换所无法处理的非完备市场情形.

再次, 本章给出了一般弹性方差系数下问题对应的显式解. 荣喜民和范立鑫 (2012) 只给出了绝对扩散模型, 即弹性方差系数为 −1 时问题的显式解, 而对于一般的弹性方差系数, 并没有进行处理. 本章将问题与 CEV 模型下的期权定价的 Black-Scholes 偏微分方程建立了联系, 并在 Schroder (1989) 推导 CEV 期权定价公式的方法启发下, 利用 Feynman-Kac 公式给出了一个偏微分方程显式解的积分表示. 需要指出的是, 该方法具有一定的普适性, 也可以处理其他的保险组合选择问题, 如 Wang 等 (2018) 就使用这种方法进一步得到了显式解.

最后, 本章讨论了最优投资策略的经济含义. 以往研究比较关注参数变化对投资策略的影响, 而较少讨论投资策略的金融学含义. 研究发现相比于自融资组合, 非自融资组合仍然存在短视需求和动态对冲需求, 并需要根据等价初始禀赋进行调整; 同时投资策略中会多出来静态对冲需求和德尔塔对冲需求.

本章后续部分结构安排如下: 2.2 节将建立 HARA 效用下保险组合选择问题的数学模型; 2.3 节首先推导该问题对应的间接效用函数所满足的 HJB 方程, 接着将其化简为两个抛物型偏微分方程, 然后给出这两个抛物型偏微分方程的显式解; 2.4 节进一步分析和展示间接效用函数、期权价值和最优策略; 最后, 2.5 节总结本章.

2.2 模 型 建 立

本节首先给出一些基础假设, 然后建立 HARA 效用下基于 CEV 模型的保险最优组合选择问题.

　　考虑一个定义在 $[t, T]$ 时间段内的连续时间马尔可夫经济, 所有不确定性由满足通常条件的赋域空间 $(\Omega, \mathscr{F}, \{\mathscr{F}_s\}_{t \leqslant s \leqslant T}, \mathbb{P})$ 刻画. 这里 $\mathscr{F}_s = \sigma(Z_1(s))$ 表示截至 $s(t \leqslant s \leqslant T)$ 时刻经济体中的所有可用信息; $Z_1(s)$ 为定义在 $\mathbb{P}$ 测度上的标准一维布朗运动, 表示经济中的唯一风险源 (不确定性). 在后文中, 不加显式说明地假设所有随机过程和随机变量均适应于域流 $\{\mathscr{F}_s\}_{t \leqslant s \leqslant T}$, 以及涉及的所有随机变量的矩均是良好定义的. 进一步, 做出如下假定.

　　(1) 资产可以无限拆分且交易可以在 $[t, T)$ 内连续进行.

　　(2) 没有各种交易税费.

　　(3) 没有买空、卖空交易限制且借贷利率相等.

　　不失一般性, 假定保险组合可以投资于一只无风险资产 (银行账户) 和一只风险资产, 无风险资产的价格过程为

$$\frac{\mathrm{d}B(s)}{B(s)} = r\mathrm{d}s, \quad B(t) = 1, \tag{2.2.1}$$

其中, $r > 0$ 表示无风险利率. 股票的价格过程 $S(s)$ 满足 CEV 模型:

$$\frac{\mathrm{d}S(s)}{S(s)} = \mu\mathrm{d}s + \sigma S(s)^{\alpha}\mathrm{d}Z_1(s), \quad S(t) = S > 0, \tag{2.2.2}$$

其中, $\mu > r$ 表示期望瞬时收益率; $\sigma > 0$ 表示常数; α 表示弹性方差系数[①]; $\sigma S(s)^{\alpha}$ 表示瞬时波动率. 由于当 $\alpha \in [-1/2, 0)$ 时, 价格能以一定的概率触及 0, 为了排除风险资产破产的可能, 这里假设 $\alpha \in (-\infty, -1/2) \bigcup [0, \infty)$. 由于风险资产的价格 $S(s)$ 是随机的, 因此风险资产的瞬时波动率也是随机的, 故投资者面临随机时变的投资机会集.

　　类似 Browne (1995)、荣喜民和范立鑫 (2012) 等的研究, 假定不投资时, 投资者财富的变化过程为带漂移的布朗运动

$$\mathrm{d}R(s) = \mu_m\mathrm{d}s + \sigma_m\mathrm{d}Z_1(s), \quad R(t) = W, \tag{2.2.3}$$

其中, μ_m、σ_m 都表示常数; W 表示投资者在 t 时刻的初始禀赋.

　　令 w_s 表示投资者在任意时刻 $s \in [t, T]$ 投资于风险资产 $S(s)$ 的财富比例[②], 则另外 $(1 - w_s)$ 比例的财富投资于无风险资产 $B(s)$. 于是投资组合净值 $W(s)$ 的动态变化过程为

$$\mathrm{d}W(s) = \frac{\mathrm{d}B(s)((1 - w_s)W(s))}{B(s)} + \frac{w_s W(s)\mathrm{d}S(s)}{S(s)} + \mathrm{d}R(s)$$

---

　　① 严格来说, 2α 为弹性方差系数, α 为弹性波动率系数, 本书中我们不加区分地一律称 α 为弹性方差系数.

　　② 一般来说, 投资策略既可以表示为投资于风险资产的财富占当前组合总财富的比例, 又可以表示为投资于风险资产的总资金额度, 还可以表示为持有的风险资产的数量. 在 CRRA 效用中, 通常选择第一种; 在 CARA 效用和均值–方差目标下, 通常选择第二种; 而在衍生品定价中, 则优先考虑第三种. 选择适当的表述, 有利于消除无关状态变量. 针对不同的分析视角, 本书将选择最为方便的表述方式.

$$= (\mu_m - r w_s W(s) + r W(s) + \mu w_s W(s)) \mathrm{d}s$$

$$+ (\sigma_m + \sigma w_s W(s) S(s)^\alpha) \mathrm{d}Z_1(s). \tag{2.2.4}$$

给定初始财富 W 及市场状态 S, 投资者旨在找到投资策略 w_s^*, 使得非自融资组合在 T 时刻的财富 $W(T)$ 对应的期望效用最大化, 即投资者面临预算约束式(2.2.4) 下的优化问题

$$\max_{w_s \in \mathscr{A}} \mathbb{E}[U(W_T)|W(t) = W, S(t) = S], \tag{2.2.5}$$

其中, $\mathscr{A}$ 表示所有可容许 (admissible) 策略的集合; $U(\cdot)$ 表示效用函数, 满足 $U'(W) > 0, U''(W) < 0$. 本章假设投资者具有 HARA 偏好, 即

$$U(W) = \frac{1-\gamma}{\gamma} \left(\frac{a}{1-\gamma} W + b \right)^\gamma \quad \left(a > 0, \ \frac{a}{1-\gamma} W + b > 0 \right). \tag{2.2.6}$$

注记 2.1 注意式(2.2.2)和式(2.2.3)中的布朗运动是同一随机过程, 即经济中仅有一个风险源, 这意味着金融市场是完备的或者说盈余资金流过程的风险是可以完全对冲的. 正相关表示当背景风险向好时, 经济较为活跃, 风险资产具有超预期正收益, 同时各类保险赔付事件增加; 当背景风险不利时, 经济较为萧条, 风险资产具有超预期负收益, 各类保险赔付事件同步减少. 荣喜民和范立鑫 (2012)、Wang 等 (2018) 使用了两个布朗运动, 但在最终求解时假定它们完全正相关或者负相关. 为了减少符号以及后续便于讨论, 我们在这里使用了同一个随机过程. 这种表述并不影响 2.3 节建立的 HJB 方程及最终结果, 因此该假设与荣喜民和范立鑫 (2012)、Wang 等 (2018) 的假设等价.

注记 2.2 HARA 效用函数包含了一大类动态组合选择文献中常用的效用函数, 其特例如下.

(1) 风险中性效用函数: $\gamma = 1 \Rightarrow U(W) = aW$.

(2) 二次效用函数: $\gamma = 2 \Rightarrow U(W) = -\dfrac{1}{2}\left(-\dfrac{aW}{2} + b \right)^2$.

(3) 负指数效用 (CARA) 函数: $b = 1, \gamma \to -\infty \Rightarrow U(W) = -\mathrm{e}^{-aW}$.

(4) 幂效用 (CRRA) 函数: $b = 0, a = 1 - \gamma \Rightarrow U(W) = \dfrac{1-\gamma}{\gamma} W^\gamma (0 < \gamma < 1)$.

(5) 对数效用函数: $b = 0, a = 1, \gamma \to 0 \Rightarrow U(W) = \log W$.

注记 2.3 本章讨论的是一般的保险组合, 当盈余资金流取不同参数时, 在数学模型上可以对应于企业年金管理者 [同 Xiao 等 (2007)、Gao (2009b)、Jung 和 Kim (2012) 的研究]、确定缴费型养老基金管理者 [同 Gao (2009a) 的研究].

2.3 问 题 求 解

本节首先根据随机动态规划原理建立值函数所满足的非线性偏微分方程, 其次根据变量分离技巧将其化简为一个齐次和一个非齐次抛物型偏微分方程, 最后分别通过变量分离技巧和 Feynman-Kac 公式求解这两个方程, 从而给出值函数及投资策略的显式表达.

2.3.1 HJB 方程建立

对于最优投资问题式(2.2.4)和式(2.2.5), 由于资产组合净值的动态预算约束中包含了 W、S 两个状态变量, 所以可以记值 (间接效用) 函数为

$$J(t, W, S) = \max_{w \in \mathscr{A}} \mathbb{E}[U(W_T)|W(t) = W, S(t) = S]. \tag{2.3.1}$$

由随机最优控制理论可知, 值函数 $J(t, W, S)$ 满足如下的 HJB 方程:

$$0 = \max_{w \in \mathscr{A}} \mathscr{A}^w J(t, W, S), \tag{2.3.2}$$

$$\begin{aligned}
\mathscr{A}^w f(t, W, S) = & f_W \left(\mu_m - r(w-1)W + \mu w W\right) + f_{WS} \left(\sigma \sigma_m S^{\alpha+1} + \sigma^2 w W S^{2\alpha+1}\right) \\
& + f_{WW} \left(\frac{\sigma_m^2}{2} + \sigma w W \sigma_m S^\alpha + \frac{1}{2}\sigma^2 w^2 W^2 S^{2\alpha}\right) \\
& + \frac{1}{2}\sigma^2 f_{SS} S^{2\alpha+2} + \mu S f_S + f_t,
\end{aligned} \tag{2.3.3}$$

$$J(T, W, S) = U(W), \quad \forall S. \tag{2.3.4}$$

在式(2.3.2)中, $\mathscr{A}^w f(t, W, S)$ 表示受控随机过程(2.2.4)的无穷小生成子 (infinitesimal generator). 为了简化符号, 我们在全书中不加显式说明地根据需要省略掉函数的自变量部分, 如在式(2.3.3)中, $f := f(t, W, S)$. 函数的偏微分也延续该做法, 即 $f_t := \dfrac{\partial f(t, W, S)}{\partial t}$. 对式(2.3.3)取 w 的一阶条件, 可以得到最优投资策略为

$$w^* = \frac{J_W(r-\mu)S^{-2\alpha}}{\sigma^2 W J_{WW}} - \frac{S J_{WS}}{W J_{WW}} - \frac{\sigma_m S^{-\alpha}}{\sigma W}. \tag{2.3.5}$$

将式(2.3.5)代入式(2.3.2)可以得到值函数所满足的偏微分方程

$$0 = J_W \left(\frac{S J_{WS}(r-\mu)}{J_{WW}} + \mu_m + \frac{\sigma_m(r-\mu)S^{-\alpha}}{\sigma} + rW\right) - \frac{J_W^2(r-\mu)^2 S^{-2\alpha}}{2\sigma^2 J_{WW}}$$

$$+ \frac{1}{2}\sigma^2 J_{SS}S^{2\alpha+2} - \frac{\sigma^2 J_{WS}^2 S^{2\alpha+2}}{2J_{WW}} + \mu S J_S + J_t, \tag{2.3.6}$$

其中, 边界条件为式(2.3.4). 接下来的主要工作就是求解偏微分方程(2.3.6), 在得到显式解后将其代入式(2.3.5)就可以得到最优投资策略. 由于 CEV 随机波动率的引入, 式(2.3.6)是一个三维非线性偏微分方程, 一般情况下很难求解, 需要设法降低方程维度, 同时移除非线性项. 以下将使用变量分离的方法简化该方程.

2.3.2 HJB 方程化简

首先猜测 HARA 效用函数对应的值函数形式, 并据此将式(2.3.6)简化为两个低维度的抛物型方程.

定理2.1 如果值函数 $J(t, W, S)$ 满足式(2.3.6)和式(2.3.4), 则其可以表示为

$$J(t,W,S) = \frac{(1-\gamma)\mathrm{e}^{\gamma r(T-t)}g(t,S)^{1-\gamma}\left(\frac{a(h(t,S)+W)}{1-\gamma} + b\mathrm{e}^{-r(T-t)}\right)^{\gamma}}{\gamma}, \tag{2.3.7}$$

其中, $g(t,S)$、$h(t,S)$ 分别满足抛物型偏微分方程

$$0 = \frac{\gamma g(r-\mu)^2 S^{-2\alpha}}{2(\gamma-1)^2\sigma^2} + \frac{S g_S(\gamma r-\mu)}{\gamma-1} + \frac{1}{2}\sigma^2 g_{SS}S^{2\alpha+2} + g_t,$$

$$1 = g(T,S), \quad \forall S, \tag{2.3.8}$$

$$0 = rS h_S - hr + \frac{1}{2}\sigma^2 h_{SS}S^{2\alpha+2} + h_t + \mu_m + \frac{\sigma_m(r-\mu)S^{-\alpha}}{\sigma},$$

$$0 = h(T,S), \quad \forall S. \tag{2.3.9}$$

证明 令 $M = a\mathrm{e}^{rT}(h(t,S)+W) - b(\gamma-1)\mathrm{e}^{rt}$, 则由式(2.3.7)可以得到

$$J_S/J = \left(\frac{(\gamma-1)g_S\left(b(\gamma-1)\mathrm{e}^{rt} - a\mathrm{e}^{rT}(h+W)\right)}{g} + a\gamma h_S\mathrm{e}^{rT}\right)\bigg/M, \tag{2.3.10}$$

$$J_{SS}/J = \frac{(\gamma-1)\gamma g_S^2}{g^2} + \frac{\dfrac{2a\gamma g_S h_S}{b\mathrm{e}^{r(t-T)} - \dfrac{a(h(t,S)+W)}{\gamma-1}} - (\gamma-1)g_{SS}}{g}$$

$$+ a\gamma\left(h_{SS}\left(a(h+W) - b(\gamma-1)\mathrm{e}^{r(t-T)}\right) + a(\gamma-1)h_S^2\right)\bigg/M^2, \tag{2.3.11}$$

$$J_W/J = a\gamma\mathrm{e}^{rT}/M, \tag{2.3.12}$$

$$J_{WS}/J = \frac{a(\gamma-1)\gamma e^{rT}\left(g_S\left(b(\gamma-1)e^{rt}-ae^{rT}(h+W)\right)+ah_S e^{rT}g\right)}{g}\bigg/M^2, \quad (2.3.13)$$

$$J_{WW}/J = a^2(\gamma-1)\gamma e^{2rT}/M^2, \quad (2.3.14)$$

$$J_t/J = \frac{b(\gamma-1)^2 g_t e^{rt}-ae^{rT}\left((h+W)(\gamma r g+(\gamma-1)g_t)-\gamma h_t g\right)}{g}\bigg/M. \quad (2.3.15)$$

将这些偏导数代入式(2.3.6)中, 并化简 g_t 项的系数为 1, 有

$$
\begin{aligned}
0 = & -\frac{a\gamma g}{(\gamma-1)\left(a(h+W)-b(\gamma-1)e^{r(t-T)}\right)}\bigg(rSh_S-hr+\frac{1}{2}\sigma^2 h_{SS}S^{2\alpha+2} \\
& +h_t+\mu_m+\frac{\sigma_m(r-\mu)S^{-\alpha}}{\sigma}\bigg)+\frac{\gamma g(r-\mu)^2 S^{-2\alpha}}{2(\gamma-1)^2\sigma^2} \\
& +\frac{Sg_S(\gamma r-\mu)}{\gamma-1}+\frac{1}{2}\sigma^2 g_{SS}S^{2\alpha+2}+g_t.
\end{aligned} \quad (2.3.16)
$$

显然, 可以将式(2.3.16)拆解为式(2.3.8)、式(2.3.9)两个独立的抛物型方程.

至此, 已经将三维非线性 HJB 方程的求解问题化简为式(2.3.8)、式(2.3.9)两个二维抛物型偏微分方程的求解问题. 对于二维的抛物型方程, 数学上已经有成熟的数值求解手段. 幸运的是, 对于式(2.3.8)、式(2.3.9), 可以通过变量分离及随机分析的方法进一步求解, 将在 2.3.3 节给出.

注记 2.4   Xiao 等 (2007)、Gao (2009a)、荣喜民和范立鑫 (2012)、Jung 和 Kim (2012) 通过勒让德对偶变换先将原始 HJB 方程转换为对偶方程, 并得到了对偶函数表示的解. 这里直接猜测到值函数的形式, 相比于勒让德对偶变换方法, 本章的方法更加简便、直接.

注记 2.5   本节给出的间接效用函数形式不仅提供了求解上的便利, 还易于揭示其本质金融含义, 本章后续小节将对此进行详细讨论. 本书的其余章节将继续验证该形式对其他模型的适用性.

2.3.3   抛物型偏微分方程求解

为了进一步给出值函数的显式表达, 本节求解抛物型偏微分方程式(2.3.8)和式(2.3.9). 对于式(2.3.8), 有如下结论.

定理 2.2   如果 $g(t,S)$ 满足式(2.3.8), 则 $g(t,S)$ 可以表示为

$$g(t,S) = \exp\left(f_1(t)S^{-2\alpha}+f_0(t)\right), \quad (2.3.17)$$

其中,

$$f_1(t) = \frac{\gamma(r-\mu)^2}{2\alpha(\gamma-1)\sigma^2\left(\sqrt{1-\gamma}\sqrt{\mu^2-\gamma r^2}\coth\left(\frac{\alpha(t-T)\sqrt{\mu^2-\gamma r^2}}{\sqrt{1-\gamma}}\right)+(\gamma r-\mu)\right)}, \quad (2.3.18)$$

$$f_0(t) = \alpha(2\alpha+1)\sigma^2\int_t^T f_1(s)\mathrm{d}s, \quad (2.3.19)$$

这里假设 $\gamma < 1$.

证明 将式(2.3.17)代入式(2.3.8)中化简整理有

$$0 = S^{-2\alpha}\left(\frac{2\alpha f_1(t)\left(\alpha(\gamma-1)\sigma^2 f_1(t)+\mu-\gamma r\right)}{\gamma-1}+f_1'(t)+\frac{\gamma(r-\mu)^2}{2(\gamma-1)^2\sigma^2}\right)$$
$$+\alpha(2\alpha+1)\sigma^2 f_1(t)+f_0'(t). \quad (2.3.20)$$

因为对所有 S, 式(2.3.20)都要成立, 所以必须有

$$f_1'(t) = \frac{2\alpha f_1(t)(\gamma r-\mu)}{\gamma-1}-2\alpha^2\sigma^2 f_1(t)^2-\frac{\gamma(r-\mu)^2}{2(\gamma-1)^2\sigma^2}, \quad (2.3.21)$$

$$f_0'(t) = -\alpha(2\alpha+1)\sigma^2 f_1(t), \quad (2.3.22)$$

$$f_0(T) = 0, \quad f_1(T) = 0. \quad (2.3.23)$$

式(2.3.21)和式(2.3.22)为 Riccati 方程组, 可以验证式(2.3.18)和式(2.3.19)为其解.

注记2.6 式(2.3.21)和 Gao (2009a) 研究中的式 22 相同, 这里给出了一个更加简洁的表示.

注记2.7 由于 $\coth(x)' < 0, \forall x \in (-\infty,0)\bigcup(0,+\infty)$, 故当 $0 \leqslant \gamma < 1$ 时, 有 $f_1'(t) < 0, f_1(t) > f_1(T) = 0, \forall t < T$; 当 $\gamma < 0$ 时, 有 $f_1'(t) > 0, f_1(t) < f_1(T) = 0, \forall t < T$, 当 $\alpha \in (-\infty,-1/2)\bigcup[0,+\infty)$ 时, 又当 $0 \leqslant \gamma < 1$ 时, 由于 $f_1(t) > 0$, 故 $f_0'(t) < 0$, 从而 $f_0(t) > f_0(T) = 0, \forall t < T$; 当 $\gamma < 0$ 时, 由于 $f_1(t) < 0$, 故 $f_0'(t) > 0$, 从而 $f_0(t) < f_0(T) = 0, \forall t < T$. 因此当 $0 \leqslant \gamma < 1$ 时, 有 $g(t,S) > 1$; 当 $\gamma < 0$ 时, 有 $g(t,S) < 1$. 这个结果将在下文用来揭示 $g(t,S)$ 函数的经济含义.

对于式(2.3.9), 借助于随机分析的技巧, 首先给出解的条件期望表示.

定理2.3 如果 $h(t,S)$ 满足式(2.3.9), 则 $h(t,S)$ 可以表示为

$$h(t,S) = \int_t^T l(s,S)\mathrm{d}s, \quad (2.3.24)$$

其中,

$$l(s, S) = e^{-r(s-t)} \tilde{\mathbb{E}}\left[\left(\mu_m + \frac{\sigma_m(r-\mu)\tilde{S}(s)^{-\alpha}}{\sigma}\right)\Big|\tilde{S}(t) = S\right]. \tag{2.3.25}$$

这里 $\tilde{S}(s)$ 满足过程

$$\frac{\mathrm{d}\tilde{S}(s)}{\tilde{S}(s)} = r\mathrm{d}s + \sigma\tilde{S}(s)^{\alpha}\mathrm{d}\tilde{Z}(s), \quad \tilde{S}(t) = S, \tag{2.3.26}$$

其中, $\tilde{Z}(s)$ 表示一个新的测度 $\tilde{\mathbb{P}}$ 下的一维标准布朗运动; $\tilde{\mathbb{E}}\left[\cdot|\tilde{S}(t) = S\right]$ 表示定义在 $\tilde{\mathbb{P}}$ 测度上的条件期望算子. 同时, $l(t, S)$ 满足方程

$$0 = rSl_S + \frac{1}{2}S^2\sigma S^{2\alpha}l_{SS} + l_t,$$

$$l(t, S) = \left(\mu_m + \frac{\sigma_m(r-\mu)S^{-\alpha}}{\sigma}\right), \quad \forall S. \tag{2.3.27}$$

证明   根据 Feynman-Kac 公式, 式(2.3.9)的解可以写成条件期望的形式

$$\begin{aligned}
h(t, S) &= \tilde{\mathbb{E}}\left[\int_t^T e^{-r(s-t)}\left(\mu_m + \frac{\sigma_m(r-\mu)\tilde{S}(s)^{-\alpha}}{\sigma}\right)\mathrm{d}s\Big|\tilde{S}(t) = S\right] \\
&= \int_t^T e^{-r(s-t)}\tilde{\mathbb{E}}\left[\left(\mu_m + \frac{\sigma_m(r-\mu)\tilde{S}(s)^{-\alpha}}{\sigma}\right)\Big|\tilde{S}(t) = S\right]\mathrm{d}s \\
&= \int_t^T l(s, S)\mathrm{d}s, \tag{2.3.28}
\end{aligned}$$

再次反用 Feynman-Kac 定理, 可以将条件期望 $l(s, S)$ 写成偏微分方程式(2.3.27)的解.

注意到除边界条件不同外, 式(2.3.27)恰好是 CEV 模型下期权定价所对应的偏微分方程. 这启发我们借鉴 CEV 期权定价公式的推导过程对 $h(t, S)$ 进行进一步化简. 根据 Schroder (1989) 或者 Boyle 和 Tian (1999) 的研究, CEV 模型的转移密度函数具有显式解, 从而可以给出 $l(s, S)$ 的一个积分表示. 从计算过程来看, 最核心的工作便是化简 $\tilde{\mathbb{E}}\left[\tilde{S}(s)^{-\alpha}|\tilde{S}(t) = S\right]$. 事实上, 根据定理 A.3 (详见附录 A), 有

$$\tilde{\mathbb{E}}[\tilde{S}(t+\tau)^{-\alpha}|\tilde{S}(t)^{-2\alpha} = S^{-2\alpha}]$$

$$= \frac{\Gamma\left(\dfrac{3}{2} + \dfrac{1}{2\alpha}\right)e^{\alpha(-r)\tau}\,{}_1F_1\left(-\dfrac{1}{2}; \dfrac{2\alpha+1}{2\alpha}; -S^{-2\alpha}M(\tau)\right)}{\Gamma\left(1 + \dfrac{1}{2\alpha}\right)\sqrt{M(\tau)}}, \tag{2.3.29}$$

其中, $M(\tau) = \dfrac{r}{\alpha\sigma^2\left(e^{2\alpha r\tau} - 1\right)}, \tau = s - t$. 因此有

$$l(s, S) = e^{-r(s-t)}\tilde{\mathbb{E}}[(\mu_m + \frac{\sigma_m(r-\mu)\tilde{S}(s)^{-\alpha}}{\sigma})|\tilde{S}(t) = S]$$

$$= e^{-r(s-t)}$$

$$\times \left(\mu_m - \frac{\sigma_m(\mu - r)}{\sigma}\frac{\Gamma\left(\dfrac{3}{2} + \dfrac{1}{2\alpha}\right)e^{\alpha(-r)\tau}\,_1F_1\left(-\dfrac{1}{2}; \dfrac{2\alpha+1}{2\alpha}; -S^{-2\alpha}M(\tau)\right)}{\Gamma\left(1 + \dfrac{1}{2\alpha}\right)\sqrt{M(\tau)}}\right), \quad (2.3.30)$$

$$h(t, S) = \int_t^T l(s, S)\mathrm{d}s$$

$$= \frac{\mu_m(1 - e^{(-r(T-t))})}{r} - \frac{\sigma_m(\mu - r)}{\sigma}$$

$$\times \int_t^T e^{-r(s-t)}\frac{\Gamma\left(\dfrac{3}{2} + \dfrac{1}{2\alpha}\right)e^{\alpha(-r)\tau}\,_1F_1\left(-\dfrac{1}{2}; \dfrac{2\alpha+1}{2\alpha}; -S^{-2\alpha}M(\tau)\right)}{\Gamma\left(1 + \dfrac{1}{2\alpha}\right)\sqrt{M(\tau)}}\mathrm{d}s. \quad (2.3.31)$$

当模型中参数取特殊值时, $h(t, S)$ 的表达式可以得到更进一步化简.

推论2.1 如果 $\mu_m = 0, \sigma_m = 0$, 对应值函数约化为

$$J(t, W, S) = \frac{(1 - \gamma)e^{\gamma r(T-t)}g(t, S)^{1-\gamma}\left(\dfrac{aW}{1 - \gamma} + be^{-r(T-t)}\right)^{\gamma}}{\gamma}. \quad (2.3.32)$$

其中, $g(t, S)$ 满足抛物型偏微分方程式(2.3.8).

证明 如果 $\mu_m = 0, \sigma_m = 0$, 则由式(2.3.31)易知 $h(t, S) = 0$. 或者将其直接代入偏微分方程式(2.3.9)可以得到一个齐次方程, 考虑到边界条件, 易知 $h(t, S) = 0$ 为其解. 将解代入式(2.3.7), 即得式(2.3.32).

推论2.1给出了自融资组合对应的间接效用函数, 它只与 $g(t, S)$ 有关. 注意到投资者完全不投资风险资产时其到期效用函数为 $\dfrac{(1-\gamma)e^{\gamma r(T-t)}\left(\dfrac{aW}{1-\gamma} + be^{r(t-T)}\right)^{\gamma}}{\gamma}$. 式(2.3.32)表明 $g(t, S)^{1-\gamma}$ 是以最优化策略投资风险资产后得到的效用函数相比于完全不投资风险资产得到的效用函数的改变因子, 它只与市场参数和投资者的风险厌恶有关,

与投资组合的初始财富无关. 这意味着无论投资者的初始财富数量有多少, 只要其面临的投资机会相同, 相同风险厌恶参数下的效用增长水平总是相同的, 这也是财富状态变量可以分离的原因. 当 $0 \leqslant \gamma < 1$ 时, 间接效用函数为正, 由于 $g(t, S) > 1, 1 - \gamma > 0$, 因此投资风险资产使得投资者的效用增加了; 当 $\gamma < 0$ 时, 间接效用函数为负, 由于 $g(t, S) < 1, 1 - \gamma > 0$, 因此投资风险资产也使得投资者的效用增加了. 故最优投资策略总是使得投资者的福利有所改善.

2.4　结果分析

在 2.3 节中求得了值函数 $J(t, W, S)$ 的显式表达, 本节将对间接效用函数和最优策略进行分析. 首先分析间接效用函数, 得到盈余资金流的实物期权价值; 其次, 对最优投资策略进行结构分解, 阐释其经济含义; 再次, 对效用函数和盈余资金流的参数取特定值, 讨论对应的具体策略; 最后, 给出算例分析.

2.4.1　实物期权价值

对比最优保险投资问题的间接效用函数和相应自融资组合的间接效用函数, 可以得到如下结论.

定理 2.4　对于带有盈余资金流的组合选择问题式(2.2.4)和式(2.2.5)的间接效用函数, 其等价于初始财富 $\tilde{W}$ 为

$$\tilde{W} = W + h(t, S) \tag{2.4.1}$$

的自融资组合的间接效用函数, 并且 $h(t, S)$ 等于盈余资金流在风险中性测度下的累积期望贴现值.

证明　将式(2.4.1)代入式(2.3.32), 即有式(2.3.7). 注意到式(2.3.26)中随机过程的漂移项系数为无风险利率 r, 因此 $\tilde{\mathbb{P}}$ 测度本质上为风险中性测度. 对比

$$\frac{\mathrm{d}S(s)}{S(s)} = r\mathrm{d}s + \sigma S(s)^{\alpha}\left(\mathrm{d}Z_1(s) + \frac{\mu - r}{\sigma S(s)^{\alpha}}\mathrm{d}s\right),$$

$$\frac{\mathrm{d}\tilde{S}(s)}{\tilde{S}(s)} = r\mathrm{d}s + \sigma \tilde{S}(s)^{\alpha}\mathrm{d}\tilde{Z}(s),$$

易知

$$\mathrm{d}Z_1(s) \sim \mathrm{d}\tilde{Z}(s) - \frac{\mu - r}{\sigma \tilde{S}(s)^{\alpha}}\mathrm{d}s. \tag{2.4.2}$$

从而在风险中性测度下 $\mathrm{d}R(s)$ 可以表示为

$$\mathrm{d}\tilde{R}(s) = \mu_m\mathrm{d}s + \sigma_m\left(\mathrm{d}\tilde{Z}(s) - \frac{\mu - r}{\sigma \tilde{S}(s)^{\alpha}}\mathrm{d}s\right)$$

$$= \left(\mu_m + \frac{\sigma_m(r - \mu)\tilde{S}(s)^{-\alpha}}{\sigma} \right) \mathrm{d}s + \sigma_m \mathrm{d}\tilde{Z}(s). \tag{2.4.3}$$

容易知道 $(s, s+\mathrm{d}s)$ 区间的净资金流 $\mathrm{d}\tilde{R}(s)$ 在风险中性测度下的期望值为 $\Big(\mu_m + \frac{\sigma_m(r-\mu)\tilde{S}(s)^{-\alpha}}{\sigma}\Big)\mathrm{d}s$, 其贴现到 t 时刻正好为 $l(s, S)\mathrm{d}s$. 进而 $h(t, S)$ 表示 (t, T) 区间所有资金流在风险中性测度下的期望贴现值之和.

注记 2.8 定理 2.4 表明, 非自融资组合的最优配置问题可以转换为自融资组合的最优配置问题和资产定价问题. 盈余资金流本质上是一个实物期权, $h(t, S)$ 为其价值. 因为这里市场是完备的, 所以期权价格等于风险中性价格, 因此可以借鉴 CEV 模型下期权定价的相关推导技巧. 波动率是期权定价中最关键的因素, 这也是本书引入 CEV 随机波动率模型的重要考虑.

推论 2.2 如果 $\sigma_m = 0$, 即现金流净流入是等额年金, 则

$$h(t, S) = \frac{\mu_m\left(1 - \mathrm{e}^{-r(T-t)}\right)}{r}. \tag{2.4.4}$$

证明 由式 (2.3.31), 显然可得.

注记 2.9 因为资金流完全确定, 所以其现值与金融市场状态 S 无关, 在等额假设下其现值恰好为连续时间年金现值. 这正是 Jung 和 Kim (2012) 考虑的情形.

对于绝对扩散模型 $(\alpha = -1)$, 因为其转移密度形式比较简单, 可以直接得到 $h(t, S)$ 的解析表达.

推论 2.3 如果 $\alpha = -1$, 则

$$h(t, S) = \frac{\mu_m\left(1 - \mathrm{e}^{-r(T-t)}\right)}{r} - \frac{S\sigma_m(\mu - r)(T - t)}{\sigma}. \tag{2.4.5}$$

证明 如果 $\alpha = -1$, 可以将其代入, 直接简化式 (2.3.31), 但是涉及合流超几何函数的运算比较复杂, 在这里给出一个概率求解方法. 实际上, 注意到此时 $\tilde{S}(s)$ 的过程有解析解, 对于

$$\mathrm{d}\tilde{S}(s) = r\tilde{S}(s)\mathrm{d}s + \sigma\mathrm{d}\tilde{Z}(s), \quad \tilde{S}(t) = S,$$

根据伊藤引理有

$$\mathrm{d}(\mathrm{e}^{-rs}\tilde{S}(s)) = \sigma\mathrm{e}^{-rs}\mathrm{d}\tilde{Z}(s), \quad \tilde{S}(t) = S.$$

即 $\mathrm{e}^{-rs}\tilde{S}(s)$ 是一个风险中性测度鞅, 所以

$$\tilde{\mathbb{E}}[\tilde{S}(s)|\tilde{S}(t) = S] = \mathrm{e}^{r(s-t)}\tilde{\mathbb{E}}[\mathrm{e}^{-r(s-t)}\tilde{S}(s)|\tilde{S}(t) = S]$$

$$= S \, \mathrm{e}^{r(s-t)}, \tag{2.4.6}$$

结果有

$$l(s, S) = \mathrm{e}^{-r(s-t)} \left(\mu_m + \frac{\sigma_m(r - \mu)}{\sigma} \mathrm{e}^{r(s-t)} S \right), \tag{2.4.7}$$

$$h(t, S) = \int_t^T l(s, S) \mathrm{d}s$$

$$= \frac{\mu_m \left(1 - \mathrm{e}^{-r(T-t)} \right)}{r} - \frac{S \sigma_m (\mu - r)(T - t)}{\sigma}. \tag{2.4.8}$$

另外, 也可以直接化简式(2.3.30)得到式(2.4.7).

注记2.10 式(2.4.8)与荣喜民和范立鑫 (2012) 的研究结果类似. 对于绝对扩散模型, 荣喜民和范立鑫 (2012) 直接从偏微分方程入手, 通过变量替换技术将对偶偏微分方程化简为常微分方程并得到了结果. 本章的随机分析方法经济含义明确, 且具有一般性, 能够处理 $\alpha \neq -1$ 的情形.

2.4.2　最优投资策略结构

根据间接效用函数式(2.3.7)可以得到最优投资策略为

$$w^* = \frac{(\mu - r)S^{-2\alpha}\left(\dfrac{a(h + W)}{1 - \gamma} + b\mathrm{e}^{-r(T-t)} \right)}{a\sigma^2 W}$$

$$- \frac{2\alpha f_1(t)S^{-2\alpha}\left(a(h + W) + b(1 - \gamma)\mathrm{e}^{r(t-T)} \right)}{aW} - \frac{\sigma_m S^{-\alpha}}{\sigma W} - \frac{S h_S}{W}. \tag{2.4.9}$$

为了探讨最优投资策略的经济含义, 首先分析特殊模型参数下的结果.

推论2.4　如果 $\mu_m = 0, \sigma_m = 0$, 即组合是自融资的, 则投资策略简化为

$$w^*_{\mathrm{selffnc}} = \frac{(\mu - r)S^{-2\alpha}\left(\dfrac{aW}{1 - \gamma} + b\mathrm{e}^{-r(T-t)} \right)}{a\sigma^2 W}$$

$$- \frac{2\alpha f_1(t)S^{-2\alpha}\left(aW + b(1 - \gamma)\mathrm{e}^{r(t-T)} \right)}{aW}. \tag{2.4.10}$$

特别地, 当 CEV 模型退化为几何布朗运动, 即 $\alpha = 0$ 时, 投资策略进一步简化为

$$w^*_{\mathrm{myopic}} = \frac{(\mu - r)\left(\dfrac{aW}{1 - \gamma} + b\mathrm{e}^{-r(T-t)} \right)}{a\sigma^2 W}. \tag{2.4.11}$$

借鉴 Merton (1971) 对投资策略的分析, 可以将此时的投资策略分解为短视需求和动态对冲需求两部分. 当 CEV 模型中的随机波动率消失时, 由于投资者面临不变机会集, 因此动态对冲需求会消失. 对于 HARA 效用, 由于风险厌恶态度是财富的函数, 因此自融资组合的短视需求和动态对冲需求 (以风险资产总的投资额度核算) 均依赖于财富本身. 短视投资需求旨在尽可能在风险可控的前提下赚取风险资产的瞬时风险溢价, 故在适当的风险厌恶参数下 $(a > 0, b > 0, \gamma < 1)$ 始终为正. 当 $\alpha < 0$ 时, 价格下跌时波动率是放大的, 这意味着投资者在遭受收益损失的同时面临着风险上的不利变化, 因此此时的动态对冲需求是负的, 故总的自融资投资需求是小于短视投资需求的; 而当 $\alpha > 0$ 时, 价格下跌时波动率是减小的, 结果恰好相反.

当考虑盈余资金流时, 首先可以看出非自融资组合仍然存在短视需求和动态对冲需求, 但是需要根据等价的新财富进行调整. 其次, 由于盈余资金流的引入, 除短视需求和动态对冲需求外, 投资策略中还多出来了另外两项. 对于 $-\sigma_m S^{-\alpha}/\sigma W$ 项, 考虑面临盈余资金流过程 $R(s)$ 的组合 $W_c(s)$, 假设在 s 时刻投资 $-\sigma_m S^{-\alpha}(s)/\sigma W(s)W(s) = -\sigma_m S^{-\alpha}/\sigma$ 数量的财富于风险资产, 则组合 $W_c(s)$ 的动态变化过程为

$$
\begin{aligned}
\mathrm{d}W_c(s) &= rW_c(s)\mathrm{d}s - \sigma_m S^{-\alpha}(s)/\sigma(\mathrm{d}S(s) - r) + \mathrm{d}R(s) \\
&= \left(rW_c(s) + \mu_m - \frac{(\mu - r)\sigma_m S(s)^{-\alpha}}{\sigma} \right)\mathrm{d}s.
\end{aligned}
\tag{2.4.12}
$$

注意到式(2.4.12)不包含扩散项, 这意味着该部分投资需求直接对冲了盈余资金流的扩散项风险, 所以称之为静态对冲需求. 可以证明

$$
-\sigma_m S^{-\alpha}(s)/\sigma = -\frac{\mathrm{Cov}(\mathrm{d}R(s), \mathrm{d}S(s)/S(s))}{\mathrm{Var}(\mathrm{d}S(s)/S(s))},
\tag{2.4.13}
$$

即说明静态对冲需求和盈余资金流及风险资产收益率的瞬时协方差与风险资产波动率平方之比有关, 与经典的最优对冲问题结果类似.

对于 $-Sh_S/W$ 项, 由于 $h(t, S)$ 是盈余资金流在风险中性测度下的价格, 所以其相当于衍生品定价中的德尔塔对冲需求. 考虑投资组合 $h(s, S(s))$, 如果投资者在 s 时刻同时投资 $-S(s)h_S(s, S(s))$ 数量的财富于风险资产, 由伊藤引理, 投资组合 $(h(t, S), -Sh_S)$ 的财富动态变化过程为

$$
\begin{aligned}
&\mathrm{d}h(s, S(s)) - S(s)h^{(0,1)}(s, S(s))(\mathrm{d}S(s) - r) \\
&= \left(rS(s)h^{(0,1)}(s, S(s)) + \frac{1}{2}\sigma^2 S(s)^{2\alpha+2}h^{(0,2)}(s, S(s)) \right. \\
&\quad \left. + h^{(1,0)}(s, S(s)) \right)\mathrm{d}s,
\end{aligned}
\tag{2.4.14}
$$

注意到式 (2.4.14) 中并不包含随机过程的扩散项, 这就意味着相应的风险项被对冲掉了. 因此, 可以称 $-\dfrac{S h_S}{W}$ 为德尔塔对冲[①]需求.

推论2.5　当 $\gamma \to -\infty$ 时, 有

$$w_{\text{hedge}}^* = -\frac{\sigma_m S^{-\alpha}}{\sigma W} - \frac{S h_S}{W}. \tag{2.4.15}$$

证明　当 $\gamma \to -\infty$ 时, 显然短视投资需求不复存在. 同时, 由式(2.3.21)可以证明 $f_1(t) = 0$. 于是动态对冲需求也为 0.

注意到 HARA 对应的 Arrow-Pratt 绝对风险厌恶函数为

$$A(W) = -\frac{U''(W)}{U'(W)} = \frac{1}{W/(1-\gamma) + b/a}. \tag{2.4.16}$$

当 $\gamma \to -\infty$ 时, 有 $A(W) \to \infty$, 表明投资者极度风险厌恶, 不想承担任何风险.

上述推论表明, 对于极度风险厌恶的投资者, 其投资策略仅包含静态对冲需求和德尔塔对冲需求. 因为投资者极度风险厌恶, 对于自融资组合而言, 即使投资风险资产能够带来一定的超额收益, 其也不会选择持有任何头寸的风险资产, 所以也就不存在短视投资需求. 因为选择不持有风险资产, 因此组合也就不会面临随机波动风险, 因此动态对冲需求也就消失了.

但是非自融资组合必须被动承担盈余资金流风险, 所以投资者首先需要做的便是采用静态对冲投资策略对冲掉资金流瞬时变化的风险. 但是由于随机波动率的存在, 这种方案引入了新的风险, 于是投资者需要进一步采用德尔塔对冲投资策略对冲掉该部分风险. 最后, 不同于短视需求和动态对冲需求, 静态对冲需求和德尔塔对冲需求不依赖于投资者的风险厌恶参数, 也就是说由盈余资金流导致的额外投资需求是与投资者的偏好无关的, 其他章将给出相关解释.

2.4.3　特殊参数下的最优策略

上面已经提到, 本章建立的模型具有普适性, 包含了现有的大量基于 CEV 模型的动态组合选择模型. 本节将证明在模型取特殊参数时, 能够得到现有文献的结果. 令 $\sigma_m = 0$, 则有 $h(t,S) = \dfrac{\mu_m\left(1 - e^{-r(T-t)}\right)}{r}$, 此时的策略可以化简为

$$w^* = \frac{S^{-2\alpha}\left(-2\alpha(\gamma-1)\sigma^2 f_1(t) - \mu + r\right)\left(a(\mu_m + rW) - e^{r(t-T)}(a\mu_m + b(\gamma-1)r)\right)}{a(\gamma-1)r\sigma^2 W}. \tag{2.4.17}$$

---

① 一般而言, 德尔塔对冲也属于动态对冲. 为了避免和组合选择中的动态对冲需求混淆, 本书的所有德尔塔对冲需求均指由对冲盈余资金流实物期权价值波动风险而导致的投资需求.

在前述情况下, 如果 $\gamma = p, a = 1 - p, b = 0$, 则有

$$
\begin{aligned}
w^* &= \frac{S^{-2\alpha}\left(rW - \mu_m\left(\mathrm{e}^{r(t-T)} - 1\right)\right)\left(-2\alpha(p-1)\sigma^2 f_1(t) - \mu + r\right)}{(p-1)r\sigma^2 W} \\
&= \frac{(\mu - r)\left(\dfrac{\mu_m(1 - \mathrm{e}(-r(T-t)))}{rW} + 1\right)\left(1 - \dfrac{\sigma^2 f_1(t)(2\alpha(1-p))}{\mu - r}\right)}{(1-p)\sigma^2 S^{2\alpha}}.
\end{aligned}
\tag{2.4.18}
$$

这正是 Gao (2009a) 中 CRRA 效用函数下的最优策略, 注意这里的 $f_1(t)$ 相当于 Gao (2009a) 研究中方程 24 中的 $B(t)$. 如果 $a = q, b = 1, \gamma \to -\infty$, 则

$$
\begin{aligned}
w^* &= \frac{(r-\mu)S^{-2\alpha}\mathrm{e}^{r(t-T)}(r - \mu\tanh(\alpha r(t-T)))}{q r\sigma^2 W(\tanh(\alpha r(t-T)) - 1)} \\
&= \frac{(\mu-r)\mathrm{e}^{(r(t-T))}\left(\dfrac{(\mu-r)(1 - \mathrm{e}^{2\alpha r(t-T)})}{2r} + 1\right)}{q\sigma^2 W S^{2\alpha}}.
\end{aligned}
\tag{2.4.19}
$$

这正是 Gao (2009a) 研究中 CARA 效用函数下的最优策略. 如果 $a = 1, b = 0, \gamma \to 0$, 则

$$
w^* = -\frac{(r-\mu)S^{-2\alpha}\left(rW - \mu_m\left(\mathrm{e}^{r(t-T)} - 1\right)\right)}{r\sigma^2 W}.
\tag{2.4.20}
$$

这正是 Xiao 等 (2007) 考虑的对数效用函数对应的最优策略.

2.4.4 数值算例

为了直观地理解投资策略, 本节将给出一些数值算例展示结果. 基础参数为 $T = 2, t = 0, r = 0.03, S = 15, \sigma = 20, \mu = 0.08; \mu_m = 1000, \sigma_m = 300; W = 10\,000, \gamma = -0.5, a = 0.002, b = 1, \alpha = -1.5$. 注意到选用负 α 意味着杠杆效应, 即价格下跌时波动率会放大.

图 2.1 展示了投资期限和风险资产的当前价位对盈余资金流实物期权价值的影响. 从图 2.1(a) 中可以看出, 当投资期限为 0 时, 盈余价值为 0; 投资期限越长 (t 越小从而 $T - t$ 越大), 保险公司可以获取的盈余价值越大. 其主要原因在于保险公司通过精算收取的保费大概率能够覆盖掉其所承担的风险, 随着时间的推进, 积累的收益不断增加. 从图 2.1(b) 中可以看出, 风险资产的价格越高, 盈余价值越小. 这是因为在给定弹性方差系数为负的前提下, 价格越高, 波动率越小, 在给定超额收益的前提下, 市场的风险价格就越大, 从而盈余资金流中的风险惩罚越大, 所以最终的价值越小.

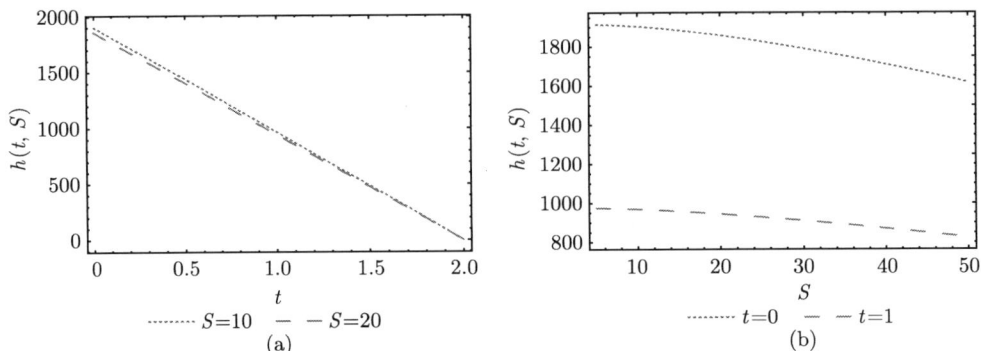

(a)

(b)

图 2.1　投资期限 $T-t$ 和风险资产的当前价位 S 对盈余资金流实物期权价值 $h(t,S)$ 的影响

图 2.2 展示了投资期限和风险资产的当前价位对自融资组合和非自融资组合短视投资需求的影响. 从图 2.2(a) 中可以看出, 对于自融资组合, 短视投资需求随投资期限变长而减小; 但当投资期限较短时, 整体变化较小. 然而对于非自融资组合, 当投资期限为 0 时, 等价初始财富为 0, 两者相等; 由于随着投资期限的增加, 等价的初始财富也相应增加了, 因而对应的短视投资需求也增加了. 从图 2.2(b) 中可以看出, 自融资组合和非自融资组合的短视投资需求均随着价格的升高而迅速增加, 同时非自融资组合的短视投资需求大于自融资组合. 由于弹性方差系数为负数, 因此价格越小, 波动越大, 此时的风险资产投资价值很小, 所以短视投资需求接近 0; 当价格升高时, 因为波动率减小了, 所以短视投资需求增加.

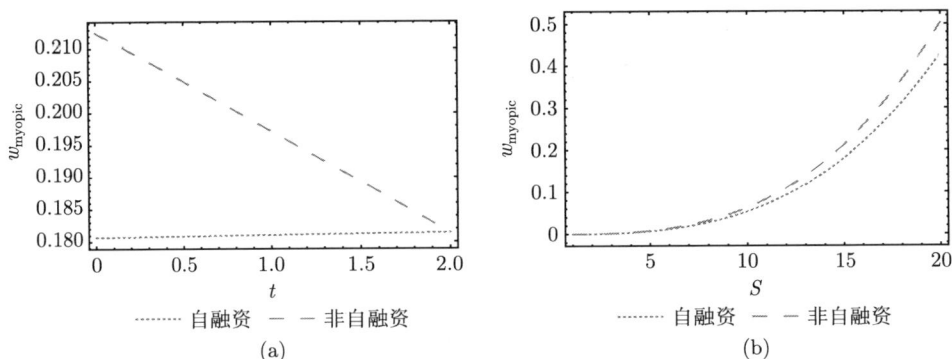

(a)

(b)

图 2.2　投资期限 $T-t$ 和风险资产的当前价位 S 对自融资和非自融资组合短视投资需求的影响

图 2.3 展示了投资期限和风险资产的当前价位对自融资组合和非自融资组合动态对冲需求的影响. 从图 2.3 中可以看出, 不同于短视投资需求, 动态对冲需求为负, 但是其变动幅度远远小于前者. 由于杠杆效应的存在, 价格下跌时波动率会放大. 这种变化对组合而言是雪上加霜的, 一方面, 组合当期遭受了损失, 另一方面, 未来需要承担更大的风险, 所以投资者需要事先控制在风险资产上的投资. 非自融

资组合的动态对冲需求为 $-\dfrac{2\alpha f_1(t)S^{-2\alpha}\left(a(h+W)+b(1-\gamma)\mathrm{e}^{r(t-T)}\right)}{aW}$. 当投资期限增加时, $|f_1(t)|$ 是增加的, 在给定期限较短及利率较低时, 动态对冲需求是投资期限的增函数. 当风险资产的价格较高时, 由于波动率较小, 因此需要很大的动态对冲需求才能对冲掉短视策略的风险, 所以从图 2.3(a) 和图 2.3(b) 中可以看出动态对冲需求绝对值是投资期限和价格的增函数. 同时相比于自融资组合, 非自融资组合因为等价初始财富增加了, 所以需要更多的动态对冲需求.

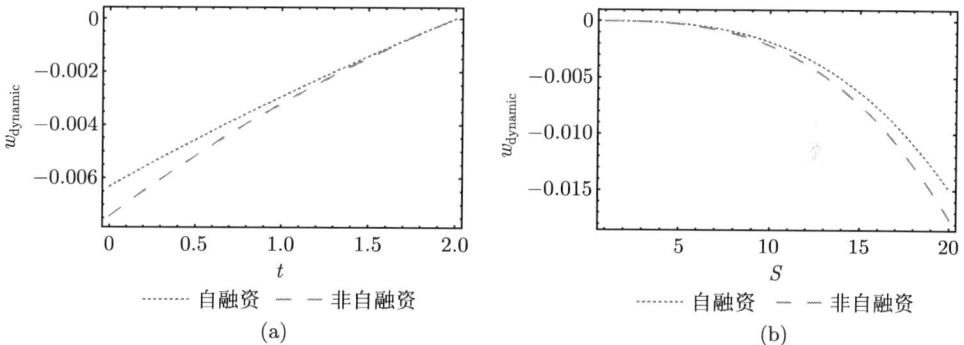

图 2.3　投资期限 $T-t$ 和风险资产的当前价位 S 对自融资组合和非自融资组合动态对冲需求的影响

　　图 2.4 展示了投资期限和风险资产的当前价位对非自融资组合德尔塔对冲需求的影响. 显然, 德尔塔对冲需求数值为正, 是投资期限的增函数、风险资产价格的增函数. 一方面, 投资期限为 0 时, 德尔塔对冲需求为 0, 投资期限越长, 需要进行对冲的风险越大, 对冲需求也相应越大; 另一方面, 当价格升高时, 因为波动率减小, 所以对冲需求也会增加.

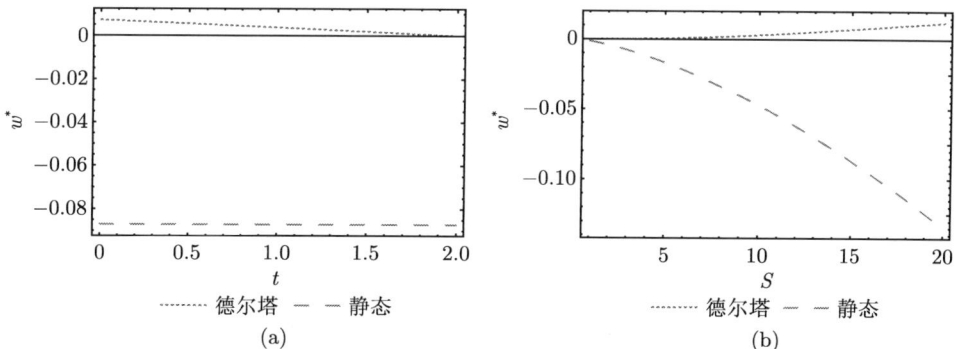

图 2.4　投资期限 $T-t$ 和风险资产的当前价位 S 对非自融资组合德尔塔对冲需求的影响

图 2.5 展示了投资期限和风险资产的当前价位对非自融资组合总体投资需求的影响. 由于投资策略中短视需求比重较大, 所以总体投资需求随着投资期限的增加而增加, 随着波动率的减小 (价格升高) 而增加.

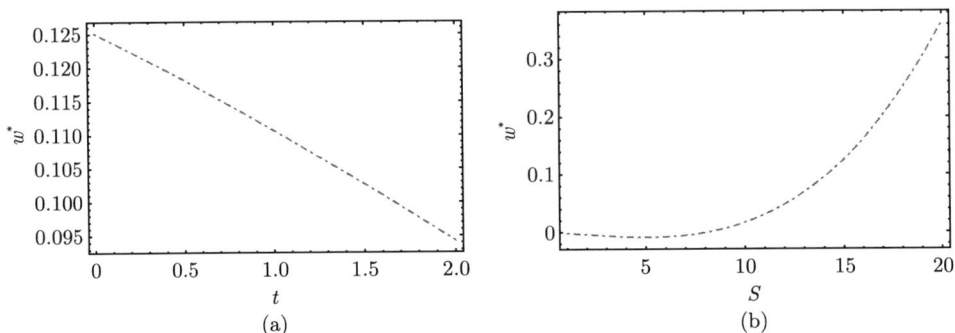

图 2.5　投资期限 $T - t$ 和风险资产的当前价位 S 对非自融资组合总体投资需求的影响

2.5　本 章 小 结

假定风险资产价格服从 CEV 模型, 盈余过程服从算术布朗运动, 且市场风险和盈余风险完全相关, 本章求解了 HARA 型保险组合优化问题. 利用随机控制理论建立间接效用函数满足的三维非线性偏微分方程, 并通过直接猜测其形式, 将问题化简为一个齐次和一个非齐次抛物型二维偏微分方程. 通过综合利用函数变换、随机分析等技巧, 给出了两个抛物型偏微分方程的显式解. 最后得到了间接效用函数和投资策略的显式解, 分析了其经济含义, 并给出了数值案例.

结果表明, 该非自融资组合的间接效用函数等价于改变初始财富的自融资组合的间接效用函数. 初始财富的调整表示盈余过程的实物期权价值, 满足一个非齐次抛物型偏微分方程, 等于资金流风险中性测度下的累积期望贴现值. 投资策略由短视投资需求、动态对冲需求、静态对冲需求和德尔塔对冲需求四部分组成. 非自融资组合的短视投资需求和动态对冲需求自融资组合的结果类似, 只是由实物期权价值带来的财富效应需要根据新的等价初始禀赋进行相应调整. 相比于自融资组合, 非融资组合因为盈余资金流的引入导致了额外两项, 其中, 静态对冲需求旨在对冲盈余资金流瞬时变化风险, 德尔塔对冲需求旨在对冲盈余的实物期权价值波动风险. 当模型中参数取特殊值时, 可以得到已有文献的相关结果.

本章只是对 CEV 模型下动态非自融资组合最优配置问题的初步研究, 仍存在许多问题需要进一步探讨, 如考虑盈余资金流的特异性风险, 这个问题将在第 3 章进行详细讨论.

第 3 章 非完备市场下基于 CARA 效用和 CEV 模型的保险最优投资策略

第 2 章基于 HARA 效用研究了保险组合选择问题. 为了说明完备市场中非自融资组合选择问题与风险中性实物期权定价问题的关系, 假设经济中只有一个风险源. 但该假设忽视了盈余的特异性风险, 有必要将其纳入, 此时市场是非完备的. 我们经过尝试后发现这个问题在 HARA 效用下却无法得到显式解.

退而求其次, 本章在 CARA 效用下研究带不完全相关风险的保险组合选择问题. 相比于 HARA 效用, 选择 CARA 效用除技术上容易得到显式解的考虑外, 更重要的原因在于: 一方面该目标因为满足 "公平保费" 原理而在保险精算领域广泛使用; 另一方面, CARA 效用对应的自融资组合投资策略与财富规模无关, 因此得到的非自融资投资策略可以排除掉因财富效应带来的投资策略变化因素, 从而易于与自融资组合的投资策略进行直接对比. 由于盈余特异性风险的引入, 市场是非完备的. 本章关心第 2 章发现的完备市场中非自融资组合选择问题可以转换为自融资组合选择问题这一规律对于非完备市场是否仍然成立, 以及市场非完备性对组合选择结果的影响.

3.1 引　　言

近年来, 大量学者基于 CEV 模型研究了保险组合的最优纯投资或者最优再保险 (re-insurance) 及投资问题 (Gu et al., 2010, 2012; Xiang and Li, 2011; Liang et al., 2012; 荣喜民和范立鑫, 2012; Li et al., 2015; Wu K and Wu W X, 2016; 曾敏和陈萍, 2016; Lin and Qian, 2015; Wang et al., 2018; 李冰和耿彩霞, 2018; 聂高琴, 2019). 第 2 章基于完备市场假设在 HARA 效用下研究了保险人的最优投资问题.

但是现有研究仍然存在以下几点不足. 首先, 大量的文献 (Gu et al., 2010, 2012; Xiang and Li, 2011; Li et al., 2014, 2016a; Wu K and Wu W X, 2016; 曾敏和陈萍, 2016; 李冰和耿彩霞, 2018; Wang et al., 2018; 聂高琴, 2019) 均假设驱动保险盈余过程的布朗运动与驱动 CEV 模型的布朗运动完全不相关, 即保险市场和金融市场是两个完全独立的市场, 忽视了保险市场和金融市场的风险相关性. 此时得到的风险资产的投资策略也通常不受保险盈余过程的影响, 或者说此时得到的投资策略也完全适用于普通投资主体, 并不能体现出保险资产管理业务的独特性. 其次, 少数文献,

如荣喜民和范立鑫 (2012)、Wang 等 (2018) 和第 2 章虽然考虑了两者的相关性, 但是却假设其完全相关, 而忽视了保险市场的特异性风险. 最后, 大量文献主要着重于同时讨论再保险和投资问题, 但是现实中再保险规模远远小于原保险规模, 这意味着投资者无法购买到足够的再保险服务而只能选择投资策略.

为了弥补这些不足, 本章试图在综合考虑随机波动率风险、市场与盈余部分风险相关性的基础上, 求解 CARA 效用下的保险最优投资策略. 具体而言, 假设风险资产价格过程服从 CEV 模型; 同时假设保险盈余过程服从带漂移项的布朗运动过程, 并且驱动盈余过程的布朗运动和驱动 CEV 过程的布朗运动过程存在部分相关. 这种相关性刻画了保险市场和金融市场背后可能受相同风险因素的影响, 但同时也因为受自身独有因素的影响, 所以并不是完全相关的. 最后假设投资者具有 CARA 效用.

在考虑实际情况的基础上, 本章的模型改进推广了已有工作. 首先, 相比于保险组合选择领域的先驱工作 (Browne, 1995), 考虑了金融市场的随机波动率风险. 当 CEV 模型的弹性方差系数为 0 时, Browne (1995) 的研究即为本章的特例. 其次, 相比于其他只考虑一个风险源的模型 (荣喜民和范立鑫, 2012; Wang et al., 2018) 以及第 2 章, 本章考虑到了保险行业的特异性风险, 更加符合现实. 最后, 相比于假设盈余风险完全独立于金融市场风险的工作 (Gu et al., 2012), 本章考虑了保险市场风险和金融市场风险的相关性.

本章给出了新的 HJB 方程求解方法. 由于随机波动率的引入, 相比于几何布朗运动市场, 波动率成为有效的状态变量, 因而值函数对应的 HJB 方程是三维的, 这增加了技术上的求解难度. 此外, 由于考虑了具有部分相关性依赖的风险, 相比于完全不相关的情形, 这部分风险是依赖于金融市场进行定价的, 具体表现为 HJB 方程中会多出来一个交叉项; 然而相比于完全相关的情形, 这里的市场模型却又是不完备的, 所以无法直接借助风险中性定价理论简化为更改初始禀赋后的自融资组合选择问题. 参照第 2 章值函数的猜测思想, 本章猜测盈余资金流实物期权价格的形式和完备市场相同; 在 Browne (1995)、Gao (2009a)、Gu 等 (2012) 求解方法的启发下, 找到了 CARA 效用函数对应的间接效用形式. 最后, 本章给出了最优投资策略的显式解, 并说明了其金融含义.

本章后续部分结构安排如下: 3.2 节建立最优动态非自融资组合选择问题的基本数学模型; 3.3 节首先推导该问题对应的值函数所满足的 HJB 方程, 接着将其化简为两个抛物型偏微分方程, 最终给出这两个抛物型偏微分方程的显式解; 3.4 节分析实物期权价值和最优投资策略; 最后 3.5 节总结本章.

3.2 模 型 建 立

本节首先给出一些基础假设, 然后基于此建立保险最优动态纯投资模型.

考虑一个定义在 $[t, T]$ 时间段内的连续时间马尔可夫经济, 所有不确定性由满足通常条件的赋域空间 $(\Omega, \mathscr{F}, \{\mathscr{F}_s\}_{t \leqslant s \leqslant T}, \mathbb{P})$ 刻画. 这里 $\mathscr{F}_s = \sigma(Z_1(s) \times Z_2(s))$ 表示截至 $s(t \leqslant s \leqslant T)$ 时刻经济体中的所有可用信息; $Z_1(s)$、$Z_2(s)$ 是定义在 $\mathbb{P}$ 测度上的两个独立的标准一维布朗运动, 分别表示金融市场和保险市场的独立风险源 (uncertainty source). 在后文中, 不加显式说明地假设所有随机过程和随机变量均适应于域流 $\{\mathscr{F}_s\}_{t \leqslant s \leqslant T}$, 以及涉及的所有随机变量的矩均是良好定义的. 进一步, 做出如下假定.

(1) 资产可以无限拆分且交易可以在 $[t, T)$ 内连续进行.

(2) 没有各种交易税费.

(3) 没有买空、卖空交易限制且借贷利率相等.

不失一般性, 假定保险组合可以投资于一只无风险资产 (银行账户) 和一只风险资产, 无风险资产的价格过程为

$$\frac{\mathrm{d}B(s)}{B(s)} = r\mathrm{d}s, \quad B(t) = 1, \tag{3.2.1}$$

其中, $r > 0$ 表示无风险利率. 风险资产的价格过程 $S(s)$ 满足 CEV 模型:

$$\frac{\mathrm{d}S(s)}{S(s)} = \mu\mathrm{d}s + \sigma S(s)^{\alpha}\mathrm{d}Z_1(s), \quad S(t) = S > 0, \tag{3.2.2}$$

其中, $\mu > r$ 表示期望瞬时收益率; $\sigma > 0$ 表示常数; α 表示弹性方差系数; $\sigma S(s)^{\alpha}$ 表示瞬时波动率. 同样为了排除风险资产破产的可能, 假设 $\alpha \in (-\infty, -1/2) \bigcup [0, \infty)$. 由于风险资产的价格 $S(s)$ 是随机的, 因此风险资产的瞬时波动率也是随机的, 故投资者面临随机时变的投资机会集.

类似 Browne (1995)、Gu 等 (2010, 2012)、荣喜民和范立鑫 (2012) 的研究, 假定不投资时, 投资者财富的变化过程为带漂移的布朗运动

$$\mathrm{d}R(s) = \mu_m\mathrm{d}s + \sigma_m\left(\rho\mathrm{d}Z_1(s) + \sqrt{1 - \rho^2}\mathrm{d}Z_2(s)\right), \quad R(t) = W, \tag{3.2.3}$$

其中, μ_m、σ_m 都表示常数; $\rho \in [-1, 1]$ 表示盈余风险和金融市场风险的相关性; W 表示投资者在 t 时刻的初始禀赋. 需要强调的是, 在该假设下如果 $\rho \neq \pm 1$, 由于市场上有两个独立的风险源, 因此通过交易风险资产始终无法对冲掉盈余过程的自身部分风险, 故金融市场是非完备的. 在特殊情况 $\rho = \pm 1$ 下, 市场是完备的.

令 w_s 表示投资者在时刻 $s \in [t, T]$ 投资于风险资产 $S(s)$ 的资金占总财富的比例, 则剩余 $(1 - w_s)$ 比例的资金投资于无风险资产 $B(s)$. 于是在策略 w_s 下, 投资组合净值 $W(s)$ 的动态变化过程为

$$
\begin{aligned}
dW(s) &= \frac{dB(s)\,((1 - w_s)\,W(s))}{B(s)} + \frac{w_s W(s) dS(s)}{S(s)} + dR(s) \\
&= (\mu_m - r w_s W(s) + r W(s) + \mu w_s W(s)) ds \\
&\quad + (\rho \sigma_m + \sigma w_s W(s) S(s)^\alpha) dZ_1(s) + \sqrt{1 - \rho^2} \sigma_m dZ_2(s).
\end{aligned} \tag{3.2.4}
$$

称投资策略 w_s 是可容许的, 如果 $\forall s \in [t, T]$, w_s 是 $\mathscr{F}_s$ 可测的, 且过程式(3.2.4) 有唯一强解及 $E_t \left[\int_t^T (w_s W(s) S(s)^\alpha)^2 ds \right] < \infty$. 令 $\mathscr{A}$ 表示所有的可容许策略集合. 给定初始财富 $W(t) = W$ 和即期价格 $S(t) = S$, 投资者试图最大化终端财富 $W(T)$ 对应的期望效用, 即

$$
\max_{w_s \in \mathscr{A}} \mathbb{E}[U(W_T) | W(t) = W, S(t) = S], \tag{3.2.5}
$$

其中, $U(\cdot)$ 表示效用函数并满足 $U'(W) > 0, U''(W) < 0$. 特别地, 假设投资者具有 CARA 偏好, 即

$$
U(W) = \frac{-e^{-\gamma W}}{\gamma}, \tag{3.2.6}
$$

其中, $\gamma = -U''(W)/U'(W) > 0$ 表示绝对风险厌恶系数. 值得强调的是, 绝对风险厌恶效用是在满足 "零效用原则" (Mammitzsch, 1986) 的前提下同时保证相应公平保费 (fair premium) 与初始财富无关的唯一效用函数, 它被广泛地应用于保险精算领域.

注记 3.1 如果 $\alpha = 0$, CEV 模型退化为几何布朗运动过程, 最优投资问题式(3.2.4)和式(3.2.5)等价于 Browne (1995) 考虑的效用优化问题.

注记 3.2 如果 $\rho = 0$, 最优投资问题式(3.2.4)和式(3.2.5)与 Gu 等 (2012) 考虑的保险人纯投资问题相同.

注记 3.3 如果 $\rho = \pm 1$, 最优投资问题式(3.2.4)和式(3.2.5)与荣喜民和范立鑫 (2012) 考虑的保险人在 CARA 效用下的投资问题一致.

3.3 问 题 求 解

本节首先根据随机动态规划原理建立值函数所满足的非线性偏微分方程, 其次根据猜测的值函数的形式将非线性偏微分方程化简为一个齐次和一个非齐次抛物型偏微分方程, 最后求解这两个方程, 从而给出值函数的显式表达.

3.3.1 HJB 方程建立

对于最优投资问题式(3.2.4)和式(3.2.5), 由于资产组合净值的动态预算约束中包含了 W、S 两个状态变量, 所以可以记值函数为

$$J(t, W, S) = \max_{w \in \mathscr{A}} \mathbb{E}[U(W_T)|W(t) = W, S(t) = S].\qquad (3.3.1)$$

由随机最优控制理论可知, 值函数 $J(t, W, S)$ 满足如下的 HJB 方程:

$$0 = \max_{w \in \mathscr{A}} \mathscr{A}^w J(t, W, S),\qquad (3.3.2)$$

$$\begin{aligned}\mathscr{A}^w f(t, W, S) &= f_W \left(\mu_m - r(w-1)W + \mu w W\right) + f_{WS} \left(\rho\sigma\sigma_m S^{\alpha+1} + \sigma^2 w W S^{2\alpha+1}\right)\\ &\quad + f_{WW}\left(\frac{\sigma_m^2}{2} + \rho\sigma w W \sigma_m S^\alpha + \frac{1}{2}\sigma^2 w^2 W^2 S^{2\alpha}\right)\\ &\quad + \frac{1}{2}\sigma^2 f_{SS} S^{2\alpha+2} + \mu S f_S + f_t,\end{aligned}\qquad (3.3.3)$$

$$J(T, W, S) = U(W), \quad \forall S.\qquad (3.3.4)$$

在式(3.3.2)中, $\mathscr{A}^w f(t, W, S)$ 表示受控随机过程式(3.2.4)的无穷小生成子. 为了简化符号, 在全书中不加显式地根据需要省略掉函数的自变量部分, 如在式(3.3.3)中, $f := f(t, W, S)$. 函数的偏微分也延续该做法, 即 $f_t := \dfrac{\partial f(t, W, S)}{\partial t}$, 其他函数及偏微分符号含义以此类推. 对式(3.3.3)取 w 的一阶条件, 可以得到最优投资策略为

$$w^* = \frac{J_W(r-\mu)S^{-2\alpha}}{\sigma^2 W J_{WW}} - \frac{S J_{WS}}{W J_{WW}} - \frac{\rho\sigma_m S^{-\alpha}}{\sigma W}.\qquad (3.3.5)$$

将式(3.3.5)代入式(3.3.2)可以得到值函数所满足的偏微分方程

$$\begin{aligned}0 &= J_W\left(\frac{S J_{WS}(r-\mu)}{J_{WW}} + \mu_m + \frac{\rho\sigma_m(r-\mu)S^{-\alpha}}{\sigma} + rW\right) - \frac{1}{2}\left(\rho^2 - 1\right)J_{WW}\sigma_m^2\\ &\quad - \frac{J_W^2(r-\mu)^2 S^{-2\alpha}}{2\sigma^2 J_{WW}} + \frac{1}{2}\sigma^2 J_{SS} S^{2\alpha+2} - \frac{\sigma^2 J_{WS}^2 S^{2\alpha+2}}{2J_{WW}} + \mu S J_S + J_t,\end{aligned}\qquad (3.3.6)$$

其中, 边界条件为式(3.3.4). 由于式(3.3.6)是一个三维非线性偏微分方程, 一般情况下很难求解. 我们猜测到了 CARA 效用函数对应的值函数形式, 并据此将方程(3.3.6)简化为两个抛物型方程.

注记3.4 显然, 当 $\rho = \pm 1$ 时, HJB 方程(3.3.6)退化为式(2.3.6).

3.3.2　HJB 方程化简

借鉴第 2 章将非自融资组合转换为自融资组合选择问题的基本思想, 可以猜测出值函数的形式, 从而得到如下结果.

定理3.1　如果值函数 $J(t, W, S)$ 满足式(3.3.6)和式(3.3.4), 则其可以表示为

$$J(t, W, S) = -\frac{\exp\big(g(t, S) - \gamma \mathrm{e}^{r(T-t)}(W + h(t, S))\big)}{\gamma}, \qquad (3.3.7)$$

其中, $g(t, S)$、$h(t, S)$ 分别满足抛物型偏微分方程

$$0 = rS g_S + \frac{1}{2}\sigma^2 g_{SS} S^{2\alpha+2} + g_t - \frac{(r-\mu)^2 S^{-2\alpha}}{2\sigma^2},$$
$$0 = g(T, S), \quad \forall S, \qquad (3.3.8)$$
$$0 = rS h_S - hr + \frac{1}{2}\sigma^2 h_{SS} S^{2\alpha+2} + h_t + \mu_m$$
$$+ \frac{\rho \sigma_m (r-\mu) S^{-\alpha}}{\sigma} + \frac{1}{2}\gamma\big(\rho^2 - 1\big)\sigma_m^2 \mathrm{e}^{r(T-t)},$$
$$0 = h(T, S), \quad \forall S. \qquad (3.3.9)$$

证明　由式(3.3.7)可以得到

$$J_S/J = g_S - \gamma h_S \mathrm{e}^{r(T-t)},$$
$$J_{SS}/J = -\gamma \mathrm{e}^{r(T-t)}(2g_S h_S + h_{SS}) + g_S^2 + g_{SS} + \gamma^2 h_S^2 \mathrm{e}^{2r(T-t)},$$
$$J_W/J = \gamma\big(-\mathrm{e}^{r(T-t)}\big),$$
$$J_{WS}/J = \gamma \mathrm{e}^{r(T-t)}\big(\gamma h_S \mathrm{e}^{r(T-t)} - g_S\big),$$
$$J_{WW}/J = \gamma^2 \mathrm{e}^{2r(T-t)},$$
$$J_t/J = g_t + \gamma \mathrm{e}^{r(T-t)}\big(r(h + W) - h_t\big).$$

将这些偏导数代入式(3.3.6)中, 并化简 g_t 项的系数为 1, 可以得到

$$0 = rS g_S + \frac{1}{2}\sigma^2 g_{SS} S^{2\alpha+2} + g_t - \frac{(r-\mu)^2 S^{-2\alpha}}{2\sigma^2}$$
$$- \gamma \mathrm{e}^{r(T-t)}\Big(rS h_S - hr + \frac{1}{2}\sigma^2 h_{SS} S^{2\alpha+2} + h_t + \mu_m$$
$$+ \frac{\rho \sigma_m (r-\mu) S^{-\alpha}}{\sigma} + \frac{1}{2}\gamma\big(\rho^2 - 1\big)\sigma_m^2 \mathrm{e}^{r(T-t)}\Big). \qquad (3.3.10)$$

显然, 可以将式(3.3.10)拆解为式(3.3.8)、式(3.3.9)两个独立的抛物型方程.

注记3.5 Xiao 等 (2007)、Gao (2009a)、荣喜民和范立鑫 (2012)、Jung 和 Kim (2012) 通过勒让德对偶变换先将原始 HJB 方程转换为对偶方程, 并得到了对偶函数表示的解. 本章在 Browne (1995) 的启发下直接猜测到值函数的形式, 并据此将 HJB 方程简化为一个二维齐次和一个二维非齐次抛物型偏微分方程. 相比于勒让德对偶变换方法, 这个方法更加简便、直接.

3.3.3 抛物型偏微分方程求解

为了进一步给出值函数及最优投资策略的显式表达, 本节求解抛物型偏微分方程式(3.3.8)和式(3.3.9). 对于式(3.3.8), 有如下结论.

定理3.2 如果 $g(t,S)$ 满足式(3.3.8), 则 $g(t,S)$ 的解可以表示为

$$g(t,S) = f_1(t)S^{-2\alpha} + f_0(t),\tag{3.3.11}$$

其中,

$$f_1(t) = \frac{(r-\mu)^2 \left(\mathrm{e}^{-2\alpha r(T-t)} - 1\right)}{4\alpha r\sigma^2},\tag{3.3.12}$$

$$f_0(t) = \frac{(2\alpha+1)(r-\mu)^2 \left((2\alpha r(t-T)+1) - \mathrm{e}^{-2\alpha r(T-t)}\right)}{8\alpha r^2}.\tag{3.3.13}$$

证明 根据 Feynman-Kac 公式, 可以将 $g(t,S)$ 表示成如下的条件期望:

$$g(t,S) = -\widetilde{\mathbb{E}}\left[\int_t^T \left(\frac{(r-\mu)^2 \widetilde{S}(s)^{-2\alpha}}{2\sigma^2}\right)\mathrm{d}s \bigg| \widetilde{S}(t) = S\right], \quad \forall t < T,\tag{3.3.14}$$

其中, $\widetilde{\mathbb{E}}\left[\cdot | \widetilde{S}(t) = S\right]$ 表示新概率测度 $\widetilde{\mathbb{P}}$ 下的条件期望, 且 $\widetilde{S}(s)$ 服从如下随机过程:

$$\frac{\mathrm{d}\widetilde{S}(s)}{\widetilde{S}(s)} = r\mathrm{d}s + \sigma\widetilde{S}(s)^\alpha\mathrm{d}\widetilde{Z}(s), \quad \widetilde{S}(t) = S.\tag{3.3.15}$$

这里 $\widetilde{Z}(s)$ 表示一个 $\widetilde{\mathbb{P}}$-测度下的标准一维布朗运动. 由定理 A.3 知

$$\widetilde{\mathbb{E}}\left[\widetilde{S}(s)^{-2\alpha} | \widetilde{S}(t)^{-2\alpha} = S^{-2\alpha}\right] = \frac{(2\alpha+1)\sigma^2}{2r} + \mathrm{e}^{-2\alpha r(s-t)}\left(S^{-2\alpha} - \frac{(2\alpha+1)\sigma^2}{2r}\right).\tag{3.3.16}$$

将式(3.3.16) 代入式(3.3.14), 经过化简后有

$$g(t,S) = f_1(t)S^{-2\alpha} + f_0(t),$$

其中,

$$f_1(t) = \frac{(r-\mu)^2 \left(e^{-2\alpha r(T-t)} - 1\right)}{4\alpha r\sigma^2},$$

$$f_0(t) = \frac{(2\alpha+1)(r-\mu)^2 \left((2\alpha r(t-T)+1) - e^{-2\alpha r(T-t)}\right)}{8\alpha r^2}.$$

注记 3.6　由式(3.3.14) 可知, $g(t,S) < 0, \forall t < T, S > 0, \alpha \in \mathbb{R}$, 同时可以由式(3.3.11)进一步验证这个不等式, 将在下文讨论其经济学含义.

对于 $h(t,S)$, 有如下结果.

定理 3.3　如果 $h(t,S)$ 满足式(3.3.9), 则 $h(t,S)$ 可以表示为

$$h(t,S) = \frac{\rho\sigma_m(r-\mu)}{\sigma} \int_t^T e^{-r(s-t)} l(s,S)\mathrm{d}s + A(t), \tag{3.3.17}$$

其中,

$$A(t) = \frac{\mu_m\left(1 - e^{-r(T-t)}\right)}{r} - \frac{\gamma\left(\rho^2 - 1\right)\sigma_m^2 \sinh(r(t-T))}{2r}, \tag{3.3.18}$$

$$l(s,S) = \frac{\Gamma\left(\frac{3}{2} + \frac{1}{2\alpha}\right) e^{\alpha(-r)\tau} \, {}_1F_1\left(-\frac{1}{2}; \frac{2\alpha+1}{2\alpha}; -S^{-2\alpha}M(\tau)\right)}{\Gamma\left(1 + \frac{1}{2\alpha}\right)\sqrt{M(\tau)}}, \tag{3.3.19}$$

这里 $\tau = s - t, M(\tau) = \dfrac{r}{\alpha\sigma^2\left(e^{2\alpha r\tau} - 1\right)}.$

证明　同理, 由 Feynman-Kac 公式, 对于式(3.3.9), 有

$$h(t,S) = \widetilde{\mathbb{E}}_t\left[\int_t^T e^{-r(s-t)}\left(\frac{\rho\sigma_m(r-\mu)\widetilde{S}(s)^{-\alpha}}{\sigma} + \mu_m - \frac{1}{2}\gamma\left(1-\rho^2\right)\sigma_m^2 e^{r(T-s)}\right)\mathrm{d}s\right]$$

$$= \int_t^T e^{-r(s-t)}\widetilde{\mathbb{E}}\left[\left(\frac{\rho\sigma_m(r-\mu)\widetilde{S}(s)^{-\alpha}}{\sigma}\right)\Big|\widetilde{S}(t) = S\right]\mathrm{d}s + A(t),$$

其中,

$$A(t) = \frac{\mu_m\left(1 - e^{-r(T-t)}\right)}{r} - \frac{\gamma\left(\rho^2 - 1\right)\sigma_m^2 \sinh(r(t-T))}{2r},$$

$$l(s,S) = \widetilde{\mathbb{E}}\left[\widetilde{S}(s)^{-\alpha}\big|\widetilde{S}(t) = S\right].$$

使用定理 A.3 的结果即可得到式(3.3.19).

3.3.4 HJB 方程的解和最优投资策略

整理以上结果可以得到 HJB 方程的解及相应的投资策略.

定理 3.4 对于最优投资问题式(3.2.5), 在 CARA 效用下对应 HJB 方程的解 $J(t, W, S)$, 以及相应的投资策略 w^* 可以表示为

$$J(t, W, S) = -\frac{\exp(g(t,S))\exp(-\gamma\exp(r(T-t))(h(t,S)+W))}{\gamma}, \tag{3.3.20}$$

$$
\begin{aligned}
w^* &= \frac{S^{-2\alpha}\mathrm{e}^{r(t-T)}\left(\mu - r - 2\alpha\sigma^2 f_1(t)\right)}{\gamma\sigma^2 W} - \frac{\rho\sigma_m S^{-\alpha}}{\sigma W} - \frac{S h_S}{W} \\
&= \frac{S^{-2\alpha}\mathrm{e}^{r(t-T)}\left(\mu - r - 2\alpha\sigma^2 f_1(t)\right)}{\gamma\sigma^2 W} - \frac{\rho\sigma_m S^{-\alpha}}{\sigma W} \\
&\quad - \frac{\rho\sigma_m S(r-\mu)\left(\int_t^T \mathrm{e}^{-r(s-t)}Dl(s,S)\,\mathrm{d}s\right)}{\sigma W},
\end{aligned} \tag{3.3.21}
$$

其中,

$$g(t,S) = f_1(t)S^{-2\alpha} + f_0(t), \tag{3.3.22}$$

$$f_1(t) = \frac{(r-\mu)^2\left(\mathrm{e}^{-2\alpha r(T-t)}-1\right)}{4\alpha r\sigma^2}, \tag{3.3.23}$$

$$f_0(t) = \frac{(2\alpha+1)(r-\mu)^2\left((2\alpha r(t-T)+1)-\mathrm{e}^{-2\alpha r(T-t)}\right)}{8\alpha r^2}, \tag{3.3.24}$$

$$
\begin{aligned}
h(t,S) &= \frac{\rho\sigma_m(r-\mu)}{\sigma}\int_t^T \mathrm{e}^{-r(s-t)}l(s,S)\mathrm{d}s + \frac{\mu_m\left(1-\mathrm{e}^{-r(T-t)}\right)}{r} \\
&\quad - \frac{\gamma\left(\rho^2-1\right)\sigma_m^2\sinh(r(t-T))}{2r},
\end{aligned} \tag{3.3.25}
$$

$$l(s,S) = \frac{\Gamma\left(\frac{3}{2}+\frac{1}{2\alpha}\right)\mathrm{e}^{\alpha(-r)(s-t)}{}_1F_1\left(-\frac{1}{2};\frac{2\alpha+1}{2\alpha};-S^{-2\alpha}M(s)\right)}{\Gamma\left(1+\frac{1}{2\alpha}\right)\sqrt{M(s)}}, \tag{3.3.26}$$

$$Dl(s,S) = -\frac{\alpha\Gamma\left(\frac{3}{2}+\frac{1}{2\alpha}\right)S^{-2\alpha-1}\mathrm{e}^{\alpha r(t-s)}{}_1F_1\left(\frac{1}{2};2+\frac{1}{2\alpha};-S^{-2\alpha}M(s)\right)}{\sqrt{M(s)}^{-1}\Gamma\left(2+\frac{1}{2\alpha}\right)}, \tag{3.3.27}$$

$$M(s) = \frac{r}{\alpha\sigma^2 \left(e^{2\alpha r(s-t)} - 1\right)}. \tag{3.3.28}$$

其中, $\Gamma(\cdot)$ 表示欧拉伽玛函数, $_1F_1(a; b; z)$ 表示合流超几何函数, 其定义如下:

$$_1F_1(a; b; z) = \frac{\Gamma(b)}{\Gamma(a)\Gamma(b-a)} \int_0^1 t^{a-1}(1-t)^{b-a-1} \exp(zt)\mathrm{d}t.$$

证明　将式(3.3.20) 代入式(3.3.5) 化简后可以得到式(3.3.21), 这里使用公式

$$\frac{\mathrm{d}_1 F_1(a; b; x)}{\mathrm{d}x} = \frac{a}{b}\,_1F_1(a+1; b+1; x)$$

化简得到最优投资策略.

定理 3.5 验证了定理 3.4 给出的 HJB 方程式(3.3.2)解的确是原来优化问题式(3.2.5)的解.

定理 3.5　对于最优投资问题式(3.2.5), 定理 3.4 给出的候选解式(3.3.20) 为值函数, 并且 w^* 是最优投资策略.

证明　见附录 D.1.

注记 3.7　显然, Gu 等 (2012) 中的定理 3 是本章结果取 $\rho = 0$ 时的特殊情形. 进一步, 如果令 $\sigma_m = 0$, 最优投资策略则退化为 Gao (2009a, 2009b) 在 CARA 效用下的结果.

注记 3.8　显然由定理 3.4 可以知道投资者在风险资产上的投资额度 w^*W 和总的财富规模 W 无关, 与 Gao (2009a, 2009b)、Gu 等 (2012) 的研究结果一致, 这是因为投资者具有 CARA 效用.

3.4　结果分析

本节将首先对间接效用函数和最优策略进行结构分析, 详细讨论其经济含义; 其次给出一个数值案例, 分析参数变化对投资策略的影响.

3.4.1　实物期权价值

式(3.3.7)表明, 非自融资组合选择问题对应间接效用函数仍然等于改变初始禀赋的自融资组合选择问题对应的间接效用函数. 定理 3.4 中的 $h(t, S)$ 和 Browne (1995) 研究中的方程 80 类似, 本质上是盈余过程的实物期权价值, 只是这里是根据效用无差异原则给出的定价. 通常情形下, 期权价格和风险资产的波动率有关. 因为在 CEV 模型下, 波动率是风险资产价格的函数, 所以期权价格也就是价格的函数. 在特殊情况 $\alpha \to 0^+$ 下, $h(t, S)$ 将退化为 Browne (1995) 研究中的结果, 详见式(3.4.11).

此外, $h(t, S)$ 中第一项表示资金流的确定年金价值, 第二项表示可对冲部分的风险中性价格, 第三项表示不可对冲部分风险导致的效用惩罚, 这是由市场非完备性导致的, 依赖于投资者具体的风险厌恶态度. 当市场完备, 即 $\rho = \pm 1$ 时, 效用无差异定价等于风险中性价格.

3.4.2 最优投资策略结构

显然, 可以将投资策略 w^* 分解成如下的结构:

$$w^* = w_{\text{myopic}}(t) + w_{\text{dhedge}}(t) + w_{\text{shedge}}(t) + w_{\text{deltahedge}}(t),$$

其中,

$$w_{\text{myopic}}(t) = \frac{(\mu - r)S^{-2\alpha}e^{-r(T-t)}}{\gamma \sigma^2 W}, \tag{3.4.1}$$

$$w_{\text{dhedge}}(t) = -\frac{2\alpha f_1(t)S^{-2\alpha}e^{r(t-T)}}{\gamma W}, \tag{3.4.2}$$

$$w_{\text{shedge}}(t) = -\frac{\rho \sigma_m S^{-\alpha}}{\sigma W}, \tag{3.4.3}$$

$$w_{\text{deltahedge}}(t) = -\frac{S h_S}{W}. \tag{3.4.4}$$

为了分析其最优投资策略的经济学含义, 首先考虑当参数取特殊值时的结果.

推论 3.1 如果 $\mu_m = 0, \sigma_m = 0$, 则有 $h(t, S) = 0, w_{\text{shedge}}(t) = 0, w_{\text{deltahedge}}(t) = 0$, 相应的 $J(t, W, S)$ 简化为

$$J(t, W, S) = -\frac{\exp(g(t, S)) \exp(-\gamma \exp(r(T-t))W)}{\gamma}, \tag{3.4.5}$$

相应的投资策略也退化为

$$w^* = w_{\text{myopic}}(t) + w_{\text{dhedge}}(t). \tag{3.4.6}$$

注意到如果 $\mu_m = 0, \sigma_m = 0$, 即模型不存在随机资金流或者说组合是自融资的. 此时, 如果投资者的投资策略是买入并持有无风险债券, 则在 T 时刻的效用函数为 $J(t, W, S) = -\frac{\exp(-\gamma W e^{r(T-t)})}{\gamma}$. 然而如果投资者是采用最优投资策略的话, 此时的效用函数多了一项 $e^{g(t,S)}$. 由于 $g(t, S) < 0, \forall t < T, S > 0$, 显然通过采取最优投资策略可以改善投资者的福利.

式(3.4.6) 给出的最优投资策略由短视投资需求和动态对冲需求两部分组成. 其中 $w_{\text{myopic}}(t)$ 为短视需求, 也满足凯利准则 (Kelly criteria), 是投资者不考虑未来

变化而仅考虑当下, 只优化下一瞬间财富在 T 时刻对应期望效用函数得到的最优投资策略. 然而由于随机波动率的存在, 投资决策集在未来会发生变化, 投资者在决策时必须考虑到这种因素, 所以就导致了动态对冲需求 $w_{\text{dhedge}}(t)$. 相比而言, Browne (1995) 假设风险资产价格服从几何布朗运动过程, 从而忽视了随机波动率, 因而投资策略中并不会出现这一项. 和 HARA 效用不同, 由于 CARA 效用下短视需求和动态对冲需求不依赖于财富规模, 因此非自融资和自融资组合的这两部分需求是相同的.

由于相关性的引入, 除了短视投资需求和动态对冲需求之外, 相比于 Gu 等 (2012) 的纯投资策略, 本章考虑的投资策略中出现了额外两项, 即 $w_{\text{shedge}}(t)$ 和 $w_{\text{deltahedge}}(t)$, 分别称其为静态对冲需求和德尔塔对冲需求. 首先来分析静态对冲需求, 假设投资者只采取该策略, 即在 s 时刻投资 $w_{\text{shedge}} W = -\dfrac{\rho \sigma_m S(s)^{-\alpha}}{\sigma}$ 数量的财富于风险资产, 则该组合的财富 $W_c(s)$ 的变化过程为

$$
\begin{aligned}
\mathrm{d}W_c(s) &= -\frac{\rho \sigma_m S(s)^{-\alpha}}{\sigma} \mathrm{d}S(s)/S(s) + \mathrm{d}R(s) + r \frac{\rho \sigma_m S(s)^{-\alpha}}{\sigma} \mathrm{d}s \\
&= \left(\mu_m - \frac{(\mu - r)\rho \sigma_m S(s)^{-\alpha}}{\sigma} \right) \mathrm{d}s + \sqrt{1 - \rho^2}\, \sigma_m \mathrm{d}Z_2(s).
\end{aligned}
\tag{3.4.7}
$$

注意到式(3.4.7)中只包含盈余过程中的不可对冲风险项 $\mathrm{d}Z_2(s)$, 而可对冲风险项 $\mathrm{d}Z_1(s)$ 则消失了. 这说明静态对冲需求 w_{shedge} 完全对冲掉了盈余过程中的可对冲风险. 在完备市场情形下, 即 $\rho = \pm 1$, 相应的不可对冲风险也消失了.

接着分析德尔塔对冲需求, 注意到除非 $\alpha = 0$, 由于式(3.4.7)仍然含有 $S(s)$, 因此投资者的静态对冲组合的财富仍然面临一定的风险, 这就导致了德尔塔对冲需求的出现. 另外, 也可以从资产定价的视角来理解 $h(t,S)$. 由于 $h(t,S)$ 是盈余过程的实物期权价格, 由伊藤引理, 投资组合 $(h(t,S), -Sh_S)$ 的动力学变化过程为

$$
\mathrm{d}h(s, S(s)) - S(s)h^{(0,1)}(s, S(s))(\mathrm{d}S(s) - r)
$$

$$
= \mathrm{d}s\left(rS(s)h^{(0,1)}(s, S(s)) + \frac{1}{2}\sigma^2 S(s)^{2\alpha+2} h^{(0,2)}(s, S(s)) + h^{(1,0)}(s, S(s)) \right),
\tag{3.4.8}
$$

注意到式 (3.4.8) 中并不包含随机过程的扩散项, 这就意味着相应的风险项被对冲掉了. 因此, 可以称 $-\dfrac{Sh_S}{W}$ 为德尔塔对冲需求.

推论 3.2　如果 $\rho \sigma_m = 0$, 则对应的投资策略简化为

$$
w^* = w_{\text{myopic}}(t) + w_{\text{dhedge}}(t).
\tag{3.4.9}
$$

一方面, 如果 $\rho = 0$, 即金融市场的风险和盈余过程的风险完全独立, 那么交易风险资产始终无法对冲掉任何的盈余风险, 所以相应的静态对冲需求和德尔塔对

冲需求都消失了. 另一方面, 如果 $\sigma_m = 0$, 盈余过程等价于缴费为 μ_m 的连续时间年金, $h(t, S) = \dfrac{\mu_m\left(1 - \mathrm{e}^{-r(T-t)}\right)}{r}$ 显然为其现值. 因为没有风险需要对冲, 所以以对应的静态对冲需求和德尔塔对冲需求也都消失了.

以上讨论了资金流参数对投资策略的影响, 下面将讨论 CEV 模型的弹性方差系数 α 对投资策略的影响. 显然, 定理 3.4 给出的投资策略在 $\alpha = 0$ 处不具良好定义, 因此讨论 $\alpha \to 0^+$ 的结果并得到如下推论.

推论 3.3

$$\lim_{\alpha \to 0^+} w^* = \frac{(\mu - r)\mathrm{e}^{r(t-T)}}{\gamma \sigma^2 W} - \frac{\rho \sigma_m}{\sigma W}. \tag{3.4.10}$$

证明　当 $\alpha \to 0^+$ 时, 有

$$\lim_{\alpha \to 0^+} f_1(t) = \frac{(r-\mu)^2(t-T)}{2\sigma^2},$$
$$\lim_{\alpha \to 0^+} f_0(t) = 0,$$

因此

$$\lim_{\alpha \to 0^+} g(t, S) = \frac{(r-\mu)^2(t-T)}{2\sigma^2}.$$

由于

$$-\frac{r(\coth(\alpha r\tau) - 1)}{2\alpha\sigma^2} = -\frac{1}{2\alpha^2(\sigma^2\tau)} + \frac{r}{2\alpha\sigma^2} - \frac{r^2\tau}{6\sigma^2} + \frac{\alpha^2 r^4\tau^3}{90\sigma^2} + O\left(\alpha^4\right),$$
$$_1F_1(a; b; z) = \frac{\Gamma(b)}{\Gamma(b-a)}(-z)^{-a}(1 + O(1/z)) + \frac{\Gamma(b)}{\Gamma(a)}\mathrm{e}^z z^{a-b}(1 + O(1/z)),$$

如果 $(|z| \to \infty)$, 有

$$\lim_{\alpha \to 0^+} l(s, S) = 1,$$
$$\lim_{\alpha \to 0^+} Dl(s, S) = 0,$$

因此

$$\lim_{\alpha \to 0^+} h(t, S) = -\frac{\gamma\left(\rho^2 - 1\right)\sigma_m^2 \sinh(r(t-T))}{2r} - \frac{\rho\sigma_m(r-\mu)\left(\mathrm{e}^{r(t-T)} - 1\right)}{r\sigma}$$
$$- \frac{\mu_m\left(\mathrm{e}^{r(t-T)} - 1\right)}{r}, \tag{3.4.11}$$

相应的投资策略则简化为式(3.4.10).

注记 3.9 $\alpha = 0$ 的 CEV 模型等价于几何布朗运动模型, 因此式(3.4.10) 和 Browne (1995) 研究中定理 5 的结果相同.

注意到当 $\alpha = 0$ 时, 由于自融资组合对应的投资集是不变的, 所以动态对冲需求消失了. 同时, 此时式(3.4.7)给出的 $W_c(s)$ 简化为

$$dW_c(s) = \left(\mu_m - \frac{(\mu - r)\rho\sigma_m}{\sigma}\right)ds + \sqrt{1-\rho^2}\sigma_m dZ_2(s). \tag{3.4.12}$$

显然, 静态对冲后的盈余组合不依赖于市场状态 $S(s)$, 因此也就无须进一步进行德尔塔对冲.

推论 3.4   当 $\gamma \to \infty$ 时, 有

$$w_{\text{hedge}}^* = -\frac{\sigma_m S^{-\alpha}}{\sigma W} - \frac{S h_S}{W}. \tag{3.4.13}$$

证明   当 $\gamma \to \infty$ 时, 显然短视投资需求不复存在. 同时由于 $f_1(t)$ 有限, 于是动态对冲需求也为 0.

同 HARA 效用下的结果相同, 推论 3.4 表明, 对于极度绝对风险厌恶的投资者, 其投资策略仅包含静态对冲需求和德尔塔对冲需求. 因为投资者极度风险厌恶, 对于自融资组合而言, 即使投资风险资产能够带来一定的超额收益, 其也不会选择持有任何头寸的风险资产, 所以也就不存在短视投资需求. 因为选择不持有风险资产, 所以组合也就不会面临随机波动风险, 动态对冲需求也就消失了.

但是对于非自融资组合而言, 盈余资金流仍然会带来一定的风险. 只要进入了保险业务, 就必须被动承受这种风险. 组合管理者首先需要做的便是采用静态对冲投资策略对冲掉资金流瞬时变化的风险. 由于存在随机波动率, 静态对冲策略会引入新的风险, 于是投资者需要进一步采用德尔塔对冲投资策略对冲掉该部分风险.

我们将上述推论整理成表 3.1.

表 3.1   不同模型参数下的投资策略结构

参数	短视	动态	静态	德尔塔	相应工作
$\alpha = 0, \rho\sigma_m = 0$	✓				Browne (1995) 研究的特殊情形
$\alpha \neq 0, \rho\sigma_m = 0$	✓	✓			Gao (2009a)、Gu 等 (2012) 的研究
$\alpha = 0, \gamma \to \infty$			✓		静态对冲问题
$\alpha \neq 0, \gamma \to \infty$			✓	✓	动态对冲问题
$\alpha = 0, \rho\sigma_m \neq 0$	✓		✓		Browne (1995) 的研究
$\alpha \neq 0, \rho\sigma_m \neq 0$	✓	✓	✓	✓	本章研究

3.4.3 数值算例

本节将对最优投资策略和间接效用函数进行算例分析, 基础参数除 γ 外和第 2 章保持一致, 具体设为 $T = 2, t = 0, r = 0.03, S = 15, \sigma = 20, \mu = 0.08; \mu_m = 1000, \sigma_m = 300; W = 10\,000, \alpha = -1.5, \gamma = 0.0005$. 同样地, 为了刻画杠杆效应, 这里选用负 α.

图 3.1 展示了投资期限和风险资产的当前价位对非自融资组合最优投资策略的影响. 值得注意的是, 当 $\rho = 0$ 时, 非自融资组合的投资策略和自融资组合的投资策略相同. 对于自融资组合, 一方面, 由于投资者感受到的长期风险较大, 因此随着投资期限的增加, 风险资产投资比例下降; 另一方面, 给定弹性方差系数为负数时, 价格越高, 风险资产的瞬时波动率越小, 于是投资比例会显著上升.

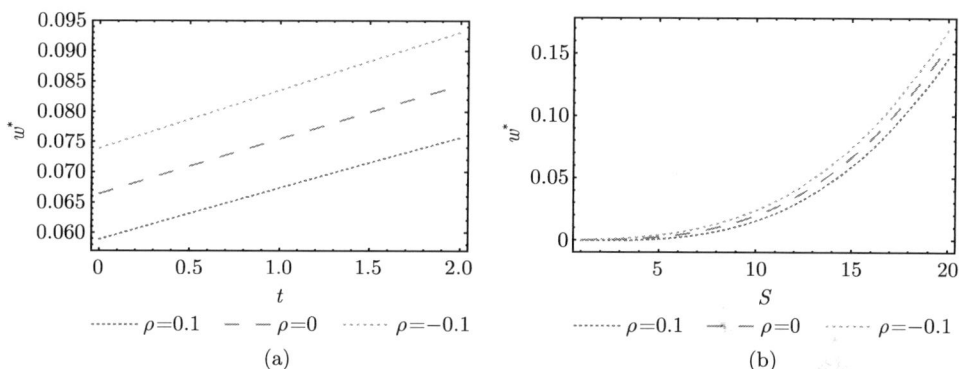

图 3.1 不同风险相关水平下投资期限 $T - t$ 和风险资产的当前价位 S 对最优投资策略的影响

同时可以从图 3.1 看出, 当盈余过程的资金流和金融市场存在正 (负) 风险相关性时, 相比于自融资组合或者无风险相关性的非自融资组合, 风险资产的投资比例会相应地减少 (增加). 从本质上来说, 投资风险资产就是持有风险. 在本章考虑的经济中, 投资者可以通过两种渠道持有风险——持有风险资产或者持有和风险资产风险具有相关性的资产. 由于风险厌恶型投资者愿意持有的风险是一定的, 如果其事先已经承担了部分风险, 比如其已经参与了与金融市场存在正风险相关的保险业务 (从而获得具有正风险相关盈余资金流), 那么其在随后进行风险资产投资时则相应会减少投资额度, 反之亦然.

图 3.2 展示了金融市场和保险盈余过程风险相关性 ρ 对盈余过程实物期权价格 $h(t, S)$ 的影响. 由于间接效用函数为 $h(t, S)$ 的增函数, 因此也同时表示了风险相关性对间接效用函数的影响. 从图 3.2 中可以看出, 当 γ 比较大时, $|\rho|$ 越大, 实物期权价格越高. 当 γ 比较小时, 随着 ρ 的增大, 实物期权价格反而减小. 这是由于实物期权价格中包含了不可对冲资金流的风险惩罚, 一方面, 当风险厌恶系数增大时

该部分增大; 另一方面, 当承担的风险增加 ($|\rho|$ 增加) 时该部分也相应增加. 此外, 实物期权价格中还包括了可对冲部分资金流的实物期权价格, 其等于风险中性价格, 与风险厌恶系数无关, 只由承担的风险数量决定. 因而当风险厌恶系数较大时, 实物期权价格主要反映不可对冲资金流的价值; 当风险厌恶系数较小时, 实物期权价格主要反映的是可对冲资金流的价值. 由于风险资产总是具有正的风险溢价, 因此承担正 (负) 可对冲风险会使得实物期权价格减少 (增加). 对比不同风险厌恶系数下的实物期权价格可以发现, 风险厌恶系数越大, 实物期权价格越小. 特别地, 当 $\rho = \pm 1$ 时, 因为实物期权价格等于风险中性价格, 所以就和风险厌恶系数无关了.

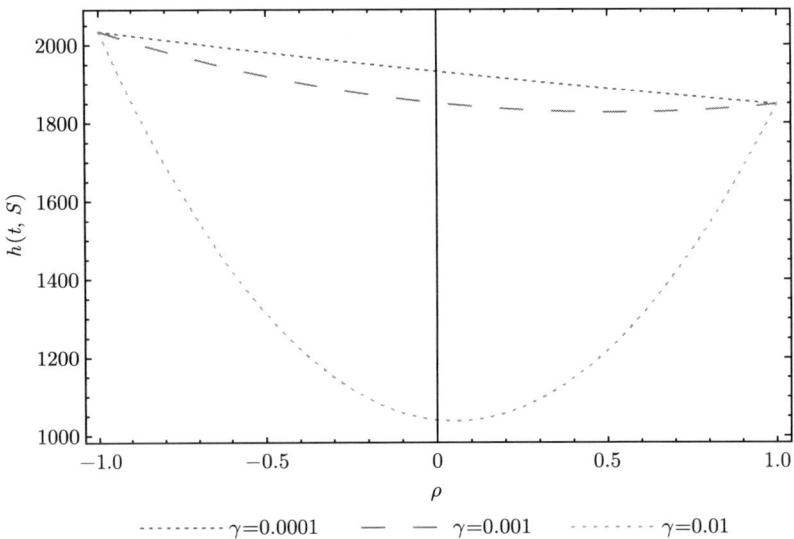

图 3.2   不同风险厌恶系数下金融市场和保险盈余过程风险相关性 ρ 对盈余过程对应实物期权价格 $h(t, S)$ 的影响

3.5 本 章 小 结

本章在 CARA 效用函数下研究了保险最优组合选择问题. 为了刻画随机波动率现象, 使用 CEV 模型来描述风险资产的价格过程, 特别地, 本章考虑了市场风险与盈余过程风险之间的部分相关性. 通过综合使用随机最优控制理论、变量替换技术及 Feynman-Kac 公式, 得到了间接效用函数及最优投资策略的显式表达式. 通过分析盈余过程参数及弹性方差系数参数, 将最优投资策略分解成四部分, 并分别讨论了其经济含义. 最后给出了数值算例, 展示了结果.

结果表明, 在 CARA 效用函数下, 市场非完备性并不会影响间接效用函数的形式以及最优投资策略的结构. 和 HARA 效用函数下的结果类似, 本章仍然表明该非自融资组合的最优动态配置问题等价于新初始禀赋下自融资组合的最优动态配置问题. 投资策略由短视投资需求、动态对冲需求、静态对冲需求和德尔塔对冲需求四部分组成. 非自融资组合的短视投资需求和动态对冲需求与自融资组合的结果相同. 相比于自融资组合, 非自融资组合因随机可对冲资金流的引入导致了静态对冲需求和德尔塔对冲需求, 且这两部分需求不依赖于风险厌恶参数.

不同于完备市场情形, 当引入资金流的特异性风险时, 盈余资金流的期权价值等于可对冲资金流的风险中性价格减去不可对冲风险的效用惩罚, 其中效用惩罚与风险厌恶态度有关, 特别地, 当资金流风险和金融市场风险完全不相关时, 静态对冲需求和德尔塔对冲需求均会消失, 此时保险组合的投资策略将退化为自融资组合的投资策略.

在考虑盈余过程和资产价格过程风险相关性的基础上, 后续可以将本章的扩散近似模型扩展至其他更复杂的盈余过程, 如跳扩散过程. 除绝对风险厌恶效用外, 其他目标函数, 如常数风险厌恶、最小化破产风险、均值–方差准则下的相应组合选择问题等也有待于进一步探讨.

第 4 章 非完备市场下基于均值–方差准则和 CEV 模型的保险均衡投资策略

第 2 章和第 3 章在效用函数框架下研究了 CEV 模型下的保险投资问题, 并发现极度风险厌恶者只会采取 (静态和德尔塔) 对冲策略, 而对冲策略本身并不依赖于效用函数及风险厌恶参数, 这启发我们寻找一个不依赖于效用函数及风险厌恶参数的投资目标.

在组合选择问题中, 除期望效用函数外, 另一种常用目标便是均值–方差准则. 相比效用函数, 均值–方差目标中收益和风险的概念较为直观, 因而在实践中应用更为广泛. 均值–方差目标的一个特例便是最小化组合风险, 此时的目标中不含有任何风险厌恶参数, 那么其对应的策略是否恰为对冲策略?

为了验证这一想法, 本章在均值–方差准则下研究保险组合投资问题, 首先考虑了一般的均值–方差组合优化问题, 然后从风险管理视角分析其特例——最小方差组合优化问题, 即最优对冲问题. 由于均值–方差目标具有时间不一致性, 而时间一致性是决策的基本要求, 尤其是对于非自融资组合而言, 时间一致性保证了不同时刻进入的资金流均能得到最优处理. 故本章旨在求解时间一致 (纳什均衡) 投资策略. 本章揭示了保险组合投资策略和普通组合投资策略存在差异的本质原因在于其风险管理策略不同: 普通投资组合可以选择不持有任何头寸的风险资产, 而保险组合因被动承受盈余风险而需要采取对冲策略.

4.1 引　　言

均值–方差模型是组合选择问题的另一套重要分析框架. 近年来诸多学者基于 CEV 模型研究了动态均值–方差组合选择问题. 如 Basak 和 Chabakauri (2010) 给出了自融资组合在均值–方差准则下 CEV 模型的均衡投资策略解析解; Shen 等 (2014) 则研究了相应的预先承诺策略. Shen 和 Zeng (2015) 研究了一类包括但不限于 CEV 模型下的预先承诺再保险投资策略; Li 等 (2015) 研究了均值–方差准则下保险人和再保险人的均衡投资策略; Lin 和 Qian (2015) 求解了均衡再保险投资策略. 此外, Li 等 (2016b) 研究了带有随机收入的 DC 型养老金均衡投资问题; Zhang 和 Chen (2016a) 研究了资产负债管理问题的预先承诺策略; Li 等 (2017) 研究了带有违约债券的 DC 型养老金的均衡投资问题.

但是现有研究仍然存在一些不足之处. 和效用函数框架下存在的问题类似, Li 等 (2015)、Lin 和 Qian (2015) 忽视了保险市场和金融市场的风险相关性. 第 3 章基于 CARA 效用函数目标的研究指出, 盈余过程风险与金融市场风险相关性对值函数以及投资策略有影响. 那么对于均值-方差目标, 这一结论是否仍然成立呢? 此外, 第 2 章和第 3 章研究发现额外对冲策略不依赖于风险厌恶参数, 那么是否可以找到一个目标, 其对应策略恰好为额外对冲策略呢?

为了回答这些问题, 本章在综合考虑随机波动率风险, 以及保险盈余和金融市场相关性风险的基础上, 求解保险人在动态均值-方差准则下的投资策略. 假设风险资产价格过程服从 CEV 模型; 保险盈余过程服从带漂移项的布朗运动过程, 并且驱动盈余过程的布朗运动和驱动 CEV 过程的布朗运动存在部分相关. 这种相关性刻画了保险市场和金融市场背后可能受相同风险因素的影响, 同时也因为受自身独有因素的影响, 所以并非完全相关. 最后假定投资者具有均值-方差目标, 即管理人试图在一定的风险水平下获取尽可能多的收益或者在保证获取同等收益的前提下承担尽可能小的风险. 为了保证投资策略的稳定性以及不同时刻进入组合的资金流被 "公平对待", 本章旨在求解时间一致 (纳什均衡) 投资策略. 在得到一般均值-方差组合的投资策略后, 本章还重点分析了最小方差组合的投资策略.

本章后续部分结构安排如下: 4.2 节建立最优时间一致保险组合选择问题的基本数学模型; 4.3 节首先推导该问题对应的值函数以及均值函数所满足的扩展 HJB 方程组, 接着将其化简为两个抛物型偏微分方程, 最终给出其显式解; 4.4 节分析时间一致投资策略; 最后 4.5 节总结本章.

4.2 模 型 建 立

本节首先给出一些基础假设, 然后基于此建立保险人在均值-方差目标下的时间一致投资问题.

考虑一个定义在 $[t, T]$ 时间段内的连续时间马尔可夫经济, 所有不确定性由满足通常条件的赋域空间 $(\Omega, \mathscr{F}, \{\mathscr{F}_s\}_{t \leqslant s \leqslant T}, \mathbb{P})$ 刻画. 这里 $\mathscr{F}_s = \sigma(Z_1(s) \times Z_2(s))$ 表示截至 $s(t \leqslant s \leqslant T)$ 时刻经济体中的所有可用信息; $Z_1(s)$、$Z_2(s)$ 是定义在 $\mathbb{P}$ 测度上的两个独立的标准一维布朗运动, 分别表示金融市场和保险市场的独立风险源. 在后文中, 不加显式说明地假设所有随机过程和随机变量均适应于域流 $\{\mathscr{F}_s\}_{t \leqslant s \leqslant T}$, 以及涉及的所有随机变量的矩均是良好定义的. 进一步, 做出如下假定.

(1) 资产可以无限拆分且交易可以在 $[t, T)$ 内连续进行.

(2) 没有各种交易税费.

(3) 没有买空、卖空交易限制且借贷利率相等.

不失一般性, 假定保险组合可以投资于一只无风险资产 (银行账户) 和一只风

险资产, 无风险资产的价格过程为

$$\frac{\mathrm{d}B(s)}{B(s)} = r\mathrm{d}s, \quad B(t) = 1, \tag{4.2.1}$$

其中, $r > 0$ 表示无风险利率. 风险资产的价格过程 $S(s)$ 满足 CEV 模型:

$$\frac{\mathrm{d}S(s)}{S(s)} = \mu\mathrm{d}s + \sigma S(s)^\alpha \mathrm{d}Z_1(s), \quad S(t) = S > 0, \tag{4.2.2}$$

其中, $\mu > r$ 表示期望瞬时收益率; $\sigma > 0$ 表示常数; α 表示弹性方差系数; $\sigma S(s)^\alpha$ 表示 s 时刻的瞬时波动率. 由于当 $\alpha \in [-1/2, 0)$ 时, 过程(4.2.2)能以一定的正概率到达原点, 即价格可能会触及 0. 为了排除这种情况, 假设 $\alpha \in (-\infty, -1/2) \bigcup [0, +\infty)$. 由于风险资产的价格 $S(s)$ 是随机的, 因此风险资产的瞬时波动率也是随机的, 故投资者面临随机时变的投资机会集.

　　类似 Browne (1995)、Gu 等 (2010, 2012)、荣喜民和范立鑫 (2012) 的研究, 假定不投资时, 投资者财富的变化过程为带漂移的布朗运动

$$\mathrm{d}R(s) = \mu_m\mathrm{d}s + \sigma_m\left(\rho\mathrm{d}Z_1(s) + \sqrt{1-\rho^2}\mathrm{d}Z_2(s)\right), \quad R(t) = W, \tag{4.2.3}$$

其中, μ_m、 σ_m 都表示常数; $\rho \in [-1, 1]$ 表示盈余风险和金融市场风险的相关性; W 表示投资者在 t 时刻的初始禀赋. 值得强调的是, 在该假设下如果 $\rho \neq \pm 1$, 由于市场上有两个独立的风险源, 因此通过交易风险资产始终无法对冲掉盈余过程的自身部分风险, 故这里考虑的市场模型是非完备的. 当 $\rho = \pm 1$ 时, 市场是完备的.

　　令 w_s 表示投资者在时刻 $s \in [t, T]$ 投资于风险资产 $S(s)$ 的资金①, 则剩余 $W(s) - w_s$ 的资产投资于无风险资产 $B(s)$. 于是在策略 w_s 下, 投资组合净值 $W(s)$ 的动态变化过程为

$$\begin{aligned}
\mathrm{d}W(s) &= \frac{\mathrm{d}B(s)(W(s) - w_s)}{B(s)} + \frac{w_s\mathrm{d}S(s)}{S(s)} + \mathrm{d}R(s) \\
&= (\mu_m - rw_s + rW(s) + \mu w_s)\mathrm{d}s \\
&\quad + (\rho\sigma_m + \sigma w_s S(s)^\alpha)\mathrm{d}Z_1(s) + \sqrt{1-\rho^2}\sigma_m\mathrm{d}Z_2(s). \tag{4.2.4}
\end{aligned}$$

称投资策略 w_s 是可容许的, 如果 $\forall s \in [t, T]$, w_s 是 $\mathscr{F}_s$ 可测的, $E_t\left[\int_t^T (w_s S(s)^\alpha)^2\mathrm{d}s\right] <$ ∞, 且式(4.2.4) 有唯一强解. 令 $\mathscr{A}$ 表示所有的可容许策略集合. 给定初始财富

---

① 不同于其他几章中使用投资于风险资产的资金占总财富的比例表示投资策略, 这里使用投资于风险资产的绝对资金额度表示投资策略. 这样处理是为了同 Basak 和 Chabakauri (2010) 的研究保持一致, 从而利于对比保险组合投资策略和普通组合投资策略的差异.

$W(t) = W$ 和即期价格 $S(t) = S$, 本章假设投资者在均值–方差准则下优化如下目标:

$$\max_{w \in \mathscr{A}} \left[\mathbb{E}_t[W(T)] - \frac{\gamma}{2} \mathbb{V}\mathrm{ar}_t[W(T)] \right]$$

$$= \max_{w \in \mathscr{A}} \left[\mathbb{E}_t\left[W(T) - \frac{\gamma}{2} W(T)^2 \right] + \frac{\gamma}{2} (\mathbb{E}_t[W(T)])^2 \right], \tag{4.2.5}$$

其中, $\gamma > 0$ 表示投资者的风险厌恶系数, $\mathbb{E}_t[\cdot] = \mathbb{E}[\cdot|W(t) = W, S(t) = S]$.

　　由于包含了期望财富的非线性项, 式(4.2.5) 具有时间不一致性, 因此不能使用常规的贝尔曼最优性原理以及建立在此基础上的经典 HJB 方程来处理这个问题. 许多早期的组合选择文献如 Li 和 Ng (2000)、Zhou 和 Li (2000) 只考虑了预先承诺策略, 然而这样的策略不具时间一致性, 投资者在后续执行投资策略时有一定的动机去偏离初始时刻做出的承诺. 时间一致性决策要求理性投资者在一个时刻制定的另一个时刻的投资策略在其他时间点看来也是最优的 (Strotz, 1955; Basak and Chabakauri, 2010; Björk et al., 2017), 这样的投资策略称为纳什均衡策略. 对于非自融资组合, 时间一致性还同时保证了不同时刻进入的资金流均能被 "公平对待". 因此, 本章主要研究组合选择问题式(4.2.5)的时间一致投资策略.

　　定义 4.1(时间一致投资策略)　给定任何初始状态 $(s, W, S) \in [t, T] \times \mathbb{R} \times \mathbb{R}^+$, 考虑可容许策略 $w^*(s)$, 并定义如下的策略:

$$w_\epsilon(s', W, S) = \begin{cases} \tilde{w}, & s \leqslant s' < s + \epsilon, \\ w^*(s'), & s + \epsilon \leqslant s' < T, \end{cases}$$

其中, $\tilde{w} \in \mathbb{R}, \epsilon \in \mathbb{R}^+$. 如果

$$\liminf_{\epsilon \downarrow 0} \frac{U(t, W, S; w^*) - U(t, W, S; w_\epsilon)}{\epsilon} \geqslant 0,$$

则称 w^* 为时间一致或纳什均衡策略.

　　注记 4.1　如果 $\mu_m, \sigma_m = 0$, 本章考虑的问题与 Basak 和 Chabakauri (2010) 考虑的 CEV 模型下的自融资均值–方差组合选择问题相同.

　　注记 4.2　大量涉及保险组合选择问题的文献同时考虑了投资和再保险策略. 本书在第 3 章中已经指出, 现实中再保险规模很小, 所以这里只考虑投资策略.

4.3　问题求解

　　本节首先根据时间不一致随机控制理论建立值函数所满足的非线性偏微分方程组, 然后根据猜测到的值函数形式将其化简为抛物型偏微分方程组, 进而利用随

机分析理论对其进行求解, 从而给出原始方程组的显式解并最终得到时间一致投资策略.

4.3.1　扩展 HJB 方程组建立

对于最优投资问题式(4.2.4)和式(4.2.5), 由于资产组合净值的动态过程中包含了 W、S 两个状态变量, 所以可以分别记值函数为

$$J(t, W, S) = (\mathbb{E}_t[W(T)] - \frac{\gamma}{2}\mathbb{V}\mathrm{ar}_t[W(T)])|_{w=w^*}, \tag{4.3.1}$$

$$g(t, W, S) = (\mathbb{E}_t[W(T)])|_{w=w^*}, \tag{4.3.2}$$

其中, w^* 表示最优时间一致投资策略. 值得注意的是, 与效用函数目标对应的经典随机控制问题不同, 这里涉及两个值函数. 根据连续时间不一致随机控制理论 (Björk et al., 2017), 有如下结果.

定义 4.2(扩展 HJB 方程组)　对于约束于动态预算过程式(4.2.4)的时间不一致随机控制问题式(4.2.5), 如果存在两个函数 $J(t, W, S)$ 和 $g(t, W, S) \in \mathscr{C}^{1,2}([t,T] \times \mathbb{R} \times \mathbb{R}^+)$, 则对应的扩展 HJB 方程组为

$$0 = \max_{w \in \mathscr{A}}(\mathscr{A}^w J(t, W, S) - \frac{\gamma}{2}\mathscr{A}^w(g(t, W, S))^2 + \gamma g(t, W, S)\mathscr{A}^w g(t, W, S)), \tag{4.3.3}$$

$$W = J(T, W, S), \tag{4.3.4}$$

$$W = g(T, W, S), \tag{4.3.5}$$

$$0 = \mathscr{A}^{w^*} g(t, W, S), \tag{4.3.6}$$

$$w^* = {}_{w \in \mathscr{A}}(\mathscr{A}^w J(t, W, S) - \frac{\gamma}{2}\mathscr{A}^w(g(t, W, S))^2 + \gamma g(t, W, S)\mathscr{A}^w g(t, W, S)), \tag{4.3.7}$$

其中, $\mathscr{A}^w$ 表示受控随机过程式(4.2.4) 的无穷小生成子, 其定义如下:

$$\mathscr{A}^w f(t, W, S) = f_W (\mu_m + w(\mu - r) + rW) + f_{WS}\left(\rho\sigma\sigma_m S^{\alpha+1} + \sigma^2 w S^{2\alpha+1}\right)$$

$$+ f_{WW}\left(\frac{\sigma_m^2}{2} + \rho\sigma w\sigma_m S^\alpha + \frac{1}{2}\sigma^2 w^2 S^{2\alpha}\right)$$

$$+ \frac{1}{2}\sigma^2 f_{SS} S^{2\alpha+2} + \mu S f_S + f_t. \tag{4.3.8}$$

对于时间一致组合选择问题式(4.2.5), 有如下验证定理.

定理 4.1(验证定理)　假设 $J(t, W, S)$、$g(t, W, S)$、w^* 具有以下性质.

(1) $J(t, W, S)$、$g(t, W, S)$ 是方程组式(4.3.3)~ 式(4.3.7)的解.

(2) w^* 是一个可容许策略, 且使得式(4.3.3)达到最优.

(3) $J(t, W, S)$、$g(t, W, S)$ 属于 L^2 空间.

则 w^* 是最优时间一致投资策略并且 $J(t, W, S)$ 为相应的值函数, $g(t, W, S) = \mathbb{E}_t[W(T)]|_{w=w^*}$.

证明 见 Björk 等 (2017) 研究中的定理 5.2 .

4.3.2 扩展 HJB 方程组化简

根据定理 4.1, 首先需要求解扩展 HJB 方程组式(4.3.7). 将式(4.3.8)分别代入式(4.3.3)和式(4.3.6), 可以得到下面两个方程:

$$
\begin{aligned}
0 = \max_{w \in \mathscr{A}}[&-\rho\sigma\sigma_m S^\alpha \left(\gamma S g_S g_W + \gamma w g_W^2 - S J_{WS} - w J_{WW}\right) \\
&- \frac{1}{2}\sigma^2 S^{2\alpha} \left(w\left(\gamma w g_W^2 - 2S J_{WS} - w J_{WW}\right) + \gamma S^2 g_S^2 + 2\gamma S w g_S g_W - S^2 J_{SS}\right) \\
&- \frac{1}{2}\gamma g_W^2 \sigma_m^2 + J_W \mu_m + \frac{1}{2} J_{WW}\sigma_m^2 - rw J_W + rW J_W + \mu S J_S + J_t + \mu w J_W],
\end{aligned} \quad (4.3.9)
$$

$$
\begin{aligned}
0 = [&g_W \left(\mu_m + r(W - w) + \mu w\right) + \frac{1}{2} g_{WW}\left(\sigma_m^2 + 2\rho\sigma w \sigma_m S^\alpha + \sigma^2 w^2 S^{2\alpha}\right) \\
&+ \sigma g_{WS} S^{\alpha+1} \left(\rho\sigma_m + \sigma w S^\alpha\right) + \frac{1}{2}\sigma^2 g_{SS} S^{2\alpha+2} + \mu S g_S + g_t]|_{w=w^*}.
\end{aligned} \quad (4.3.10)
$$

由于方程项数较多、维度较高, 偏微分方程组式(4.3.9)和式(4.3.10)较难求解, 因此首先试图通过移除可分离状态变量来简化方程. 借鉴第 2 章和第 3 章将非自融资组合的选择问题转换为自融资组合和期权定价问题的处理方法, 猜测 $J(t, W, S)$、$g(t, W, S)$ 具有如下形式:

$$
J(t, W, S) = W \exp(r(T - t)) + \tilde{g}(t, S) - \tilde{v}(t, S), \quad (4.3.11)
$$

$$
g(t, W, S) = W \exp(r(T - t)) + \tilde{g}(t, S), \quad (4.3.12)
$$

则式(4.3.9)、式(4.3.10) 分别化简为

$$
\begin{aligned}
0 = \max_{w \in \mathscr{A}}[&\gamma\rho\sigma\sigma_m S^\alpha \left(-e^{r(T-t)}\right)\left(S\tilde{g}_S + w e^{r(T-t)}\right) \\
&- \frac{1}{2}\sigma^2 S^{2\alpha}\left(2\gamma S w \tilde{g}_S e^{r(T-t)} + S^2\left(\gamma\tilde{g}_S^2 - \tilde{g}_{SS} + \tilde{v}_{SS}\right) + \gamma w^2 e^{2r(T-t)}\right) \\
&+ \mu S \left(\tilde{g}_S - \tilde{v}_S\right) + \tilde{g}_t - \tilde{v}_t - \frac{1}{2}\gamma\sigma_m^2 e^{2r(T-t)} + \mu_m e^{r(T-t)} - w(r - \mu)e^{r(T-t)}],
\end{aligned} \quad (4.3.13)
$$

$$
0 = \left[\frac{1}{2}\sigma^2 S^{2\alpha+2}\tilde{g}_{SS} + \mu S \tilde{g}_S + \tilde{g}_t + \mu_m e^{r(T-t)} - w(r - \mu)e^{r(T-t)}\right]\Bigg|_{w=w^*}, \quad (4.3.14)
$$

这样就消去了财富状态变量 W.

对方程(4.3.13)取 w 的一阶条件可以得到

$$w^* = -S\tilde{g}_S e^{r(t-T)} - \frac{\rho\sigma_m S^{-\alpha}}{\sigma} - \frac{(r-\mu)S^{-2\alpha}e^{r(t-T)}}{\gamma\sigma^2}, \tag{4.3.15}$$

相应的二阶条件为 $\gamma\sigma^2 S^{2\alpha}\left(-e^{2r(T-t)}\right) \leqslant 0$, 显然对所有的 $\gamma > 0$ 均成立. 将式(4.3.15) 分别代入式(4.3.13)、式(4.3.14)中并化简后得到

$$0 = rS\tilde{g}_S + \frac{1}{2}\sigma^2 S^{2\alpha+2}\tilde{g}_{SS} + \tilde{g}_t + \frac{\rho\sigma_m(r-\mu)S^{-\alpha}e^{r(T-t)}}{\sigma}$$
$$+ \mu_m e^{r(T-t)} + \frac{(r-\mu)^2 S^{-2\alpha}}{\gamma\sigma^2}, \tag{4.3.16}$$

$$0 = rS\tilde{g}_S + \frac{1}{2}\sigma^2 S^{2\alpha+2}\tilde{g}_{SS} + \tilde{g}_t - \frac{1}{2}\sigma^2 S^{2\alpha+2}\tilde{v}_{SS} - \mu S\tilde{v}_S - \tilde{v}_t$$
$$+ \frac{\rho\sigma_m(r-\mu)S^{-\alpha}e^{r(T-t)}}{\sigma} + \frac{1}{2}\gamma\left(\rho^2-1\right)\sigma_m^2 e^{2r(T-t)} + \mu_m e^{r(T-t)}, \tag{4.3.17}$$

相应的边界条件为 $\tilde{v}(T,S) = 0, \tilde{g}(T,S) = 0, \forall S > 0$. 用式(4.3.17) 减去式(4.3.16)有

$$0 = \frac{1}{2}\sigma^2 S^{2\alpha+2}\tilde{v}_{SS} + \mu S\tilde{v}_S + \tilde{v}_t - \frac{1}{2}\gamma\left(\rho^2-1\right)\sigma_m^2 e^{2r(T-t)} + \frac{(r-\mu)^2 S^{-2\alpha}}{2\gamma\sigma^2}. \tag{4.3.18}$$

至此, 本章已经将最优时间一致投资组合选择问题化简为两个低维度的偏微分方程. 下面将求解式(4.3.16) 及式(4.3.18), 然后将解代入式(4.3.15)即可得到最优时间一致投资策略.

4.3.3 抛物型偏微分方程组求解

为了进一步给出值函数的显式表达, 本节继续求解抛物型偏微分方程式 (4.3.16) 及式(4.3.18). 对于式 (4.3.18), 有如下结论.

定理4.2　如果 $\tilde{v}(t,S)$ 满足式(4.3.18), 则 $\tilde{v}(t,S)$ 的解在 $\alpha \neq 0$ 时为

$$\tilde{v}(t,S) = -\frac{\gamma\left(\rho^2-1\right)\sigma_m^2\left(e^{2r(T-t)}-1\right)}{4r} - \frac{(r-\mu)^2 S^{-2\alpha}\left(e^{2\alpha\mu(t-T)}-1\right)}{4\alpha\gamma\mu\sigma^2}$$
$$+ \frac{(2\alpha+1)(r-\mu)^2\left(2\alpha\mu(T-t)+e^{2\alpha\mu(t-T)}-1\right)}{8\alpha\gamma\mu^2}. \tag{4.3.19}$$

如果 $\alpha = 0$, 则有

$$\tilde{v}(t,S) = \int_t^T \frac{1}{2}\gamma\left(1-\rho^2\right)\sigma_m^2 e^{2r(T-s)}\,ds + \frac{(r-\mu)^2}{2\gamma\sigma^2}(T-t). \tag{4.3.20}$$

证明　根据 Feynman-Kac 公式, 可以将 $\tilde{v}(t,S)$ 表示成如下的条件期望:

$$\tilde{v}(t,S) = \mathbb{E}\Big[\int_t^T \Big(\frac{\gamma}{2}\big(1-\rho^2\big)\sigma_m^2 e^{2r(T-s)}$$

$$+ \frac{(r-\mu)^2 S(s)^{-2\alpha}}{2\gamma\sigma^2} \Big) ds | S(t) = S \Big], \tag{4.3.21}$$

其中, $\mathbb{E}[\cdot|S(t)=S]$ 表示原始概率测度 $\mathbb{P}$ 下的条件期望, 且 $S(s)$ 服从随机过程式(4.2.2). 根据定理 A.3, 将 $\mathbb{E}\big[S(s)^{-2\alpha}|S(t)=S\big]$ 代入式(4.3.21), 经过化简后即可得到式(4.3.19). 当 $\alpha = 0$ 时, 则有

$$\tilde{v}(t,S) = \int_t^T \frac{1}{2}\gamma\big(1-\rho^2\big)\sigma_m^2 e^{2r(T-s)}\, ds + \frac{(r-\mu)^2}{2\gamma\sigma^2} \int_0^{T-t} 1 ds$$

$$= \int_t^T \frac{1}{2}\gamma\big(1-\rho^2\big)\sigma_m^2 e^{2r(T-s)}\, ds + \frac{(r-\mu)^2}{2\gamma\sigma^2}(T-t).$$

对于式 (4.3.16), 有如下结论.

定理 4.3　如果 $\tilde{g}(t,S)$ 满足式(4.3.16), 则当 $\alpha \neq 0$ 时, $\tilde{g}(t,S)$ 可以表示为

$$\tilde{g}(t,S) = \frac{\rho\sigma_m(r-\mu)\exp(r(T-t))}{\sigma} \int_t^T \exp\big(-r(t-s)\big)l(s,S)ds + A(t), \tag{4.3.22}$$

其中,

$$A(t) = \frac{\mu_m\big(e^{r(T-t)}-1\big)}{r} + \frac{(r-\mu)^2}{\gamma\sigma^2}$$

$$\times \left(\frac{(2\alpha+1)\sigma^2\big(2\alpha r(T-t)+e^{2\alpha r(t-T)}-1\big)}{4\alpha r^2} - \frac{S^{-2\alpha}\big(e^{2\alpha r(t-T)}-1\big)}{2\alpha r} \right), \tag{4.3.23}$$

$$l(s,S) = \frac{\Gamma\Big(\dfrac{3}{2}+\dfrac{1}{2\alpha}\Big)e^{\alpha(-r)\tau}\,_1F_1\Big(-\dfrac{1}{2};\dfrac{2\alpha+1}{2\alpha};-S^{-2\alpha}M(\tau)\Big)}{\Gamma\Big(1+\dfrac{1}{2\alpha}\Big)\sqrt{M(\tau)}}, \tag{4.3.24}$$

这里 $\tau = s-t, M(\tau) = \dfrac{r}{\alpha\sigma^2\big(e^{2\alpha r\tau}-1\big)}$. 当 $\alpha = 0$ 时, 有

$$\tilde{g}(t,S) = \frac{\Big(\dfrac{\rho\sigma_m(r-\mu)}{\sigma}+\mu_m\Big)\big(e^{r(T-t)}-1\big)}{r} + \frac{(r-\mu)^2}{\gamma\sigma^2}(T-t). \tag{4.3.25}$$

证明   首先考虑 $\alpha \neq 0$ 的情形. 根据 Feynman-Kac 公式, 可以将 $\tilde{g}(t, S)$ 表示为

$$\tilde{g}(t, S) = \tilde{\mathbb{E}}_t\Bigg[\int_t^T \bigg(\bigg(\frac{\rho \sigma_m (r - \mu) \widetilde{S}(s)^{-\alpha}}{\sigma} + \mu_m \bigg) \exp\left(r(T - s) \right)$$

$$+ \frac{(r - \mu)^2 \widetilde{S}(s)^{-2\alpha}}{\gamma \sigma^2} \bigg) \mathrm{d}s \Bigg]$$

$$= \frac{\mu_m \left(\mathrm{e}^{r(T-t)} - 1 \right)}{r} + \frac{\rho \sigma_m (r - \mu)}{\sigma} \int_t^T \exp\left(r(T - s) \right) \tilde{\mathbb{E}}_t \left[\widetilde{S}(s)^{-\alpha} \right] \mathrm{d}s$$

$$+ \frac{(r - \mu)^2}{\gamma \sigma^2} \tilde{\mathbb{E}}_t \left[\int_t^T \widetilde{S}(s)^{-2\alpha} \mathrm{d}s \right], \tag{4.3.26}$$

其中, $\tilde{\mathbb{E}}_t = \tilde{\mathbb{E}}\left[\cdot | \widetilde{S}(t) = S \right]$ 表示新概率测度 $\tilde{\mathbb{P}}$ 下的条件期望, $\widetilde{S}(s)$ 满足如下随机微分方程:

$$\frac{\mathrm{d}\widetilde{S}(s)}{\widetilde{S}(s)} = r \mathrm{d}s + \sigma \widetilde{S}(s)^{\alpha} \mathrm{d}\widetilde{Z}(s), \quad \widetilde{S}(t) = S, \tag{4.3.27}$$

其中, $\widetilde{Z}(s)$ 表示 $\tilde{\mathbb{P}}$-测度下的标准一维布朗运动. 由定理 A.3 知

$$\tilde{\mathbb{E}}_t \left[\widetilde{S}(s)^{-2\alpha} \right] = S^{-2\alpha} \mathrm{e}^{-2\alpha r(s-t)} + \frac{(2\alpha + 1)\sigma^2 \mathrm{e}^{\alpha(-r)(s-t)} \sinh(\alpha r(s - t))}{r}. \tag{4.3.28}$$

因此有

$$\int_t^T \tilde{\mathbb{E}}_t \left[\widetilde{S}(s)^{-2\alpha} \right] \mathrm{d}s = \frac{(2\alpha + 1)\sigma^2 \left(2\alpha r(T - t) + \mathrm{e}^{2\alpha r(t-T)} - 1 \right)}{4\alpha r^2}$$

$$- \frac{S^{-2\alpha} \left(\mathrm{e}^{2\alpha r(t-T)} - 1 \right)}{2\alpha r}. \tag{4.3.29}$$

同时进一步根据定理 A.3 有

$$l(s, S) = \tilde{\mathbb{E}}_t \left[\widetilde{S}(s)^{-\alpha} \right]$$

$$= \frac{\Gamma\left(\dfrac{3}{2} + \dfrac{1}{2\alpha} \right) \mathrm{e}^{\alpha(-r)\tau} {}_1F_1\left(-\dfrac{1}{2}; \dfrac{2\alpha + 1}{2\alpha}; -S^{-2\alpha} M(\tau) \right)}{\Gamma\left(1 + \dfrac{1}{2\alpha} \right) \sqrt{M(\tau)}}, \tag{4.3.30}$$

其中, $\tau = s - t$. 因此有

$$\tilde{g}(t, S) = \frac{\mu_m \left(\mathrm{e}^{r(T-t)} - 1 \right)}{r} + \frac{\rho \sigma_m (r - \mu) \exp(r(T - t))}{\sigma} \int_t^T \exp\left(-r(t - s) \right) l(s, S) \mathrm{d}s$$

$$+ \frac{(r-\mu)^2}{\gamma\sigma^2}\left(\frac{(2\alpha+1)\sigma^2\left(2\alpha r(T-t)+e^{2\alpha r(t-T)}-1\right)}{4\alpha r^2} - \frac{S^{-2\alpha}\left(e^{2\alpha r(t-T)}-1\right)}{2\alpha r}\right).$$

$$\tag{4.3.31}$$

当 $\alpha = 0$ 时, 有

$$\tilde{g}(t,S) = \int_t^T \left(\left(\frac{\rho\sigma_m(r-\mu)}{\sigma}+\mu_m\right)\exp\left(r(T-s)\right)+\frac{(r-\mu)^2}{\gamma\sigma^2}\right)ds$$

$$= \frac{\left(\frac{\rho\sigma_m(r-\mu)}{\sigma}+\mu_m\right)\left(e^{r(T-t)}-1\right)}{r} + \frac{(r-\mu)^2}{\gamma\sigma^2}(T-t). \tag{4.3.32}$$

4.3.4 扩展 HJB 方程组的解和均衡投资策略

整理以上结果可以得到扩展 HJB 组方程的解以及对应的时间一致投资策略.

定理4.4 扩展 HJB 方程组式(4.3.7)的解 $J(t,W,S)$、$g(t,W,S)$ 如下. 如果 $\alpha \neq 0$, 则有

$$J(t,W,S) = g(t,W,S) - \tilde{v}(t,S), \tag{4.3.33}$$

$$g(t,W,S) = W\exp(r(T-t)) + \frac{\mu_m\left(e^{r(T-t)}-1\right)}{r}$$

$$+ \frac{(r-\mu)^2}{\gamma\sigma^2}\left(\frac{S^{-2\alpha}\left(e^{2\alpha r(t-T)}-1\right)}{-2\alpha r} + \frac{(2\alpha+1)\sigma^2\left(2\alpha r(T-t)+e^{2\alpha r(t-T)}-1\right)}{4\alpha r^2}\right)$$

$$+ \frac{\rho\sigma_m(r-\mu)e^{r(T-t)}}{\sigma}\int_t^T e^{-r(s-t)}l(s,S)ds, \tag{4.3.34}$$

其中,

$$\tilde{v}(t,S) = \frac{\gamma\left(1-\rho^2\right)\sigma_m^2\left(e^{2r(T-t)}-1\right)}{4r} + \frac{(r-\mu)^2 S^{-2\alpha}\left(1-e^{2\alpha\mu(t-T)}\right)}{4\alpha\gamma\mu\sigma^2}$$

$$+ \frac{(2\alpha+1)(r-\mu)^2\left(2\alpha\mu(T-t)+e^{2\alpha\mu(t-T)}-1\right)}{8\alpha\gamma\mu^2}, \tag{4.3.35}$$

且

$$l(s,S) = \frac{\Gamma\left(\frac{3}{2}+\frac{1}{2\alpha}\right)e^{\alpha(-r)(s-t)}\,_1F_1\left(-\frac{1}{2};\frac{2\alpha+1}{2\alpha};-S^{-2\alpha}M(s)\right)}{\Gamma\left(1+\frac{1}{2\alpha}\right)\sqrt{M(s)}}, \tag{4.3.36}$$

$$M(s) = \frac{r}{\alpha\sigma^2 \left(e^{2\alpha r(s-t)} - 1\right)}. \tag{4.3.37}$$

其中, $\Gamma(\cdot)$ 表示欧拉伽玛函数; $_1F_1(a; b; z)$ 表示合流超几何函数, 其定义如下:

$$_1F_1(a; b; z) = \frac{\Gamma(b)}{\Gamma(a)\Gamma(b-a)} \int_0^1 t^{a-1}(1-t)^{b-a-1} \exp(zt)\mathrm{d}t.$$

当 $\alpha = 0$ 时, 相应的解简化为

$$g(t, W, S) = W\exp(r(T-t)) + \frac{\left(\dfrac{\rho\sigma_m(r-\mu)}{\sigma} + \mu_m\right)\left(e^{r(T-t)} - 1\right)}{r} + \frac{(r-\mu)^2}{\gamma\sigma^2}(T-t), \tag{4.3.38}$$

及

$$\tilde{v}(t, S) = \int_t^T \frac{1}{2}\gamma\left(1-\rho^2\right)\sigma_m^2 e^{2r(T-s)} \, \mathrm{d}s + \frac{(r-\mu)^2}{2\gamma\sigma^2}(T-t). \tag{4.3.39}$$

定理 4.5 给出了对应的投资策略的显式表达, 并验证了定理 4.4 给出的扩展 HJB 方程组式(4.3.7)的解即为原始时间不一致最优投资问题的解.

定理 4.5 对于动态预算约束式(4.2.4)下的时间一致投资问题式(4.2.5), 定理 4.4 给出的 $J(t, W, S)$、$g(t, W, S)$ 分别为值函数和均值函数. 同时, 相应的最优时间一致投资策略为 w^*, 当 $\alpha \neq 0$ 时, 有

$$
\begin{aligned}
w^* &= -S\,e^{r(t-T)}\tilde{g}_S - \frac{\rho\sigma_m S^{-\alpha}}{\sigma} - \frac{(r-\mu)S^{-2\alpha}e^{r(t-T)}}{\gamma\sigma^2} \\
&= -\frac{(r-\mu)^2 S^{-2\alpha}\left(e^{2\alpha r(t-T)} - 1\right)}{\gamma r\sigma^2}e^{r(t-T)} - \frac{(r-\mu)S^{-2\alpha}e^{r(t-T)}}{\gamma\sigma^2} \\
&\quad - \frac{\rho\sigma_m S(r-\mu)\left(\displaystyle\int_t^T e^{-r(s-t)} Dl(s,S)\,\mathrm{d}s\right)}{\sigma} - \frac{\rho\sigma_m S^{-\alpha}}{\sigma}, \tag{4.3.40}
\end{aligned}
$$

其中,

$$Dl(s, S) = -\frac{\alpha\Gamma\left(\dfrac{3}{2} + \dfrac{1}{2\alpha}\right)\sqrt{M(s)}S^{-2\alpha-1}e^{\alpha r(t-s)}\,_1F_1\left(\dfrac{1}{2}; 2+\dfrac{1}{2\alpha}; -S^{-2\alpha}M(s)\right)}{\Gamma\left(2 + \dfrac{1}{2\alpha}\right)}. \tag{4.3.41}$$

如果 $\alpha = 0$, 有

$$w^* = -\frac{\rho\sigma_m}{\sigma} - \frac{(r-\mu)\mathrm{e}^{r(t-T)}}{\gamma\sigma^2}. \tag{4.3.42}$$

证明 将式(4.3.34)和式(4.3.38)分别代入式(4.3.15) 中, 化简后得到式(4.3.40) 及式(4.3.42). 这里使用公式

$$\frac{\mathrm{d}_1 F_1(a;b;x)}{\mathrm{d}x} = \frac{a}{b}\,_1F_1(a+1;b+1;x)$$

化简得到最优投资策略. 根据定理 4.1, 只需分别验证 $J(t,W,S)$、$g(t,W,S)$ 满足一致可积条件, 这将在附录 D.2 中给出.

注记 4.3 令 $\mu_m, \sigma_m = 0$, 本章给出的最优时间一致投资策略式(4.3.40) 退化为 Basak 和 Chabakauri (2010) 研究中推论 1 的结果.

注记 4.4 注意到最优时间一致投资策略 w^*, 即投资于风险资产的财富数量和 CARA 效用下的类似, 不依赖于财富规模本身.

一旦得到了最优时间一致投资策略, 便可以得到最优时间一致投资组合净值的动态变化过程及终端财富.

推论 4.1 最优时间一致投资组合在 T 时刻的财富如下:

$$W^*(T) = W\exp(r(T-t)) + \tilde{g}(t,S) + \int_t^T \left(-\frac{(r-\mu)S(s)^{-\alpha}}{\gamma\sigma}\right)\mathrm{d}Z_1(s)$$

$$+ \int_t^T \sqrt{1-\rho^2}\sigma_m\mathrm{e}^{r(T-s)}\mathrm{d}Z_2(s), \tag{4.3.43}$$

其对应的期望和方差分别为

$$\mathbb{E}_t[W^*(T)] = W\exp(r(T-t)) + \tilde{g}(t,S) = g(t,W,S), \tag{4.3.44}$$

$$\mathbb{V}\mathrm{ar}_t[W^*(T)] = \frac{\left(1-\rho^2\right)\sigma_m^2\left(\mathrm{e}^{2r(T-t)}-1\right)}{2r} - \frac{(r-\mu)^2 S^{-2\alpha}\left(\mathrm{e}^{2\alpha\mu(t-T)}-1\right)}{2\alpha\gamma^2\mu\sigma^2}$$

$$+ \frac{(2\alpha+1)(r-\mu)^2\left(2\alpha\mu(T-t)+\mathrm{e}^{2\alpha\mu(t-T)}-1\right)}{4\alpha\gamma^2\mu^2}$$

$$= \frac{2\tilde{v}(t,S)}{\gamma}, \tag{4.3.45}$$

进一步可以通过联立两者消去 γ 得到有效前沿.

证明 将最优时间一致投资策略式(4.3.40) 代入式(4.2.4) 有[①]

$$
\begin{aligned}
\mathrm{d}W^{w^*}(s) = &((r-\mu)S(s)\mathrm{e}^{r(s-T)}\tilde{g}^{(0,1)}(s,S(s)) + \mu_m \\
&+ \frac{\rho\sigma_m(r-\mu)S(s)^{-\alpha}}{\sigma} + \frac{(r-\mu)^2\mathrm{e}^{r(s-T)}S(s)^{-2\alpha}}{\gamma\sigma^2} + rW^{w^*}(s))\mathrm{d}s \\
&+ (-\sigma\mathrm{e}^{r(s-T)}S(s)^{\alpha+1}\tilde{g}^{(0,1)}(s,S(s)) - \frac{(r-\mu)\mathrm{e}^{r(s-T)}S(s)^{-\alpha}}{\gamma\sigma})\mathrm{d}Z_1(s) \\
&+ \sqrt{1-\rho^2}\sigma_m\mathrm{d}Z_2(s).
\end{aligned}
\tag{4.3.46}
$$

为了消去等号右侧的 $W^{w^*}(s)$, 根据伊藤引理有

$$
\begin{aligned}
\mathrm{d}\left(W^*(s)\exp(r(T-s))\right) = &\Big(rS(s)\tilde{g}^{(0,1)}(s,S(s)) - \mu S(s)\tilde{g}^{(0,1)}(s,S(s)) \\
&+ \frac{\rho\sigma_m(r-\mu)\mathrm{e}^{r(T-s)}S(s)^{-\alpha}}{\sigma} + \mu_m\mathrm{e}^{r(T-s)} + \frac{(r-\mu)^2S(s)^{-2\alpha}}{\gamma\sigma^2}\Big)\mathrm{d}s \\
&+ \left(-\sigma S(s)^{\alpha+1}\tilde{g}^{(0,1)}(s,S(s)) - \frac{(r-\mu)S(s)^{-\alpha}}{\gamma\sigma}\right)\mathrm{d}Z_1(s) \\
&+ \sqrt{1-\rho^2}\sigma_m\mathrm{e}^{r(T-s)}\mathrm{d}Z_2(s).
\end{aligned}
$$

上述随机微分方程的解为

$$
\begin{aligned}
W^*(T) = &W\exp(r(T-t)) + \int_t^T (rS(s)\tilde{g}^{(0,1)}(s,S(s)) - \mu S(s)\tilde{g}^{(0,1)}(s,S(s)) \\
&+ \frac{\rho\sigma_m(r-\mu)\mathrm{e}^{r(T-s)}S(s)^{-\alpha}}{\sigma} + \mu_m\mathrm{e}^{r(T-s)} + \frac{(r-\mu)^2S(s)^{-2\alpha}}{\gamma\sigma^2})\mathrm{d}s \\
&+ \int_t^T \left(-\sigma S(s)^{\alpha+1}\tilde{g}^{(0,1)}(s,S(s)) - \frac{(r-\mu)S(s)^{-\alpha}}{\gamma\sigma}\right)\mathrm{d}Z_1(s) \\
&+ \int_t^T \sqrt{1-\rho^2}\sigma_m\mathrm{e}^{r(T-s)}\mathrm{d}Z_2(s).
\end{aligned}
\tag{4.3.47}
$$

再次对 $\tilde{g}(s,S(s))$ 使用伊藤引理有

$$
\begin{aligned}
0 = &\tilde{g}(T,S(T)) \\
= &\tilde{g}(t,S) + \int_t^T \left(\frac{1}{2}\sigma^2S(s)^{2\alpha+2}\tilde{g}^{(0,2)}(s,S(s)) + \mu S(s)\tilde{g}^{(0,1)}(s,S(s)) + \tilde{g}^{(1,0)}(s,S(s))\right)\mathrm{d}s
\end{aligned}
$$

[①] 为了避免复合微分符号可能产生的歧义, 以下我们使用 $\tilde{g}^{(0,1)}(s,S(s))$ 表示 $\tilde{g}(t,S)$ 对第二个变量的一阶偏导数在自变量取 $(s,S(s))$ 时的值, 其他复合偏微分符号以此类推.

$$+ \int_t^T \sigma S(s)^{\alpha+1} \tilde{g}^{(0,1)}(s, S(s)) \mathrm{d}Z_1(s). \tag{4.3.48}$$

所以

$$W^*(T) = W \exp(r(T-t)) + \int_t^T (rS(s)\tilde{g}^{(0,1)}(s, S(s))$$

$$+ \frac{\rho \sigma_m (r-\mu) \mathrm{e}^{r(T-s)} S(s)^{-\alpha}}{\sigma}$$

$$+ \mu_m \mathrm{e}^{r(T-s)} + \frac{(r-\mu)^2 S(s)^{-2\alpha}}{\gamma \sigma^2}) \mathrm{d}s$$

$$+ \int_t^T \left(-\frac{(r-\mu)S(s)^{-\alpha}}{\gamma \sigma} \right) \mathrm{d}Z_1(s)$$

$$+ \int_t^T \sqrt{1-\rho^2} \sigma_m \mathrm{e}^{r(T-s)} \mathrm{d}Z_2(s) + \tilde{g}(t, S)$$

$$+ \int_t^T \left(\frac{1}{2} \sigma^2 S(s)^{2\alpha+2} \tilde{g}^{(0,2)}(s, S(s)) + \tilde{g}^{(1,0)}(s, S(s)) \right) \mathrm{d}s$$

$$= W \exp(r(T-t)) + \tilde{g}(t, S) + \int_t^T \left(-\frac{(r-\mu)S(s)^{-\alpha}}{\gamma \sigma} \right) \mathrm{d}Z_1(s)$$

$$+ \int_t^T \sqrt{1-\rho^2} \sigma_m \mathrm{e}^{r(T-s)} \mathrm{d}Z_2(s). \tag{4.3.49}$$

显然, 终端财富对应的期望和方差分别为式(4.3.44)和式(4.3.45).

注记 4.5 在 $g(t, W, S)$ 的表达式(4.3.34)中, 第一项表示初始禀赋 W 在 T 时刻的终值; 第二项表示资金流的确定部分在 T 时刻的累积终值; 第三项表示短视投资策略获得的期望收益; 第四项表示动态对冲投资策略获得的期望收益, 对比式(4.3.38)可知, 当 $\alpha = 0$ 时, 该项消失了, 但是第三项仍然保留; 最后一项表示可对冲部分随机资金流在风险中性测度下的累积条件期望贴现在 T 时刻的终值.

注记 4.6 在 $\tilde{v}(t, S)$ 的表达式(4.3.35)中, 第一项表示不可对冲部分随机资金流导致的风险; 第二项和第三项分别表示短视投资需求及动态对冲需求所需要承担的风险.

注记 4.7 由于 $\mathrm{e}^x > 1 + x$, 故由式(4.3.34)可知, 无论 α 正负与否, 短视投资获得的期望收益率总为正; 同时当 $\alpha < -1/2$ 或 $\alpha > 0$ 时, 动态对冲需求获得的期望收益也为正.

4.4　结果分析

4.4.1　均衡投资策略结构和实物期权价值

本节将通过对最优时间一致投资策略进行结构分析, 详细讨论其经济含义. 本章参照第 2 章和第 3 章的处理方式, 将投资策略 w^* 分解成如下的结构:

$$w^* = w_{\text{myopic}}(t) + w_{\text{dhedge}}(t) + w_{\text{shedge}}(t) + w_{\text{deltahedge}}(t),$$

其中

$$w_{\text{myopic}}(t) = -\frac{(r-\mu)S^{-2\alpha}\mathrm{e}^{r(t-T)}}{\gamma\sigma^2}, \tag{4.4.1}$$

$$w_{\text{dhedge}}(t) = -\frac{(r-\mu)^2 S^{-2\alpha}\mathrm{e}^{r(t-T)}\left(\mathrm{e}^{2\alpha r(t-T)}-1\right)}{\gamma r\sigma^2}, \tag{4.4.2}$$

$$w_{\text{shedge}}(t) = -\frac{\rho\sigma_m S^{-\alpha}}{\sigma}, \tag{4.4.3}$$

$$w_{\text{deltahedge}}(t) = -\frac{\rho S\sigma_m(r-\mu)\left(\displaystyle\int_t^T \mathrm{e}^{r(t-s)}Dl(s,S)\,\mathrm{d}s\right)}{\sigma}. \tag{4.4.4}$$

为了分析最优时间一致投资策略的经济学含义, 首先考虑当盈余过程参数取特殊值时的结果.

推论 4.2　如果 $\mu_m - 0, \sigma_m = 0$, 则有 $w_{\text{shedge}}(t) = 0, w_{\text{deltahedge}}(t) = 0$, 相应的 $\tilde{g}(t,S)$、$\tilde{v}(t,S)$ 分别简化为

$$\tilde{g}_{\text{selff}}(t,S) = -\frac{(2\alpha+1)(r-\mu)^2\left(2\alpha rt - \mathrm{e}^{2\alpha r(t-T)} - 2\alpha rT + 1\right)}{4\alpha\gamma r^2}$$
$$-\frac{(r-\mu)^2 S^{-2\alpha}\left(\mathrm{e}^{\alpha r(t-T)}-1\right)\left(\mathrm{e}^{\alpha r(t-T)}+1\right)}{2\alpha\gamma r\sigma^2}, \tag{4.4.5}$$

$$\tilde{v}_{\text{selff}}(t,S) = -\frac{(r-\mu)^2 S^{-2\alpha}\left(\mathrm{e}^{\alpha\mu(t-T)}-1\right)\left(\mathrm{e}^{\alpha\mu(t-T)}+1\right)}{4\alpha\gamma\mu\sigma^2}$$
$$-\frac{(2\alpha+1)(r-\mu)^2\left(2\alpha\mu t - \mathrm{e}^{2\alpha\mu(t-T)} - 2\alpha\mu T + 1\right)}{8\alpha\gamma\mu^2}. \tag{4.4.6}$$

相应的投资策略也退化为

$$w^* = w_{\text{myopic}}(t) + w_{\text{dhedge}}(t). \tag{4.4.7}$$

注意到当 $\mu_m = 0, \sigma_m = 0$ 时, 意味着模型不存在盈余资金流或者说组合是自融资的. 如果投资者的投资策略是买入并持有无风险债券, 则在 T 时刻的效用函数和均值函数均为 $J(t, W, S) = W \exp((T - t)r)$. 然而如果投资者采用最优时间一致投资策略的话, 此时的均值函数多了一项 $\tilde{g}_{\text{selff}}(t, S)$, 因此该项表示投资于风险资产获得的期望增益 (anticipated gain), 同时也可以知道 $\tilde{v}_{\text{selff}}(t, S)$ 为获得这些收益所需要承担的风险, 即

$$\tilde{g}_{\text{selff}}(t, S) = \mathbb{E}_t[W(T)|W(t) = 0, \mu_m = 0, \sigma_m = 0], \tag{4.4.8}$$

$$\tilde{v}_{\text{selff}}(t, S) = \frac{\gamma \mathbb{V}\text{ar}_t[W(T)|W(t) = 0, \mu_m = 0, \sigma_m = 0]}{2}. \tag{4.4.9}$$

式(4.4.7) 给出的最优时间一致投资策略由短视投资需求和动态对冲需求两部分组成. 可以证明

$$w_{\text{myopic}}(s) = \frac{\mathbb{E}_s[\exp(r(T - s))W(s + \mathrm{d}s)] - \dfrac{\gamma}{2}\mathbb{V}\text{ar}_s[\exp(r(T - s))W(s + \mathrm{d}s)]}{\mathrm{d}s}, \tag{4.4.10}$$

说明短视投资者在 s 时刻只保证下一瞬间 $(s + \mathrm{d}s)$ 时刻的财富 $W(s + \mathrm{d}s)$ 在 T 时刻的终值对应的均值–方差目标达到最优. 可以看出短视投资策略遵循著名的凯利准则, 即其完全由瞬时夏普比率、瞬时波动率和风险厌恶系数决定. 然而由于随机波动率的存在, 决策集在未来会发生变化, 投资者在决策时必须考虑到这种因素, 因此产生了动态对冲需求 $w_{\text{dhedge}}(t)$.

与 Basak 和 Chabakauri (2010) 的研究不同, 由于本章考虑了风险可部分对冲的盈余资金流, 均值函数中多出来了一项

$$\tilde{g}(t, S) - \tilde{g}_{\text{selff}}(t, S) = \frac{\rho\sigma_m(r - \mu)\mathrm{e}^{r(T-t)}\left(\displaystyle\int_t^T \mathrm{e}^{r(t-s)}l(s, S)\,\mathrm{d}s\right)}{\sigma}$$
$$+ \frac{\mu_m\left(\mathrm{e}^{r(T-t)} - 1\right)}{r},$$

其表示盈余资金流经过投资之后的期望均值; 而

$$\tilde{v}(t, S) - \tilde{v}_{\text{selff}}(t, S) = \frac{\gamma\left(1 - \rho^2\right)\sigma_m^2\left(\mathrm{e}^{2r(T-t)} - 1\right)}{4r} \tag{4.4.11}$$

表示接受盈余资金流需要承担的风险; 于是

$$h(t, S) = \tilde{g}(t, S) - \tilde{g}_{\text{selff}}(t, S) - (\tilde{v}(t, S) - \tilde{v}_{\text{selff}}(t, S))$$

表示由盈余资金流导致的额外效用变化, 即盈余资金流的无差异效用价格在 T 时刻的终值, 特别地, 当 $\rho = \pm 1$ 时, 因为盈余风险可以完全对冲, 所以对应的市场是完备的, 盈余资金流最终也不带来额外的风险, 其无差异效用价格与风险中性价格一致.

此时的最优时间一致投资策略中, 除了短视投资需求和动态对冲需求之外, 出现了额外两项, 即 $w_{\text{shedge}}(t)$ 和 $w_{\text{deltahedge}}(t)$, 分别称其为静态对冲需求和德尔塔对冲需求. 为了分析静态对冲需求, 假设投资者只采取静态投资策略, 即在 s 时刻投资 $w_{\text{shedge}}(s) = -\dfrac{\rho \sigma_m S(s)^{-\alpha}}{\sigma}$ 数量的财富于风险资产, 则该组合的财富 $W_c(s)$ 的变化过程为

$$\mathrm{d}W_c(s) = -\frac{\rho \sigma_m S(s)^{-\alpha}}{\sigma} \mathrm{d}S(s)/S(s) + \mathrm{d}R(s) + r\frac{\rho \sigma_m S(s)^{-\alpha}}{\sigma}\mathrm{d}s$$

$$= \left(\mu_m - \frac{(\mu - r)\rho \sigma_m S(s)^{-\alpha}}{\sigma}\right)\mathrm{d}s + \sqrt{1 - \rho^2}\sigma_m \mathrm{d}Z_2(s). \qquad (4.4.12)$$

注意到式(4.4.12)中只包含盈余过程中的不可对冲风险项 $\mathrm{d}Z_2(s)$, 而可对冲风险项 $\mathrm{d}Z_1(s)$ 则消失了. 这说明 w_{shedge} 完全对冲掉了盈余过程中的可对冲风险. 在完备市场情形下, 即 $\rho = \pm 1$ 时, 相应的不可对冲风险也消失了.

注意到, 除非 $\alpha = 0$, 由于式(4.4.12)仍然含有 $S(s)$, 投资者静态对冲过的组合财富仍然面临一定的风险, 这就导致了德尔塔对冲需求的出现. 注意到 $w_{\text{deltahedge}}(t) = -S h_S$, 可以从资产定价的视角来理解 $h(t, S)$. 由于 $h(t, S)$ 是盈余过程的无差异效用价格, 由伊藤引理, 投资组合 $(h(t, S), -Sh^{(0,1)}(t, S))$ 的动力学变化过程为

$$\mathrm{d}h(s, S(s)) - S(s)h^{(0,1)}(s, S(s))(\mathrm{d}S(s) - r)$$

$$= \mathrm{d}s(rS(s)h^{(0,1)}(s, S(s)) + \frac{1}{2}\sigma^2 S(s)^{2\alpha+2}h^{(0,2)}(s, S(s)) + h^{(1,0)}(s, S(s))), \qquad (4.4.13)$$

这意味着相应的风险项被对冲掉了. 因此, 可以称 $w_{\text{deltahedge}}(t)$ 为德尔塔对冲需求.

推论4.3 如果 $\rho \sigma_m = 0$, 对应的时间一致投资策略简化为

$$w^* = w_{\text{myopic}}(t) + w_{\text{dhedge}}(t). \qquad (4.4.14)$$

一方面, 如果 $\rho = 0$, 即金融市场的风险和盈余过程的风险完全独立, 那么交易风险资产始终无法对冲掉任何的盈余风险, 所以相应的静态对冲需求消失了. 由于此时的保险市场和金融市场是分离的, 盈余过程的价格也就不依赖于金融市场, 所以德尔塔对冲需求也就不存在了. 另一方面, 如果 $\sigma_m = 0$, 盈余过程等价于缴费为 μ_m 的连续时间年金, $\tilde{g}(t, S) - \tilde{g}_{\text{selff}}(t, S) = \dfrac{\mu_m\left(1 - \mathrm{e}^{-r(T-t)}\right)}{r}$ 显然为其终值. 因为没有风险需要对冲, 所以对应的静态对冲需求和德尔塔对冲需求就都消失了.

以上讨论了盈余资金流参数对时间一致投资策略的影响. 下面将讨论 CEV 模型的弹性方差系数 α 对投资策略的影响.

推论4.4 当 $\alpha = 0$ 时, 相应的最优时间一致投资策略为

$$w^* = w_{\text{myopic}}(t) + w_{\text{shedge}}(t). \tag{4.4.15}$$

注意到当 $\alpha = 0$ 时, 由于自融资组合对应的投资集是不变的, 因此动态对冲需求消失了. 同时, 此时式(4.4.12)给出的 $W_c(s)$ 简化为

$$dW_c(s) = \left(\mu_m - \frac{(\mu - r)\rho\sigma_m}{\sigma} \right) ds + \sqrt{1 - \rho^2}\, \sigma_m dZ_2(s), \tag{4.4.16}$$

显然, 静态对冲后的盈余组合不依赖于市场状态 $S(s)$, 因此也就无须进一步进行德尔塔对冲.

4.4.2 最小方差组合

为了进一步揭示由风险相关性导致的额外投资需求, 本节考虑均值–方差组合的特殊情形——最小方差组合.

推论4.5 当 $\gamma \to \infty$ 时, 有

$$w^*_{\text{hedge}} = -\frac{\sigma_m S^{-\alpha}}{\sigma W} - \frac{S h_S}{W}. \tag{4.4.17}$$

同期望效用下的结果相同, 推论 4.5 表明, 对于极度均值–方差风险厌恶的投资者, 其自融资策略会选择不持有任何头寸的风险资产. 对于非自融资组合而言, 随机流入的资金流会带来一定的被动风险, 这是必须事先承担的, 除非投资者放弃保险业务. 所以投资者首先需要做的便是采用静态对冲投资策略对冲掉资金流瞬时变化的风险, 其次需要进一步采用德尔塔对冲投资策略对冲掉资金流在未来变化的风险. 与第 2 章和第 3 章相同, 静态对冲需求和德尔塔对冲需求依然不依赖于投资者的风险厌恶系数 γ, 也就是说, 由随机资金流导致的额外投资需求是与投资者的偏好无关的. 实际上, 当 $\gamma \to \infty$ 时, 有

$$\max_{w \in \mathscr{A}} [\mathbb{E}_t[W(T)] - \frac{\gamma}{2} \mathbb{V}\text{ar}_t[W(T)]] = \min_{w \in \mathscr{A}} \mathbb{V}\text{ar}_t[W(T)], \tag{4.4.18}$$

即投资目标恰好是最小化组合的风险. 如果将盈余资金流视为一个被动持有的不可交易资产, 那么式(4.4.18)等价于最优时间一致对冲问题 (Basak and Chabakauri, 2012).

我们将上述推论整理成表 4.1.

表 4.1　不同模型参数下的最优时间一致投资策略结构

参数	短视	动态	静态	德尔塔	相应工作
$\alpha = 0, \rho\sigma_m = 0$	✓				Björk 等 (2017) 研究中的例子
$\alpha \neq 0, \rho\sigma_m = 0$	✓	✓			Basak 和 Chabakauri (2010) 的研究
$\alpha = 0, \gamma \to \infty$			✓		静态对冲问题
$\alpha \neq 0, \gamma \to \infty$			✓	✓	动态对冲问题
$\alpha = 0, \rho\sigma_m \neq 0$	✓		✓		本章研究的特殊情形
$\alpha \neq 0, \rho\sigma_m \neq 0$	✓	✓	✓	✓	本章研究

4.4.3　福利损失分析

上述分析表明, 金融市场和保险市场的风险相关性会导致静态对冲需求和德尔塔对冲需求的出现. 那么这两部分投资需求究竟对投资者的间接效用函数有多大贡献, 本节将讨论这一问题.

如果实际模型中存在风险相关性, 但是投资者在决策时忽视了这点, 而只采用短视投资需求和动态对冲需求构成的策略, 可以证明[①]在这种情形下组合的终端财富为

$$\bar{W}^*(T) = W\exp(r(T-t)) + \tilde{g}(t,S) + \frac{\rho\sigma_m(\mu-r)\mathrm{e}^{r(T-t)}}{\sigma}\int_t^T \mathrm{e}^{-r(s-t)}l(s,S)\mathrm{d}s$$

$$+ \int_t^T \rho\sigma_m\mathrm{e}^{r(T-s)}\mathrm{d}Z_1(s) + \int_t^T \left(-\frac{(r-\mu)S(s)^{-\alpha}}{\gamma\sigma}\right)\mathrm{d}Z_1(s)$$

$$+ \int_t^T \sqrt{1-\rho^2}\sigma_m\mathrm{e}^{r(T-s)}\mathrm{d}Z_2(s).$$

故有

$$\mathbb{E}_t[\bar{W}^*(T)] = W\exp(r(T-t)) + \tilde{g}(t,S) + \frac{\rho\sigma_m(\mu-r)}{\sigma}\int_t^T \mathrm{e}^{r(T-s)}l(s,S)\mathrm{d}s,$$

$$\mathbb{V}\mathrm{ar}_t[\bar{W}^*(T)] = \frac{\sigma_m^2\left(\mathrm{e}^{2r(T-t)}-1\right)}{2r} - \frac{(r-\mu)^2 S^{-2\alpha}\left(\mathrm{e}^{2\alpha\mu(t-T)}-1\right)}{2\alpha\gamma^2\mu\sigma^2}$$

$$+ \frac{(2\alpha+1)(r-\mu)^2\left(2\alpha\mu(T-t)+\mathrm{e}^{2\alpha\mu(t-T)}-1\right)}{4\alpha\gamma^2\mu^2}$$

$$+ \mathbb{E}_t\left[\int_t^T \frac{2\rho\sigma_m\mathrm{e}^{r(T-s)}(\mu-r)S(s)^{-\alpha}}{\gamma\sigma}\mathrm{d}s\right],$$

从而投资者采用最优时间一致策略的福利增加值为

$$\Delta = \left(\mathbb{E}_t[W^*(T)] - \frac{\gamma}{2}\mathbb{V}\mathrm{ar}_t[W^*(T)]\right) - \left(\mathbb{E}_t[\bar{W}^*(T)] - \frac{\gamma}{2}\mathbb{V}\mathrm{ar}_t[\bar{W}^*(T)]\right)$$

---

① 具体推导过程可以参考推论 4.1, 将自融资组合投资策略直接代入即可, 此处略去细节.

$$= \frac{\gamma \rho^2 \sigma_m^2 \left(e^{2r(T-t)} - 1 \right)}{4r} \geqslant 0. \tag{4.4.19}$$

显然, 盈余过程的可对冲部分风险 $(\rho \sigma_m)$ 越大, 通过静态对冲和德尔塔对冲得到的效用增益越大; 投资者的风险厌恶程度越大, 通过对冲后产生的效用增益越大; 无风险收益率越大, 投资者进行对冲之后的低风险组合的收益就越高, 对冲产生的效用增益也就越大.

4.4.4 数值算例

本节将对最优时间一致策略和值函数进行数值分析, 基础参数设为 $T = 2, t = 0, r = 0.03, S = 15, \sigma = 20, \mu = 0.08; \mu_m = 1000, \sigma_m = 300; W = 10\ 000, \gamma = 0.0005, \alpha = -1.5$. 同样地, 为了刻画权益资产的杠杆效应, 这里选用负 α.

图 4.1 展示了投资期限和风险资产的当前价位对非自融资组合均衡投资策略的影响. 根据推论 4.3, 当 $\rho = 0$ 时, 非自融资组合的投资策略和自融资组合的投资策略相同. 由于风险随投资期限的增加速度快于收益 [式(4.4.10)], 自融资投资策略随投资期限缩短而增加; 另外, 当弹性方差系数为负数时, 高价格意味着低波动率, 从而投资比例会显著上升. 同 CARA 效用下的结果类似, 图 4.1 表明当盈余过程的资金流和金融市场存在正 (负) 风险相关性时, 相比于自融资组合或者无风险相关性的非自融资组合, 风险资产的投资比例会相应减少 (增加). 图 4.2 展示了金融市场和保险盈余过程风险相关性 ρ 对投资者福利增益 $\varDelta$ 的影响. 当 $\rho = 0$ 时, 非自融资组合的均衡策略和自融资组合相同, 故增益为 0. 当 $\rho \neq 0$ 时, 因为非自融资组合还考虑了额外的对冲策略, 所以投资者的福利得到了明显的改善. 并且投资者面临的可对冲风险越大, 对冲策略可管理的风险越大, 因此福利改善也就越明显. 对于风险厌恶系数越大的投资者, 相同情况下的福利改善效用也就越明显. 由于方差目

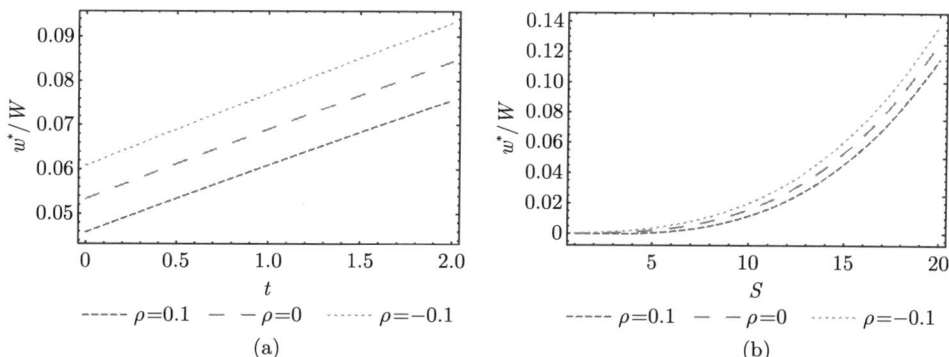

图 4.1 不同风险相关水平下投资期限 $T - t$ 和风险资产的当前价位 S 对均衡投资策略的影响

标下的风险是对称的, 因此图 4.2 也是对称的; 而 CARA 效用下的风险偏好具有不对称性, 所以图 3.2 是非对称的.

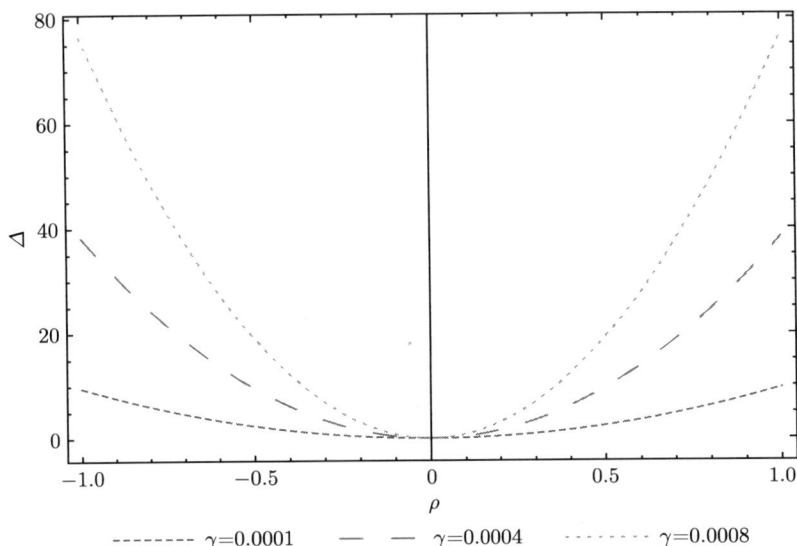

图 4.2 不同风险厌恶参数下金融市场和保险盈余过程风险相关性 ρ 对福利增益 Δ 的影响

4.5 本 章 小 结

假定保险人可以投资于一只利率为常数的无风险资产和一只价格服从 CEV 模型的风险资产, 保险盈余过程是带漂移的布朗运动, 本章考虑了均值–方差保险组合选择问题及其特例——最小方差组合选择问题. 通过建立并求解扩展 HJB 方程组, 得到最优时间一致投资策略, 并详细讨论了其经济含义.

结果表明, 第 2 章和第 3 章针对期望效用函数目标进行优化得到的非自融资组合与自融资组合间接效用函数及投资策略之间的关系仍然适用于均值–方差目标. 选择不同的目标, 只会影响不可对冲部分随机资金流导致的风险惩罚, 不会导致间接效用函数的形式发生变化, 非自融资组合的最优动态时间一致配置问题等价于新初始禀赋下自融资组合的最优时间一致动态配置问题. 投资策略仍然由短视投资需求、动态对冲需求、静态对冲需求和德尔塔对冲需求四部分组成. 当最小化终端财富对应方差时, 得到的时间一致投资策略只包含静态对冲需求和德尔塔对冲需求. 保险组合投资策略和普通组合投资策略存在差异的本质原因在于其风险管理策略不同: 普通投资组合可以选择不持有任何头寸的风险资产, 而保险组合因被动承受盈余风险而需要采取对冲策略. 故当存在随机资金流和市场的风险相关性时, 保险最优选择策略可以分解为投资策略和风险管理策略两部分, 忽视风险管理策略会对投资者的福利造成显著的损失.

本章只是对 CEV 模型下保险组合最优时间一致选择问题的初步研究, 仍存在许多问题需要进一步探讨. 例如, 可以在部分风险相依模型的基础上引入模糊厌恶, 以及更深入地研究小型保险人的最优再保险及投资策略. 值得指出的是, 我们给出的时变市场中保险人均值–方差目标时间一致优化问题的值函数及均值函数的形式具有普适性, 并不局限于 CEV 模型, 可以将其应用到其他更加一般的时变市场模型中.

第 5 章 非完备市场下基于均值–方差准则的均衡资产负债管理策略

在 CEV 模型的假设下, 第 2~4 章针对不同优化目标研究了基于算术布朗运动随机资金流的非自融资组合选择问题, 结果发现了非自融资组合和自融资组合选择问题之间的联系, 以及非自融资组合投资策略的固定结构. 我们试图知道, 这两个重要结论是否依赖于随机资金流的形式.

为此, 本章将在 CEV 模型下讨论基于几何布朗运动随机资金流的非自融资组合选择问题, 即资产负债管理 (asset-liability management, ALM) 问题. 考虑到系统性背景风险以及债务本身的特异性风险, 仍然假设债务和风险资产之间存在部分风险相关性. 类似于第 4 章, 仍然假设投资目标遵循动态均值–方差准则并进行时间一致投资决策.

从数学模型上来说, 不同于盈余过程, 债务过程对应了一个有效的状态变量, 因此需要求解的扩展 HJB 方程组的维度更高. 本章在前几章的启发下找到了值函数及均值函数的形式, 并借此得到了均衡投资策略. 最后分析了投资策略的金融学含义.

5.1 引　　言

资产负债管理是保险机构的重要运营活动, 是指保险公司在风险偏好和其他约束条件下, 持续制定、执行、监控和完善资产和负债相关策略的过程. 银保监会要求保险公司承担资产负债管理的主体责任, 建立健全资产负债管理体系, 持续提升资产负债管理水平.

在 CEV 模型的假设下, 近年来已有若干学者在均值–方差准则下研究了资产负债管理问题. 例如, Li 等 (2016b) 分别研究了带有随机收入的 DC 型养老金在缴费人退休前和退休后的时间一致投资问题; Zhang 和 Chen (2016a) 研究了资产负债管理问题的预先承诺策略. 然而, Li 等 (2016b) 却假设驱动工资过程的布朗运动和 CEV 中的布朗运动完全相关, 忽视了工资的特异性风险, Zhang 和 Chen (2016a) 同时假设负债中的布朗运动和风险资产价格中的布朗运动完全相同, 也忽视了债务的特异性风险. 另外, 对于动态均值–方差组合选择而言, 时间一致性是决策的基本要求. 它一方面保证了投资策略的稳定性, 使得在一个时刻制定的投资策略在另一个时刻看来也是最优的, 从而管理人就没有动机去背离初始时刻制定的策略; 另一方面, 对于非自融资组合而言, 它保证了不同时刻流入的资金流都被一视同仁地"公平对待".

为了弥补现有研究的不足, 本章考虑具有异质性债务风险的资产负债管理问题. 具体而言, 本章假定风险资产服从 CEV 模型, 债务服从几何布朗运动模型, 投资者具有均值–方差偏好. 特别地, 考虑到金融市场和债务的风险相关性以及债务本身的特异性风险, 假设驱动 CEV 过程的布朗运动和驱动债务过程的布朗运动存在部分相关性. 根据时间不一致随机控制理论首先建立问题对应的四维扩展 HJB 方程组, 然后通过变量分离方法对其进行化简, 最后根据 Feynman-Kac 公式给出解的条件期望表示, 并在特殊的资金流和弹性方差系数参数下讨论了均衡投资策略的金融学含义.

本章后续部分结构安排如下: 5.2 节建立基于 CEV 模型的时间一致资产负债管理问题的基本数学模型; 5.3 节首先推导该问题对应的值函数以及均值函数所满足的扩展 HJB 方程, 接着将其化简为一系列的二维抛物型偏微分方程, 并以条件期望的形式给出显式解, 其次, 分析时间一致资产负债管理策略的金融学含义, 最后 5.4 节总结本章.

5.2 模型建立

本节首先给出一些基础假设, 然后基于这些假设建立均值–方差目标下的时间一致资产负债管理问题.

考虑一个定义在 $[t, T]$ 时间段内的连续时间马尔可夫经济, 所有不确定性由满足通常条件的赋域空间 $(\Omega, \mathscr{F}, \{\mathscr{F}_s\}_{t \leq s \leq T}, \mathbb{P})$ 刻画. 这里 $\mathscr{F}_s = \sigma(Z_1(s) \times Z_2(s))$ 表示截至 $s(t \leq s \leq T)$ 时刻经济体中的所有可用信息; $Z_1(s)$、$Z_2(s)$ 是定义在 $\mathbb{P}$ 测度上的两个独立的标准一维布朗运动, 分别表示金融市场和负债过程的风险源. 在后文中, 不加显式说明地假设所有随机过程和随机变量均适应于域流 $\{\mathscr{F}_s\}_{t \leq s \leq T}$, 以及涉及的所有随机变量的矩均是良好定义的. 进一步, 做出如下假定.

(1) 资产可以无限拆分且交易可以在 $[t, T)$ 内连续进行.

(2) 没有各种交易税费.

(3) 没有买空、卖空交易限制且借贷利率相等.

不失一般性, 假定管理者可以投资于一只无风险资产 (银行账户) 和一只风险资产, 无风险资产的价格过程为

$$\frac{dB(s)}{B(s)} = r ds, \quad B(t) = 1, \tag{5.2.1}$$

其中, $r > 0$ 表示无风险利率. 风险资产的价格过程 $S(s)$ 满足 CEV 模型:

$$\frac{\mathrm{d}S(s)}{S(s)} = \mu \mathrm{d}s + \sigma S(s)^\alpha \mathrm{d}Z_1(s), \quad S(t) = S > 0, \tag{5.2.2}$$

其中, $\mu > r$ 表示期望瞬时收益率; $\sigma > 0$ 表示常数; 2α 表示弹性方差系数; $\sigma S(s)^\alpha$ 表示瞬时波动率. 因为当 $\alpha \in [-1/2, 0)$ 时, 过程(5.2.2)能以一定的正概率到达原点, 即价格可能会触及 0. 为了排除这种情况, 假设 $\alpha \in (-\infty, -1/2) \bigcup [0, +\infty)$. 由于风险资产的价格 $S(s)$ 是随机的, 因此风险资产的瞬时波动率也是随机的, 故管理者面临随机时变的机会集.

假设债务过程 $L(s)$ 服从如下的随机微分方程:

$$\mathrm{d}L(s)/L(s) = \mu_l \mathrm{d}s + \sigma_l \left(\rho \mathrm{d}Z_1(s) + \sqrt{1-\rho^2} \mathrm{d}Z_2(s) \right), \quad L(t) = L, \tag{5.2.3}$$

其中, μ_l、σ_l 都表示常数; $\rho \in [-1, 1]$ 表示外生债务风险和金融市场风险的相关性; L 表示初始时刻的债务规模. 同时指出, 在该假设下, 如果 $\rho \neq \pm 1$, 因为市场上有两个独立的风险源, 所以通过交易风险资产始终无法对冲掉债务过程的自身部分风险, 故金融市场是非完备的. 当 $\rho = \pm 1$ 时, 市场是完备的.

令 w_s 表示在后续的任意时刻 $s \in [t, T]$ 投资于风险资产 $S(s)$ 的财富数量, 则剩余 $W(s) - w_s$ 数量的财富投资于无风险资产 $B(s)$. 于是在策略 w_s 下, 资产负债管理组合净值 $W(s)$ 的动态变化过程为

$$\mathrm{d}W(s) = \frac{\mathrm{d}B(s)(W(s) - w_s)}{B(s)} + \frac{w_s \mathrm{d}S(s)}{S(s)} - L(s)\mathrm{d}s$$

$$= (-L(s) - rw_s + rW(s) + \mu w_s)\mathrm{d}s + \sigma w_s S(s)^\alpha \mathrm{d}Z_1(s). \tag{5.2.4}$$

称资产负债管理策略 w_s 是可容许的, 如果 $\forall s \in [t, T], w_s$ 是 $\mathscr{F}_s$ 可测的, 且式(5.2.4)有唯一强解及 $E_t \left[\int_t^T (w_s S(s)^\alpha)^2 \mathrm{d}s \right] < \infty$. 令 $\mathscr{A}$ 表示所有的可容许策略集合.

给定初始财富 $W(t) = W$ 及债务规模 $L(t) = L$ 和即期价格 $S(t) = S$, 本章假设资产负债管理者在均值–方差准则下优化如下目标:

$$\max_{w \in \mathscr{A}} \left[\mathbb{E}_t[W(T)] - \frac{\gamma}{2} \mathbb{V}\mathrm{ar}_t[W(T)] \right]$$

$$= \max_{w \in \mathscr{A}} \left[\mathbb{E}_t[W(T) - \frac{\gamma}{2} W(T)^2] + \frac{\gamma}{2} (\mathbb{E}_t[W(T)])^2 \right], \tag{5.2.5}$$

其中, $\gamma > 0$ 表示管理者的风险厌恶系数, $\mathbb{E}_t[\cdot] = \mathbb{E}[\cdot | W(t) = W, S(t) = S, L(s) = L]$.

值得强调的是, 由于目标函数中包含了期望财富的非线性项, 式(5.2.5)具有时间不一致性, 因此不能使用常规的贝尔曼最优性原理以及建立在此基础上的经典 HJB 方程来处理这个问题. 许多早期的组合选择文献只考虑了预先承诺策略, 然而这样的策略不具时间一致性, 资产负债管理者有一定的动机去偏离初始时刻做出的承诺. 决策理论中的时间一致性 (Strotz, 1955; Basak and Chabakauri, 2010; Björk et al., 2017) 要求资产负债管理者在一个时刻制定的另一个时刻的资产负债管理策略在其他时间点看来也是最优的, 这样的资产负债管理策略也称为纳什均衡策略. 因此, 本章主要研究组合选择问题式(5.2.5)的时间一致资产负债管理策略.

定义5.1(时间一致资产负债管理策略) 给定任意初始状态 $(s, W, L, S) \in [t, T] \times \mathbb{R} \times \mathbb{R} \times \mathbb{R}$, 考虑可容许策略 $w^*(s)$ 并定义如下策略:

$$w_\epsilon(s', W, L, S) = \begin{cases} \tilde{w}, & s \leqslant s' < s + \epsilon, \\ w^*(s'), & s + \epsilon \leqslant s' < T, \end{cases}$$

其中, $\tilde{w} \in \mathbb{R}, \epsilon \in \mathbb{R}^+$. 如果

$$\liminf_{\epsilon \downarrow 0} \frac{U(t, W, L, S; w^*) - U(t, W, L, S; w_\epsilon)}{\epsilon} \geqslant 0,$$

则称 w^* 为时间一致或者纳什均衡资产负债管理策略.

注记5.1 如果 $L = 0$, 本章考虑的问题与 Basak 和 Chabakauri (2010) 考虑的 CEV 模型下的自融资均值–方差组合选择问题相同.

注记5.2 如果 $\alpha = 0$, CEV 模型将退化为几何布朗运动过程.

5.3 问题求解

本节首先根据时间不一致随机控制原理建立值函数和均值函数所满足的非线性偏微分方程组, 然后根据猜测到的值函数和均值函数的形式将非线性偏微分方程组化简为两个抛物型偏微分方程, 进而求解这两个方程, 从而给出原始方程的显式表达, 并最终得到时间一致资产负债管理策略.

5.3.1 扩展 HJB 方程组建立

对于最优资产负债管理问题式(5.2.4)和式 (5.2.5), 由于资产组合净值的动态预算约束中包含了 W、S、L 三个状态变量, 因此可以分别记值函数和均值函数为

$$J(t, W, L, S) = (\mathbb{E}_t[W(T)] - \frac{\gamma}{2}\mathbb{V}\mathrm{ar}_t[W(T)])|_{w=w^*}, \tag{5.3.1}$$

$$J(t, W, L, S) = (\mathbb{E}_t[W(T)])|_{w=w^*}, \tag{5.3.2}$$

其中, w^* 表示时间一致最优资产负债管理策略. 根据连续时间不一致随机控制理论 (Björk et al., 2017), 可以得到如下结果.

定义 5.2 (扩展 HJB 方程组)　对于约束于动态预算过程式(5.2.4)的时间不一致随机控制问题式(5.2.5), 如果存在两个函数 $J(t, W, S, L)$ 和 $g(t, W, S, L) \in \mathscr{C}^{1,2,2,2}$ $([t, T] \times \mathbb{R} \times \mathbb{R} \times \mathbb{R})$, 则对应的扩展 HJB 方程组为

$$0 = \max_{w \in \Pi} \left\{ \mathscr{A}^w J - \frac{\gamma}{2} \mathscr{A}^w (g^2 + \gamma g \mathscr{A}^w g) \right\}, \tag{5.3.3}$$

$$W = J(T, W, L, S), \tag{5.3.4}$$

$$W = g(T, W, L, S), \tag{5.3.5}$$

$$0 = \mathscr{A}^{w^*} g(t, W, L, S), \tag{5.3.6}$$

$$w^* = _{w \in \mathscr{A}} \left\{ \mathscr{A}^w J(t, W, L, S) - \frac{\gamma}{2} \mathscr{A}^w (g(t, W, L, S))^2 \right.$$

$$\left. + \gamma g(t, W, L, S) \mathscr{A}^w g(t, W, L, S) \right\}, \tag{5.3.7}$$

其中, $\mathscr{A}^w$ 表示随机过程式 (5.2.4) 的无穷小生成子, 其定义如下:

$$\mathscr{A}^w f(t, W, L, S)$$

$$= \frac{1}{2} L^2 f_{LL} \sigma_l^2 + L f_L \mu_l + L \rho \sigma f_{LS} \sigma_l S^{\alpha+1} + L \rho \sigma w f_{WL} \sigma_l S^{\alpha}$$

$$+ f_W(-L + w(\mu - r) + rW) + \frac{1}{2} \sigma^2 f_{SS} S^{2\alpha+2} + \frac{1}{2} \sigma^2 w^2 f_{WW} S^{2\alpha}$$

$$+ \sigma^2 w f_{WS} S^{2\alpha+1} + \mu S f_S + f_t.$$

对于时间不一致组合选择问题式(5.2.5), 有以下定理.

定理 5.1 (验证定理)　假设 $J(t, W, S, L), g(t, W, S, L), w^*$ 具有以下性质.

(1) $J(t, W, S, L)$、$g(t, W, S, L)$ 是定义 5.2 的解.

(2) w^* 是一个可容许策略, 并且使得式(5.3.3)达到最优值.

(3) $J(t, W, S, L)$、$g(t, W, S, L)$ 属于 L^2 空间.

则 w^* 是最优时间一致资产负债管理策略并且 $J(t, W, S, L)$ 为相应的值函数, 以及 $g(t, W, S, L) = \mathbb{E}_t[W(T)]|_{w=w^*}$.

证明　见 Björk 等 (2017) 研究中的定理 5.2.

5.3.2　扩展 HJB 方程组化简

根据定理 5.1, 首先需要求解定义 5.2 的扩展 HJB 方程组, 将式 (5.3.7) 分别代入式(5.3.3)和式(5.3.6)中可以得到下面两个方程:

$$0 = \max_{w \in \Pi} \left\{ -L \rho \sigma \sigma_l S^{\alpha} (\gamma S g_L g_S + \gamma w g_L g_w - S J_{LS} - w J_{WL}) \right.$$

$$-\frac{1}{2}\sigma^2 S^{2\alpha}\left(w\left(\gamma w g_W^2 - 2S J_{WS} - w J_{WW}\right) + \gamma S^2 g_S^2 + 2\gamma S w g_S g_W - S^2 J_{SS}\right)$$

$$-\frac{1}{2}\gamma L^2 g_L^2 \sigma_l^2 + \frac{1}{2}L^2 J_{LL}\sigma_l^2 + LJ_L\mu_l - LJ_W - rwJ_W + rWJ_W$$

$$+\mu S J_S + J_t + \mu w J_W\Big\}, \tag{5.3.8}$$

$$0 = \left\{\frac{1}{2}L^2 g_{LL}\sigma_l^2 + Lg_L\mu_l + L\rho\sigma g_{LS}\sigma_l S^{\alpha+1} + L\rho\sigma w g_{WL}\sigma_l S^{\alpha}\right.$$

$$+g_W(-L + r(W - w) + \mu w) + \frac{1}{2}\sigma^2 g_{SS}S^{2\alpha+2} + \frac{1}{2}\sigma^2 w^2 g_{WW}S^{2\alpha}$$

$$+\sigma^2 w g_{WS}S^{2\alpha+1} + \mu S g_S + g_t\bigg\}\bigg|_{w=w^*}. \tag{5.3.9}$$

显然, 由于方程项数较多、维度较高, 偏微分方程组式(5.3.8)和式 (5.3.9)较难求解, 因此首先通过消元法来简化方程. 猜测

$$J(t, W, L, S) = W\exp(r(T-t)) + \tilde{g}(t, L, S) + \tilde{l}(t, S) - \tilde{v}(t, L, S), \tag{5.3.10}$$

$$g(t, W, L, S) = W\exp(r(T-t)) + \tilde{g}(t, L, S) + \tilde{l}(t, S), \tag{5.3.11}$$

则式(5.3.8)和式(5.3.9) 可以分别简化为

$$0 = \max_{w\in\Pi}\left\{-\frac{1}{2}\gamma L^2 \sigma_l^2 \tilde{g}_L^2 + \frac{1}{2}L^2 \sigma_l^2 \tilde{g}_{LL} + L\rho\sigma\sigma_l S^{\alpha+1}\tilde{g}_{LS}\right.$$

$$+\tilde{g}_S\left(S\left(\mu - \gamma\sigma^2 S^{2\alpha}\left(S\tilde{l}_S + we^{r(T-t)}\right)\right) - \gamma L\rho\sigma\sigma_l S^{\alpha+1}\tilde{g}_L\right)$$

$$+L\tilde{g}_L\left(\mu_l - \gamma\rho\sigma\sigma_l S^{\alpha}\left(S\tilde{l}_S + we^{r(T-t)}\right)\right) - \frac{1}{2}\gamma\sigma^2 S^{2\alpha+2}\tilde{g}_S^2$$

$$+\frac{1}{2}\sigma^2 S^{2\alpha+2}\tilde{g}_{SS} + \tilde{g}_t - \frac{1}{2}L^2 \sigma_l^2 \tilde{v}_{LL} - L\rho\sigma\sigma_l S^{\alpha+1}\tilde{v}_{SL} - L\mu_l\tilde{v}_L$$

$$-\frac{1}{2}\sigma^2 S^{2\alpha+1}\left(2\gamma w\tilde{l}_S e^{r(T-t)} + \gamma S\tilde{l}_S^2 - S\tilde{l}_{SS}\right)$$

$$+\mu S\tilde{l}_S + \tilde{l}_t - \frac{1}{2}\sigma^2 S^{2\alpha+2}\tilde{v}_{SS} - \mu S\tilde{v}_S - \tilde{v}_t$$

$$+e^{r(T-t)}(L + w(\mu - r)) - \frac{1}{2}\gamma\sigma^2 w^2 S^{2\alpha}e^{2r(T-t)}\bigg\}, \tag{5.3.12}$$

$$0 = \left\{\frac{1}{2}L^2 \sigma_l^2 \tilde{g}_{LL} + L\mu_l\tilde{g}_L + L\rho\sigma\sigma_l S^{\alpha+1}\tilde{g}_{LS}\right.$$

$$+\frac{1}{2}\sigma^2 S^{2\alpha+2}\tilde{g}_{SS} + \mu S\tilde{g}_S + \tilde{g}_t + \frac{1}{2}\sigma^2 S^{2\alpha+2}\tilde{l}_{SS}$$

$$+\mu S\tilde{l}_S + \tilde{l}_t + e^{r(T-t)}(L - rw + \mu w)\bigg\}\bigg|_{w=w^*}, \tag{5.3.13}$$

这样就消去了财富状态变量 W.

对式(5.3.12)取 w 的一阶条件可以得到

$$w^* = -\frac{L\rho\sigma_l S^{-\alpha}\tilde{g}_L e^{r(t-T)}}{\sigma} - S e^{r(t-T)}\left(\tilde{g}_S + \tilde{l}_S\right) - \frac{(r-\mu)S^{-2\alpha}e^{r(t-T)}}{\gamma\sigma^2}, \tag{5.3.14}$$

相应的二阶条件为 $\gamma\sigma^2 S^{2\alpha}\left(-e^{2r(T-t)}\right) \leqslant 0$, 显然对所有 $\gamma > 0$ 均成立.

将式(5.3.14) 分别代入式(5.3.12)、式(5.3.13)中并化简后得到

$$0 = \frac{1}{2}\gamma L^2\left(\rho^2 - 1\right)\sigma_l^2\tilde{g}_L^2 + \frac{1}{2}L^2\sigma_l^2\tilde{g}_{LL} + L\rho\sigma\sigma_l S^{\alpha+1}\tilde{g}_{LS}$$

$$+\tilde{g}_L\left(L\mu_l + \frac{L\rho\sigma_l(r-\mu)S^{-\alpha}}{\sigma}\right) + rS\tilde{g}_S + \frac{1}{2}\sigma^2 S^{2\alpha+2}\tilde{g}_{SS} + \tilde{g}_t - \frac{1}{2}L^2\sigma_l^2\tilde{v}_{LL}$$

$$-L\rho\sigma\sigma_l S^{\alpha+1}\tilde{v}_{SL} - L\mu_l\tilde{v}_L + rS\tilde{l}_S + \frac{1}{2}\sigma^2 S^{2\alpha+2}\tilde{l}_{SS} + \tilde{l}_t - \frac{1}{2}\sigma^2 S^{2\alpha+2}\tilde{v}_{SS}$$

$$-\mu S\tilde{v}_S - \tilde{v}_t + Le^{r(T-t)} + \frac{(r-\mu)^2 S^{-2\alpha}}{2\gamma\sigma^2}, \tag{5.3.15}$$

$$0 = \frac{1}{2}L^2\sigma_l^2\tilde{g}_{LL} + L\rho\sigma\sigma_l S^{\alpha+1}\tilde{g}_{LS} + \tilde{g}_L\left(L\mu_l + \frac{L\rho\sigma_l(r-\mu)S^{-\alpha}}{\sigma}\right) + rS\tilde{g}_S$$

$$+\frac{1}{2}\sigma^2 S^{2\alpha+2}\tilde{g}_{SS} + \tilde{g}_t + Le^{r(T-t)} + rS\tilde{l}_S + \frac{1}{2}\sigma^2 S^{2\alpha+2}\tilde{l}_{SS} + \tilde{l}_t$$

$$+\frac{(r-\mu)^2 S^{-2\alpha}}{\gamma\sigma^2}. \tag{5.3.16}$$

显然, 可以将偏微分方程式(5.3.16)拆分为下面两个独立的偏微分方程:

$$0 = rS\tilde{l}_S + \frac{1}{2}\sigma^2 S^{2\alpha+2}\tilde{l}_{SS} + \tilde{l}_t + \frac{(r-\mu)^2 S^{-2\alpha}}{\gamma\sigma^2}, \tag{5.3.17}$$

$$0 = \frac{1}{2}L^2\sigma_l^2\tilde{g}_{LL} + L\rho\sigma\sigma_l S^{\alpha+1}\tilde{g}_{LS} + L\tilde{g}_L\left(\mu_l + \frac{\rho\sigma_l(r-\mu)S^{-\alpha}}{\sigma}\right)$$

$$+rS\tilde{g}_S + \frac{1}{2}\sigma^2 S^{2\alpha+2}\tilde{g}_{SS} + \tilde{g}_t + Le^{r(T-t)}, \tag{5.3.18}$$

相应的边界条件为 $\tilde{l}(T,S) = 0, \tilde{g}(T,L,S) = 0, \forall S, L$.

进一步, 用式(5.3.15)减去式(5.3.16)有

$$0 = \frac{1}{2}L^2\sigma_l^2\left(\tilde{v}_{LL} - \gamma\left(\rho^2 - 1\right)\tilde{g}_L^2\right) + L\left(\mu_l\tilde{v}_L + \rho\sigma\sigma_l S^{\alpha+1}\tilde{v}_{SL}\right)$$

$$+ \frac{1}{2}\sigma^2 S^{2\alpha+2}\tilde{v}_{SS} + \mu S\tilde{v}_S + \tilde{v}_t + \frac{(r-\mu)^2 S^{-2\alpha}}{2\gamma\sigma^2}. \tag{5.3.19}$$

进一步猜测

$$\tilde{v}(t,S,L) = L^2 h(t,S) + k(t,S)^{①}, \tag{5.3.20}$$

则式(5.3.19) 约化为

$$0 = L^2\Big(-\frac{1}{2}\gamma\big(\rho^2-1\big)\sigma_l^2\tilde{g}_L^2 + \big(2\mu_l+\sigma_l^2\big)h(t,S) + Sh_S\left(2\rho\sigma\sigma_l S^\alpha + \mu\right)$$

$$+ \frac{1}{2}\sigma^2 h_{SS} S^{2\alpha+2} + h_t\Big) + \frac{1}{2}\sigma^2 k_{SS} S^{2\alpha+2} + \mu Sk_S + k_t + \frac{(r-\mu)^2 S^{-2\alpha}}{2\gamma\sigma^2},$$

其可以进一步拆解为下面两个偏微分方程:

$$0 = \frac{1}{2}\sigma^2 k_{SS} S^{2\alpha+2} + \mu Sk_S + k_t + \frac{(r-\mu)^2 S^{-2\alpha}}{2\gamma\sigma^2}, \tag{5.3.21}$$

$$0 = -\frac{1}{2}\gamma\big(\rho^2-1\big)\sigma_l^2\tilde{g}_L^2 + \big(2\mu_l+\sigma_l^2\big)h(t,S) + Sh_S\left(2\rho\sigma\sigma_l S^\alpha + \mu\right)$$

$$+ \frac{1}{2}\sigma^2 h_{SS} S^{2\alpha+2} + h_t, \tag{5.3.22}$$

相应的边界条件为 $k(T,S) = 0, h(T,S) = 0, \forall S$.

至此, 已经将最优时间一致资产负债管理组合选择问题化简为一组低维度的偏微分方程. 下面将求解偏微分方程式(5.3.17)、式(5.3.18)、式(5.3.21) 及式(5.3.22), 然后将解代入式(5.3.14)即可得到最优时间一致资产负债管理策略.

5.3.3 抛物型偏微分方程组求解

为了进一步给出值函数的显式表达, 本节继续求解抛物型偏微分方程组. 先考虑 $\alpha = 0$ 时的解, 然后再求解 $\alpha \neq 0$ 时的解.

1. $\alpha = 0$ 时的解

当 $\alpha = 0$ 时, 模型中的随机波动率消失了, CEV 模型等价于几何布朗运动模型. 由于投资机会集是不变的, 因此价格本身并不是一个有效的状态变量, 故 $g(t,W,L,S)$ 和 $J(t,W,L,S)$ 不再是价格 S 的函数, 进而 $\tilde{g}(t,L,S)$、$\tilde{l}(t,S)$、$k(t,S)$、$h(t,S)$ 也都不再依赖于价格 S. 为了简化符号, 记 $\tilde{g}(t,L) = \tilde{g}(t,L,S)|_{\alpha=0}$, 其他函数以此类推. 显然有

$$\tilde{l}(t) = \int_t^T \frac{(r-\mu)^2}{\gamma\sigma^2}\mathrm{d}s = \frac{(r-\mu)^2(T-t)}{\gamma\sigma^2}, \tag{5.3.23}$$

---

① 由式(5.3.22)可知, 这个猜测只有 $\tilde{g}_L$ 与 L 无关时才能成立, 后面将验证这一点.

$$k(t) = \int_t^T \frac{(r-\mu)^2}{2\gamma\sigma^2} \mathrm{d}s = \frac{(r-\mu)^2(T-t)}{2\gamma\sigma^2}, \tag{5.3.24}$$

同时, 偏微分方程式(5.3.18)、式(5.3.22) 分别简化为

$$0 = \frac{1}{2}L^2\sigma_l^2\tilde{g}_{LL} + L\tilde{g}_L\left(\mu_l + \frac{\rho\sigma_l(r-\mu)}{\sigma}\right) + \tilde{g}_t + Le^{r(T-t)}, \tag{5.3.25}$$

$$0 = -\frac{1}{2}\gamma\left(\rho^2 - 1\right)\sigma_l^2\tilde{g}_L^2 + h(t)\left(2\mu_l + \sigma_l^2\right) + h_t. \tag{5.3.26}$$

这两个常微分方程的解为

$$\tilde{g}(t, L) = Lm(t), \tag{5.3.27}$$

$$h(t) = \frac{1}{2}\gamma\left(1 - \rho^2\right)\sigma_l^2 e^{-t(2\mu_l+\sigma_l^2)} \int_t^T m(s)^2 e^{s(2\mu_l+\sigma_l^2)} \mathrm{d}s, \tag{5.3.28}$$

其中, $m(t) = \dfrac{\sigma\left(e^{r(T-t)} - e^{-\frac{(t-T)(\sigma\mu_l+\rho\sigma_l(r-\mu))}{\sigma}}\right)}{-\sigma\mu_l + \rho\sigma_l(\mu - r) + r\sigma}$.

2. $\alpha \neq 0$ 时的解

当 $\alpha \neq 0$ 时, 先来求解 $\tilde{l}(t, S)$. 根据 Feynman-Kac 公式, $\tilde{l}(t, S)$ 可以写成如下的条件期望:

$$\tilde{l}(t, S) = \frac{(r-\mu)^2}{\gamma\sigma^2} \int_t^T \widetilde{\mathbb{E}}_t\left[\tilde{S}(s)^{-2\alpha}\right] \mathrm{d}s,$$

其中, $\widetilde{\mathbb{E}}_t = \widetilde{\mathbb{E}}\left[\cdot|\widetilde{S}(t) = S\right]$ 表示新概率测度 $\tilde{\mathbb{P}}$ 下的条件期望, 并且 $\widetilde{S}(s)$ 满足随机过程

$$\frac{\mathrm{d}\widetilde{S}(s)}{\widetilde{S}(s)} = r\mathrm{d}s + \sigma\widetilde{S}(s)^\alpha\mathrm{d}\widetilde{Z}_1(s), \quad \widetilde{S}(t) = S. \tag{5.3.29}$$

其中, $\widetilde{Z}_1(s)$ 表示 $\tilde{\mathbb{P}}$-测度下的一维标准布朗运动过程. 由定理 A.3知

$$\begin{aligned}
\widetilde{\mathbb{E}}_t\left[\widetilde{S}(t+\tau)^{-2\alpha}\right] &= \widetilde{\mathbb{E}}\left[\widetilde{X}(t+\tau)|\widetilde{X}(t) = S^{-2\alpha}\right] \\
&= \frac{(2\alpha + 1)\sigma^2 e^{-2\alpha r\tau}\left(e^{2\alpha r\tau} - 1\right)}{2r} + S^{-2\alpha}e^{-2\alpha r\tau}.
\end{aligned} \tag{5.3.30}$$

因此

$$\tilde{l}(t, S) = \frac{(2\alpha + 1)(r-\mu)^2\left(2\alpha r(T-t) + e^{2\alpha r(t-T)} - 1\right)}{4\alpha\gamma r^2}$$

$$-\frac{(r-\mu)^2 S^{-2\alpha}\left(\mathrm{e}^{2\alpha r(t-T)}-1\right)}{2\alpha\gamma r\sigma^2}. \tag{5.3.31}$$

同理, 也可以在原始 CEV 过程下将 $k(t,S)$ 表示成条件期望并得到

$$k(t,S) = \frac{(2\alpha+1)(r-\mu)^2\left(2\alpha\mu(T-t)+\mathrm{e}^{2\alpha\mu(t-T)}-1\right)}{8\alpha\gamma\mu^2}$$

$$-\frac{(r-\mu)^2 S^{-2\alpha}\left(\mathrm{e}^{2\alpha\mu(t-T)}-1\right)}{4\alpha\gamma\mu\sigma^2}. \tag{5.3.32}$$

对于 $\tilde{g}(t,L,S)$, 同理, 根据 Feynman-Kac 公式有

$$\tilde{g}(t,L,S) = \int_t^T \tilde{\mathbb{E}}_t[\tilde{L}(s)\mathrm{e}^{T-s}]\mathrm{d}s, \tag{5.3.33}$$

其中, $\tilde{L}(s)$ 满足如下的随机微分方程:

$$\mathrm{d}\tilde{L}(s)/\tilde{L}(s) = \left(\mu_l + \frac{\rho\sigma_l(r-\mu)\tilde{S}(s)^{-\alpha}}{\sigma}\right)\mathrm{d}s$$

$$+ \sigma_l\left(\sqrt{1-\rho^2}\mathrm{d}\tilde{Z}_2(s)+\rho\mathrm{d}\tilde{Z}_1(s)\right). \tag{5.3.34}$$

$\tilde{S}(s)$ 如式(5.3.49) 所定义, 且 $\tilde{Z}_2(s)$ 是独立于 $\tilde{Z}_1(s)$ 另外一个 $\tilde{\mathbb{P}}$ 测度下的一维标准布朗运动过程. 受式(5.3.27)的启发, 进一步猜测

$$\tilde{g}(t,L,S) = Lm(t,S), \tag{5.3.35}$$

则式(5.3.18) 约化为

$$0 = m(t,S)\left(\mu_l + \frac{\rho\sigma_l(r-\mu)S^{-\alpha}}{\sigma}\right) + Sm_S\left(\rho\sigma\sigma_l S^\alpha + r\right) + \frac{1}{2}\sigma^2 m_{SS}S^{2\alpha+2}$$

$$+ m_t + \mathrm{e}^{r(T-t)}. \tag{5.3.36}$$

进一步, 令 $Y = S^{-\alpha}, m(t,S) = \bar{m}(t,Y)$, 上述偏微分方程变成

$$0 = \frac{\bar{m}(\sigma\mu_l + \rho Y\sigma_l(r-\mu))}{\sigma} + \frac{1}{2}\alpha\bar{m}_Y\left(-2\rho\sigma\sigma_l - 2rY + \frac{(\alpha+1)\sigma^2}{Y}\right) + \bar{m}_t$$

$$+ \frac{1}{2}\alpha^2\sigma^2\bar{m}_{YY} + \mathrm{e}^{r(T-t)}, \tag{5.3.37}$$

对应的边界条件为 $\bar{m}(T, Y) = 0, \forall Y > 0$. 同样根据 Feynman-Kac 公式, $m(t, S)$ 可以表示为

$$m(t, S) = \bar{m}(t, Y)$$

$$= \int_t^T e^{(T-s)r} \bar{\mathbb{E}}_t \left[\exp \int_t^s \frac{(\sigma\mu_l + \rho Y_r(\tau)\sigma_l(r - \mu))}{\sigma} d\tau \right] ds, \quad (5.3.38)$$

其中, $Y_r(s)$ 满足随机过程

$$dY_r(s) = \frac{1}{2}\alpha \left(-2\rho\sigma\sigma_l - 2rY_r(s) + \frac{(\alpha + 1)\sigma^2}{Y_r(s)} \right) ds$$

$$+ \alpha\sigma d\bar{Z}_1(s), \quad Y_r(t) = S^{-2\alpha}, \quad (5.3.39)$$

且 $\bar{Z}_1(s)$ 是 $\mathbb{P}$ 测度下的一维标准布朗运动过程. 注意到式(5.3.39) 满足 Lipschitz 条件, 所以随机微分方程式(5.3.39)有唯一强解. 同时可以证明式(5.3.38) 是式(5.3.37) 对 Y 变量满足多项式增长条件的唯一强解. 令 $h(t, S) = \bar{n}(t, Y)$ 并将 $\tilde{g}(t, L, S) = Lm(t, S)$ 代入式(5.3.22) 中经过化简后得到

$$0 = \bar{n}_t + \frac{1}{2}\alpha^2\sigma^2\bar{n}_{YY} - \frac{1}{2}\gamma\left(\rho^2 - 1\right)\sigma_l^2\bar{m}(t, Y)^2 + \left(2\mu_l + \sigma_l^2\right)\bar{n}(t, Y)$$

$$+ \bar{n}_Y \left(\frac{\alpha\sigma\left(\alpha\sigma - 4\rho Y\sigma_l + \sigma\right)}{2Y} - \alpha\mu Y \right). \quad (5.3.40)$$

同理, 上述偏微分方程的唯一解可以表示成

$$h(t, S) = \bar{n}(t, Y)$$

$$= \frac{1}{2}\gamma\left(1 - \rho^2\right)\sigma_l^2 \int_t^T e^{(s-t)(2\mu_l + \sigma_l^2)} \bar{\mathbb{E}}_t \left[\bar{m}(s, Y_\mu(s))^2 \right] ds, \quad (5.3.41)$$

其中, $Y_\mu(s)$ 服从随机过程

$$dY_\mu(s) = \frac{1}{2}\alpha \left(-2\rho\sigma\sigma_l - 2rY_\mu(s) + \frac{(\alpha + 1)\sigma^2}{Y_\mu(s)} \right) ds + \alpha\sigma d\bar{Z}_1(s), \quad Y_\mu(t) = S^{-2\alpha}. \quad (5.3.42)$$

5.3.4　扩展 HJB 方程组的解和最优时间一致资产负债管理策略

整理上面的结果可以得到如下定理.

定理5.2　扩展 HJB 方程组的解 $J(t, W, L, S)$、$g(t, W, L, S)$ 如下, 如果 $\alpha \neq 0$,

$$J(t, W, L, S) = W \exp(r(T - t)) + \tilde{g}(t, L, S) + \tilde{l}(t, S) - \tilde{v}(t, L, S), \quad (5.3.43)$$

$$g(t, W, L, S) = W \exp(r(T - t)) + \tilde{g}(t, L, S) + \tilde{l}(t, S), \tag{5.3.44}$$

其中,

$$\tilde{l}(t, S) = \frac{(2\alpha + 1)(r - \mu)^2 \left(2\alpha r(T - t) + e^{2\alpha r(t-T)} - 1\right)}{4\alpha\gamma r^2}$$

$$- \frac{(r - \mu)^2 S^{-2\alpha} \left(e^{2\alpha r(t-T)} - 1\right)}{2\alpha\gamma r\sigma^2}, \tag{5.3.45}$$

$$\tilde{v}(t, L, S) = L^2 h(t, S) + k(t, S), \tag{5.3.46}$$

$$k(t, S) = \frac{(2\alpha + 1)(r - \mu)^2 \left(2\alpha\mu(T - t) + e^{2\alpha\mu(t-T)} - 1\right)}{8\alpha\gamma\mu^2}$$

$$- \frac{(r - \mu)^2 S^{-2\alpha} \left(e^{2\alpha\mu(t-T)} - 1\right)}{4\alpha\gamma\mu\sigma^2}, \tag{5.3.47}$$

且 $\tilde{g}(t, L, S)$ 具有如下的概率表示:

$$\tilde{g}(t, L, S) = \int_t^T \tilde{\mathbb{E}}_t[\tilde{L}(s)e^{T-s}]\mathrm{d}s, \tag{5.3.48}$$

这里 $\tilde{S}(s)$、$\tilde{L}(s)$ 满足如下的随机微分方程组:

$$\frac{\mathrm{d}\tilde{S}(s)}{\tilde{S}(s)} = r\mathrm{d}s + \sigma\tilde{S}(s)^\alpha \mathrm{d}\tilde{Z}_1(s), \quad \tilde{S}(t) = S. \tag{5.3.49}$$

$$\frac{\mathrm{d}\tilde{L}(s)}{\tilde{L}(s)} = \left(\mu_l + \frac{\rho\sigma_l(r - \mu)\tilde{S}(s)^{-\alpha}}{\sigma}\right)\mathrm{d}s + \sigma_l\left(\sqrt{1 - \rho^2}\mathrm{d}\tilde{Z}_2(s) + \rho\mathrm{d}\tilde{Z}_1(s)\right). \tag{5.3.50}$$

其中, $\tilde{Z}_1(s)$、$\tilde{Z}_2(s)$ 表示 $\tilde{\mathbb{P}}$-测度下的两个独立的一维标准布朗运动. 进一步地, 有

$$\tilde{g}(t, L, S) = Lm(t, S).$$

$m(t, S)$ 和 $h(t, S)$ 可以分别表示为

$$m(t, S) = \int_t^T e^{(T-s)r}\tilde{\mathbb{E}}_t\left[\exp\int_t^s \frac{(\sigma\mu_l + \rho Y_r(\tau)\sigma_l(r - \mu))}{\sigma}\mathrm{d}\tau\right]\mathrm{d}s, \tag{5.3.51}$$

$$h(t, S) = \frac{1}{2}\gamma\left(1 - \rho^2\right)\sigma_l^2 \int_t^T e^{(s-t)(2\mu_l+\sigma_l^2)}\tilde{\mathbb{E}}_t\left[m(s, Y_\mu(s)^{-1/(2\alpha)})^2\right]\mathrm{d}s, \tag{5.3.52}$$

且 $Y_r(s)$、$Y_\mu(s)$ 满足如下的随机微分方程:

$$dY_r(s) = \frac{1}{2}\alpha\left(-2\rho\sigma\sigma_l - 2rY_r(s) + \frac{(\alpha+1)\sigma^2}{Y_r(s)}\right)ds + \alpha\sigma d\bar{Z}_1(s), \tag{5.3.53}$$

$$dY_\mu(s) = \frac{1}{2}\alpha\left(-2\rho\sigma\sigma_l - 2rY_\mu(s) + \frac{(\alpha+1)\sigma^2}{Y_\mu(s)}\right)ds + \alpha\sigma d\bar{Z}_1(s), \tag{5.3.54}$$

且 $Y_r(t) = Y_\mu(t) = S^{-2\alpha}$，其中 $\bar{Z}_1(s)$ 表示 $\mathbb{P}$-测度下的一维标准布朗运动过程. 而当 $\alpha = 0$ 时, 相应的解为

$$J(t, W, L, S) = J(t, W, L) = W\exp(r(T-t)) + \tilde{g}(t, L) + \tilde{l}(t) - \tilde{v}(t, L), \tag{5.3.55}$$

$$g(t, W, L, S) = g(t, W, L) = W\exp(r(T-t)) + \tilde{g}(t, L) + \tilde{l}(t), \tag{5.3.56}$$

其中,

$$\tilde{l}(t) = \frac{(r-\mu)^2(T-t)}{\gamma\sigma^2}, \tag{5.3.57}$$

$$\tilde{v}(t, L) = L^2 h(t) + k(t), \tag{5.3.58}$$

$$k(t) = \frac{(r-\mu)^2(T-t)}{2\gamma\sigma^2}, \tag{5.3.59}$$

$$\tilde{g}(t, L) = Lm(t), \tag{5.3.60}$$

$$m(t) = \frac{\sigma\left(e^{r(T-t)} - e^{-\frac{(t-T)(\sigma\mu_l + \rho\sigma_l(r-\mu))}{\sigma}}\right)}{-\sigma\mu_l + \rho\sigma_l(\mu-r) + r\sigma}, \tag{5.3.61}$$

$$h(t) = \frac{1}{2}\gamma\left(1-\rho^2\right)\sigma_l^2\int_t^T m(s)^2 e^{(s-t)(2\mu_l + \sigma_l^2)}ds. \tag{5.3.62}$$

定理 5.3 给出了对应的资产负债管理策略的显式表达, 并验证了定理 5.2 给出的扩展 HJB 方程组的解即为原始时间不一致最优资产负债管理问题的解.

定理 5.3　对于资产负债管理问题式(5.2.4)和式(5.2.5), 定理 5.2 给出的扩展 HJB 方程组的候选解 $J(t, W, L, S)$、$g(t, W, L, S)$ 分别为原始优化问题的值函数和均值函数. 如果 $\alpha > 0$, 相应的最优时间一致投资策略 w^* 为

$$w^* = -\frac{(r-\mu)S^{-2\alpha}e^{r(t-T)}\left(\mu + (r-\mu)e^{2\alpha r(t-T)}\right)}{\gamma r\sigma^2}$$

$$-\frac{LS^{-\alpha}e^{r(t-T)}\left(\rho\sigma_l m(t, S) + \sigma m_S S^{\alpha+1}\right)}{\sigma}. \tag{5.3.63}$$

如果 $\alpha = 0$, 相应的投资策略则简化为

$$w^* = -\frac{(r-\mu)e^{r(t-T)}}{\gamma\sigma^2} - \frac{L\rho\sigma_l m(t)e^{r(t-T)}}{\sigma}. \tag{5.3.64}$$

证明 将定理 5.2 中的 $J(t,W,L,S)$、$g(t,W,L,S)$ 分别代入式(5.3.14)、式 (5.3.63)及式(5.3.64). 根据定理 5.1, 只需要验证 $J(t,W,L,S)$、$g(t,W,L,S)$ 满足一致 可积条件即可, 详见附录 D.3.

一旦得到了最优时间一致投资策略, 就可以得到投资组合的财富演化过程及 有效前沿, 并得到如下结果.

推论5.1 *最优投资组合的终端财富为*

$$\begin{aligned}
W^*(T) = {} & W\exp(r(T-t)) + \int_t^T \Bigg(L(s)\Big(\frac{\rho\sigma_l(r-\mu)S(s)^{-\alpha}m(s,S(s))}{\sigma} \\
& + (r-\mu)S(s)m^{(0,1)}(s,S(s)) + e^{r(T-s)}\Big) \\
& + \frac{(r-\mu)^2 S(s)^{-2\alpha}\big(\mu+(r-\mu)e^{2\alpha r(s-T)}\big)}{\gamma r\sigma^2}\Bigg)\mathrm{d}s \\
& + \int_t^T \Bigg(L(s)\Big(-\rho\sigma_l m(s,S(s)) - \sigma S(s)^{\alpha+1}m^{(0,1)}(s,S(s))\Big) \\
& - \frac{(r-\mu)S(s)^{-\alpha}\big(\mu+(r-\mu)e^{2\alpha r(s-T)}\big)}{\gamma r\sigma}\Bigg)\mathrm{d}Z_1(s). \tag{5.3.65}
\end{aligned}$$

证明 将最优时间一致投资策略式 (5.3.63) 代入财富过程式(5.2.4) 中有

$$\begin{aligned}
\mathrm{d}W^*(s) = {} & \Bigg(\frac{\rho\sigma_l L(s)(r-\mu)e^{r(s-T)}S(s)^{-\alpha}m(s,S(s))}{\sigma} \\
& - \mu L(s)S(s)e^{r(s-T)}m^{(0,1)}(s,S(s)) + rL(s)S(s)e^{r(s-T)}m^{(0,1)}(s,S(s)) \\
& + L(s) + \frac{(r-\mu)^2 S(s)^{-2\alpha}e^{r(s-(2\alpha+1)T)}\big(-\mu e^{2\alpha rs} + re^{2\alpha rs} + \mu e^{2\alpha rT}\big)}{\gamma r\sigma^2} \\
& + rW^*(s)\Bigg)\mathrm{d}s + \Bigg(-\rho\sigma_l L(s)e^{r(s-T)}m(s,S(s)) \\
& - \sigma L(s)e^{r(s-T)}S(s)^{\alpha+1}m^{(0,1)}(s,S(s)) \\
& - \frac{(r-\mu)e^{r(s-T)}S(s)^{-\alpha}\big(\mu-\mu e^{2\alpha r(s-T)} + re^{2\alpha r(s-T)}\big)}{\gamma r\sigma}\Bigg)\mathrm{d}Z_1(s). \tag{5.3.66}
\end{aligned}$$

根据伊藤引理有

$$\mathrm{d}\big(W^*(s)\exp(r(T-s))\big)$$

$$
= \left(L(s) \left(\frac{\rho \sigma_l (r - \mu) S(s)^{-\alpha} m(s, S(s))}{\sigma} + (r - \mu) S(s) m^{(0,1)}(s, S(s)) + \mathrm{e}^{r(T-s)} \right) \right.
$$

$$
\left. + \frac{(r - \mu)^2 S(s)^{-2\alpha} \left(\mu + (r - \mu) \mathrm{e}^{2\alpha r(s-T)} \right)}{\gamma r \sigma^2} \right) \mathrm{d}s
$$

$$
+ \left(L(s) \left(-\rho \sigma_l m(s, S(s)) - \sigma S(s)^{\alpha+1} m^{(0,1)}(s, S(s)) \right) \right.
$$

$$
\left. - \frac{(r - \mu) S(s)^{-\alpha} \left(\mu + (r - \mu) \mathrm{e}^{2\alpha r(s-T)} \right)}{\gamma r \sigma} \right) \mathrm{d}Z_1(s),
$$

求解这个随机微分方程可以得到式 (5.3.65).

注记5.3　根据定理 5.2, 有

$$
\mathbb{E}_t[W^*(T)] = W \exp(r(T - t)) + \tilde{g}(t, L, S) + \frac{\gamma \tilde{l}(t, S)}{\gamma}, \tag{5.3.67}
$$

$$
\mathbb{V}\mathrm{ar}_t[W^*(T)] = W \exp(r(T - t)) + \tilde{g}(t, L, S) + \frac{\gamma(\tilde{l}(t, S) + k(t, S))}{\gamma} + \gamma L^2 \frac{h(t, S)}{\gamma}. \tag{5.3.68}
$$

注意到 $\tilde{g}(t, L, S)$、$\gamma \tilde{l}(t, S)$、$\gamma k(t, S)$、$\dfrac{h(t, S)}{\gamma}$ 不依赖于 γ, 因此由式 (5.3.67) 可以得到

$$
\frac{1}{\gamma} = \frac{(\mathbb{E}_t[W^*(T)] - W \exp(r(T - t)) - \tilde{g}(t, L, S))}{\gamma \tilde{l}(t, S)}, \tag{5.3.69}
$$

将其代入式 (5.3.68) 中有

$$
\mathbb{V}\mathrm{ar}_t[W^*(T)]
$$

$$
= \mathbb{E}_t[W^*(T)] + \frac{1}{\gamma} \gamma k(t, S) + \gamma L^2 \frac{h(t, S)}{\gamma}
$$

$$
= \mathbb{E}_t[W^*(T)] + \frac{(\mathbb{E}_t[W^*(T)] - W \exp(r(T - t)) - \tilde{g}(t, L, S))}{\gamma \tilde{l}(t, S)} \gamma k(t, S)
$$

$$
+ L^2 \frac{h(t, S)}{\gamma} \frac{\gamma \tilde{l}(t, S)}{(\mathbb{E}_t[W^*(T)] - W \exp(r(T - t)) - \tilde{g}(t, L, S))}
$$

$$
= \mathbb{E}_t[W^*(T)] + (\mathbb{E}_t[W^*(T)] - W \exp(r(T - t)) - \tilde{g}(t, L, S)) / \gamma \tilde{l}(t, S) \gamma k(t, S)
$$

$$
+ L^2 \frac{h(t, S)}{\gamma} \frac{\gamma \tilde{l}(t, S)}{(\mathbb{E}_t[W^*(T)] - W \exp(r(T - t)) - \tilde{g}(t, L, S))}, \tag{5.3.70}
$$

即为投资组合理论中的有效前沿.

下文中, 将讨论模型在特殊参数下的结果, 并分析最优时间一致投资策略的经济含义.

推论 5.2(无负债情形) 如果 $L = 0$, 即没有负债, 则最优时间一致投资策略简化为

$$w_{sf}^* = -\frac{(r-\mu)S^{-2\alpha}\mathrm{e}^{r(t-T)}\left(\mu + (r-\mu)\mathrm{e}^{2\alpha r(t-T)}\right)}{\gamma r \sigma^2}, \tag{5.3.71}$$

相应的值函数和均值函数分别简化为

$$J_{sf}(t, W, L, S) = W\exp(r(T-t)) + \tilde{l}(t, S) - k(t, S), \tag{5.3.72}$$

$$g_{sf}(t, W, L, S) = W\exp(r(T-t)) + \tilde{l}(t, S), \tag{5.3.73}$$

与 Basak 和 Chabakauri(2010) 研究中推论 1 的结果相同. 进一步地, 令

$$w_{lbt}^* = -\frac{LS^{-\alpha}\mathrm{e}^{r(t-T)}\left(\rho\sigma_l m(t, S) + \sigma m_S S^{\alpha+1}\right)}{\sigma}, \tag{5.3.74}$$

$$J_{lbt}(t, W, L, S) = L^2 h(t, S), \tag{5.3.75}$$

$$g_{lbt}(t, W, L, S) = \tilde{g}(t, L, S), \tag{5.3.76}$$

可以得知 w_{lbt}^* 表示由负债导致的额外投资需求. 同时, $\tilde{g}(t, L, S)$ 表示由负债导致的期望财富的变化; $L^2 h(t, S)$ 表示由负债导致的额外风险. 值函数可以表示为

$$J(t, W, L, S) = (W + \exp\left(-(T-t)r\right)(\tilde{g}(t, L, S) - L^2 h(t, S)))\exp(r(T-t))$$

$$+ \tilde{l}(t, S) - k(t, S), \tag{5.3.77}$$

这意味着在均值–方差准则下负债过程相应的确定性等价终值为 $\tilde{g}(t, L, S) - L^2 h(t, S)$.

注记 5.4 由 Basak 和 Chabakauri(2010) 的研究, w_{sf}^* 可以分解为两部分:

$$w_{sf\text{myopic}}^* = -\frac{(r-\mu)S^{-2\alpha}\mathrm{e}^{r(t-T)}}{\gamma\sigma^2}, \tag{5.3.78}$$

$$w_{sf\text{dhedge}}^* = -\frac{(r-\mu)^2 S^{-2\alpha}\mathrm{e}^{r(t-T)}\left(\mathrm{e}^{2\alpha r(t-T)} - 1\right)}{\gamma r \sigma^2}. \tag{5.3.79}$$

前者是为优化下一瞬间目标而导致的短视投资需求, 也称为凯利准则. 后者是为了对冲 CEV 模型中的波动率风险而导致的跨期对冲需求. 当 $\alpha = 0$ 时, 由于随机波动率不复存在, 此时的跨期对冲需求也就消失了.

推论5.3(完全相关情形)　如果 $\rho = \pm 1$, 即风险资产和债务由同一风险源驱动, 那么 $h(t, S) = 0$, 这意味着此时负债最终不会引入额外的风险.

注记5.5　注意到随机过程式(5.3.49)的漂移项系数为 r, 因此 $\tilde{\mathbb{P}}$-测度本质上是一个风险中性测度, 因此式(5.3.50) 定义的 $\tilde{L}(s)$ 本质上描述了风险中性测度下的负债过程. 进而式(5.3.48)中给出的 $\tilde{g}(t, L, S)$ 本质上是负债在风险中性测度下的累积期望贴现. 由于在一般情形下市场是非完备的, 因此相应的风险中性测度并不唯一, 而 $J_{lbt}(t, W, L, S)$ 则表示了债务的不可对冲风险. 然而在完备市场情形下, 即 $\rho = \pm 1$ 时, 由于债务的风险过程总是可以完全对冲的, 因此 $J_{lbt}(t, W, L, S) = 0$, 此时的确定性等价定价和无套利定价吻合.

推论5.4(完全不相关情形)　如果 $\rho = 0$, 即金融市场的风险完全独立于债务风险, 则有

$$m(t, S) = \int_t^T e^{(T-s)r} \bar{\mathbb{E}}_t \left[\exp \int_t^s \frac{(\sigma\mu_l + \rho Y_r(\tau)\sigma_l(r - \mu))}{\sigma} d\tau \right] ds \big|_{\rho=0}$$

$$= \int_t^T e^{(T-s)r} \left(\exp \int_t^s \mu_l d\tau \right) ds$$

$$= \frac{e^{r(T-t)} - e^{\mu_l(T-t)}}{r - \mu_l},$$

$$h(t, S) = \frac{1}{2}\gamma \left(1 - \rho^2\right) \sigma_l^2 \int_t^T e^{(s-t)(2\mu_l + \sigma_l^2)} \bar{\mathbb{E}}_t \left[m(s, Y_\mu(s))^2 \right] ds \big|_{\rho=0}$$

$$= \frac{1}{2}\gamma\sigma_l^2 \left(\frac{e^{\mu_l(T-t)} \left(e^{(T-t)(\mu_l + \sigma_l^2)} - 1 \right)}{\left(\mu_l + \sigma_l^2\right)(\mu_l - r)} + \frac{e^{r(T-t)} - e^{(T-t)(2\mu_l + \sigma_l^2)}}{(r - \mu_l)\left(-2\mu_l - \sigma_l^2 + r\right)} \right),$$

这进一步意味着 $\tilde{g}(t, L, S)$ 和 $\tilde{v}(t, L, S)$ 均不再依赖于市场状态 S. 进一步地, 相应的投资策略也同样简化为 w_{sf}^*.

注记5.6　如果 $\rho = 0$, 投资风险资产无助于对冲债务风险. 从无套利定价的视角来看, 债务并不能通过交易风险资产来实现资金流复制, 因此债务的价值也就不再依赖于金融市场, 而只与自身有关.

推论5.5　当 $\gamma \to \infty$, 如果 $\alpha > 0$, 相应的最优时间一致投资策略 w^* 为

$$w^* = -\frac{LS^{-\alpha}e^{r(t-T)}\left(\rho\sigma_l m(t, S) + \sigma m_S S^{\alpha+1}\right)}{\sigma}. \tag{5.3.80}$$

如果 $\alpha = 0$, 相应的投资策略则简化为

$$w^* = -\frac{L\rho\sigma_l m(t)e^{r(t-T)}}{\sigma}. \tag{5.3.81}$$

注记5.7 当 $\gamma \to \infty$, 投资者极度风险厌恶, 只进行债务风险管理, 所以自融资组合选择不持有任何风险资产.

注记5.8 令 $w_{lbt\_s}^* = -\dfrac{LS^{-\alpha}\mathrm{e}^{r(t-T)}\rho\sigma_l m(t,S)}{\sigma}, w_{lbt\_d}^* = -\dfrac{LS^{-\alpha}\mathrm{e}^{r(t-T)}\sigma m_S S^{\alpha+1}}{\sigma}$. $w_{lbt\_s}^*$、$w_{lbt\_d}^*$ 均不依赖于风险厌恶系数 γ, 也就是说由债务导致的额外的对冲需求是不依赖于投资者偏好的. 和前几章讨论过的静态对冲投资策略类似, $w_{lbt\_s}^*$ 也为静态对冲需求, 旨在对冲随机资金流变化的不确定性, 与随机资金流的瞬时变化和风险资产瞬时收益率的协方差除以风险资产的瞬时波动率有关. 不同的是, 因为几何布朗运动资金流具有一定的状态依赖性, 即当期资金流的变化会影响未来资金流的变化, 所以在进行静态对冲时需要将当期资金流的变化不确定性, 以及该不确定性导致的后续所有不确定性都考虑进来, 这便是 $m(t)$ 乘子的金融学含义. $w_{lbt\_d}^*$ 相当于是德尔塔对冲需求, 旨在对冲市场状态变化导致的随机资金流的确定性等价值变化, 其仍然等于随机资金流的确定性等价对价格的一阶偏导数.

我们将上述推论整理成表 5.1.

表 5.1 不同债务和 CEV 模型及风险厌恶参数下的最优时间一致资产负债管理策略结构

参数	$w_{sfmyopic}^*$	$w_{sfdhedge}^*$	$w_{lbt\_s}^*$	$w_{lbt\_d}^*$	模型
$\alpha = 0, L = 0$	✓				几何布朗运动模型下的资产配置
$\alpha = 0, \rho = 0$	✓				几何布朗运动模型下带独立风险的资产负债管理
$\alpha \neq 0, L = 0$	✓	✓			CEV 模型下的资产配置
$\alpha \neq 0, \rho = 0$	✓	✓			CEV 模型下带独立风险的资产负债管理
$\alpha = 0, L\rho \neq 0$	✓		✓		几何布朗运动模型下带相依风险的资产负债管理
$\alpha = 0, \gamma \to \infty$			✓		几何布朗运动模型下的负债对冲问题
$\alpha \neq 0, \gamma \to \infty$			✓	✓	CEV 模型下的负债对冲问题
$\alpha \neq 0, L\rho \neq 0$	✓	✓	✓	✓	CEV 模型下带相依风险的资产负债管理

5.4 本章小结

本章基于 CEV 模型, 在均值–方差准则下研究了最优时间一致资产负债管理问题, 特别地, 本章使用 CEV 模型刻画风险资产的价格过程, 并且假设驱动债务过程的布朗运动和驱动风险资产价格过程的布朗运动之间具有一定的相关性, 即债务和金融市场之间存在部分风险相依. 通过综合运用时间不一致随机控制理论、变量替换技巧以及 Feynman-Kac 公式, 最终得到值函数、均值函数及最优时间一致资产负债管理策略的显式解. 针对特殊的债务和 CEV 模型参数详细讨论了最优策略的经济含义.

　　本章的结果表明, 之前基于算术布朗运动随机资金流的非自融资组合得出的两个重要结论仍然可以推广到几何布朗运动随机资金流的情形. 非自融资组合的选择问题仍然等价于新初始禀赋下自融资组合的选择问题. 投资策略仍然由短视投资需求、动态对冲需求、静态对冲需求和德尔塔对冲需求四部分组成, 其中静态对冲需求和德尔塔对冲需求与偏好的大小及形式无关. 不同的是, 在几何布朗运动假设下, 资金流的变化是依赖于状态的, 所以资金流的瞬时变化会影响到所有后续时刻, 因而对应的额外对冲需求也需要综合考虑资金流瞬时变化引起的所有后续风险.

第6章 CEV 模型下基于 CARA 效用和动态 VaR 约束的 DC 型年金最优投资策略

第 2~5 章分别基于期望效用函数和均值–方差目标研究了几个保险组合优化问题, 其中使用的两类资金流分别对应于财险业务和资产负债管理业务, 本章考虑寿险业务. 年金是另一种重要的寿险产品, 其累积期的缴费通常是固定的, 其特殊的用途对组合管理提出了额外要求. 具体而言, 除终端财富分布之外, 投资者还关心实现终端财富的具体路径, 一般要求在存续期内组合必须满足一定的动态风险约束条件.

基于效用优化和风险管理相结合的视角, 本章在 CEV 模型下研究带有动态 VaR 约束的 DC 型企业年金的最优投资问题. 除优化终端期望效用外, 在财富积累过程中组合需要满足动态 VaR 风险预算约束条件, 即在每次决策时要保证未来一段时间内的最大损失在一定置信度下不超过某一预设额度. 本章首先将动态 VaR 约束转换为风险资产的投资额度条件, 然后根据随机最优控制理论建立带约束的 HJB 方程; 其次, 根据第 2~5 章得到的非自融资组合的值函数形式简化方程, 同时得到最优投资策略的一些性质; 最后, 由多期二叉树模型给出最优投资策略的数值解, 并讨论参数变化对策略的影响.

6.1 引　　言

随着人口老龄化时代的到来, 居民养老金的偿付压力日趋增大, 年金成为公共养老金之外的重要补充方式. 根据国际流行做法, 年金主要有 DB 型和 DC 型两种形式. 我国现行法律规定企业年金采用完全积累的 DC 型制度. 在 DC 型年金中, 只需要事先确定固定的缴费额度. 账户运作过程中的投资风险和收益均由职工承担, 退休时的给付水平与个人账户实际积累额直接联系.

近年来已有大量文献基于 CEV 模型研究了 DC 型年金的配置问题, 如 Xiao 等 (2007)、Gao (2009a, 2009b)、Jung 和 Kim (2012)、张初兵和荣喜民 (2012) 等的研究. 然而, 除考虑终端目标最优外, 年金在运作过程中还须满足各种风险约束条件. VaR 是一种常用的风险测度, 其给出了一段时间内一定置信度下的组合最大可能损失. 近年来, 基于 VaR 风险测度的组合管理问题引起了广泛的关注. 如 Basak 和 Shapiro (2001) 在几何布朗运动假设下利用鞅方法研究了含静态终端 VaR 约束的最优投资组合问题; Campbell 等 (2001) 在经典的单期均值–方差分析框架下研究了带 VaR 约束的组合优化问题.

实际投资中, 除财富在到期日面临的风险外, 运作过程中的风险也需要考虑. 监管要求金融机构以固定周期对组合面临的风险进行持续评估, 并使之保持在合理范围内, 这便是动态风险约束. 例如, 《巴塞尔协议》中要求金融机构至少每日评估其 VaR 风险. Yiu (2004) 在几何布朗运动市场中研究了动态 VaR 风险约束下的最优投资消费问题, 给出了最优投资策略的数值解; 伊博等 (2012) 研究了 Stein-Stein 随机波动率模型下带动态 VaR 约束的最优投资组合选择问题; 孙景云等 (2019) 在类似假设下考虑了 DC 型养老金的最优投资策略; 曹原 (2015) 在 Heston 随机波动率下研究了带动态 VaR 约束的组合选择问题.

然而目前尚无文献在 CARA 效用函数下同时考虑具有动态 VaR 风险预算约束和 CEV 随机波动率的 DC 型年金最优投资问题. 虽然 CEV 模型和 Stein-Stein 模型同为随机波动率模型, 但不同的是, CEV 模型下的市场风险价格是随机的, 而 Stein-Stein 随机波动率下的市场风险价格却是常数 [见伊博等 (2012)、孙景云等 (2019) 的研究]. 因而在伊博等 (2012)、孙景云等 (2019) 的研究中, 随机波动率仅决定动态 VaR 风险预算约束, 并不影响间接效用函数, 故容易得到显式解.

本章拟在参考 Gao(2009a, 2009b)、孙景云等 (2019) 的研究的基础上, 同时考虑含动态 VaR 约束和 CEV 随机波动率的 DC 型年金组合优化问题. 假定风险资产价格过程满足 CEV 模型, 年金缴费为确定常数, 投资者的目标为优化终端财富对应 CARA 期望效用. 年金组合同时受到动态 VaR 风险约束, 即在组合存续的每一时刻要求未来一小段时间内的最大损失在某一置信水平下不超过一定限度. 由于 CEV 随机波动率和 VaR 风险预算约束的引入, 直接得到显式解较为困难, 故与第 2~5 章不同, 本章采取理论推导和数值计算相结合的方法求解约束最优投资策略.

本章的主要贡献体现在三个方面: ①相比于 Gao(2009b) 只考虑效用函数优化问题, 本章考虑了 VaR 约束;②相比于其他考虑 VaR 约束模型的文献 (如伊博等, 2012; 孙景云等, 2019), 本章使用的 CEV 模型的市场风险价格是随机的, 因而更加符合现实;③本章发展了新的约束最优投资策略数值求解算法.

本章剩余部分结构安排如下: 首先在 6.2 节中给出基本模型, 并参考 Yiu (2004)、孙景云等 (2019) 的处理方法, 将动态 VaR 风险预算约束转换为风险资产投资权重条件, 从而将问题转换为受约束随机最优控制问题; 接着在 6.3 节参考第 2~5 章非自融资组合的性质得到约束解的一些重要特征, 并给出几何布朗运动下的显式解; 随后在 6.4 节针对一般的 CEV 模型, 构建多期二叉树, 利用逆向归纳和网格搜索方法求解最优投资策略的数值解; 最后 6.5 节给出结论.

6.2 模 型 建 立

本节首先给出一些基础假设, 然后基于此建立 DC 型企业年金在动态 VaR 约束下的最优投资问题.

考虑一个定义在 $[t, T]$ 时间段内的连续时间马尔可夫经济, 所有不确定性由满足通常条件的赋域空间 $(\Omega, \mathscr{F}, \{\mathscr{F}_s\}_{t \leqslant s \leqslant T}, \mathbb{P})$ 刻画. 这里 $\mathscr{F}_s = \sigma(Z_1(s))$ 表示截至 $s(t \leqslant s \leqslant T)$ 时刻经济体中的所有可用信息; $Z_1(s)$ 表示定义在 $\mathbb{P}$ 测度上的标准一维布朗运动, 是金融市场的唯一风险源. 在后文中, 不加显式说明地假设所有随机过程和随机变量均适应于域流 $\{\mathscr{F}_s\}_{t \leqslant s \leqslant T}$, 以及涉及的所有随机变量的矩均是良好定义的. 进一步, 做出如下假定.

(1) 资产可以无限拆分且交易可以在 $[t, T)$ 内连续进行.

(2) 没有各种交易税费.

(3) 没有买空、卖空交易限制且借贷利率相等.

6.2.1 财富过程

不失一般性, 假定年金组合可以投资于一只无风险资产 (银行账户) 和一只风险资产, 无风险资产的价格过程为

$$\frac{\mathrm{d}B(s)}{B(s)} = r\mathrm{d}s, \quad B(t) = 1, \tag{6.2.1}$$

其中, $r > 0$ 表示无风险利率. 股票的价格过程 $S(s)$ 满足 CEV 模型:

$$\frac{\mathrm{d}S(s)}{S(s)} = \mu\mathrm{d}s + \sigma S(s)^\alpha \mathrm{d}Z_1(s), \quad S(t) = S > 0, \tag{6.2.2}$$

其中, $\mu > r$ 表示期望瞬时收益率; $\sigma > 0$ 表示常数; 2α 表示弹性方差系数; $\sigma S(s)^\alpha$ 表示瞬时波动率. 由于当 $\alpha \in [-1/2, 0)$ 时, 价格能以一定的概率触及 0, 为了排除风险资产破产的可能, 这里假设 $\alpha \in (-\infty, -1/2) \bigcup [0, \infty)$.

本章仅考虑年金积累期的投资策略, 假定投资者以确定的速率进行缴费, 即

$$\mathrm{d}R(s) = \mu_m \mathrm{d}s, \quad R(t) = W, \tag{6.2.3}$$

其中, μ_m 为常数, 表示缴费额度.

令 w_s 表示投资者在时刻 $s \in [t, T]$ 投资于风险资产的资金, 则剩余 $W(s) - w_s$ 的资产投资于无风险资产. 于是在策略 w_s 下, 投资组合净值 $W(s)$ 的动态演化过程为

$$\mathrm{d}W(s) = \frac{\mathrm{d}B(s)(W(s) - w_s)}{B(s)} + \frac{w_s \mathrm{d}S(s)}{S(s)} + \mathrm{d}R(s)$$

$$= (\mu_m - rw_s + rW(s) + \mu w_s)\,\mathrm{d}s + \sigma w_s S(s)^{\alpha}\mathrm{d}Z_1(s). \tag{6.2.4}$$

称投资策略 w_s 是可容许的, 如果 $\forall s \in [t, T], w_s$ 是 $\mathscr{F}_s$ 可测的, 且式(6.2.4) 有唯一强解及 $E_t\left[\int_t^T (w_s S(s)^{\alpha})^2\mathrm{d}s\right] < \infty$. 令 $\mathscr{A}$ 表示所有的可容许策略集合. 给定初始财富 $W(t) = W$ 和即期价格 $S(t) = S$, 投资者试图最大化终端财富 $W(T)$ 对应的期望效用, 即

$$\max_{w_s\in\mathscr{A}} \mathbb{E}[U(W_T)|W(t) = W, S(t) = S], \tag{6.2.5}$$

其中, $U(\cdot)$ 表示效用函数并满足 $U'(W) > 0, U''(W) < 0$, 特别地, 假设投资者具有 CARA 偏好, 即

$$U(W) = \frac{-\mathrm{e}^{-\gamma W}}{\gamma}, \tag{6.2.6}$$

其中, $\gamma = -U''(W)/U'(W) > 0$ 表示绝对风险厌恶系数.

6.2.2 动态 VaR 风险预算约束

假设年金组合在优化终端财富对应期望效用的同时, 还面临动态 VaR 风险预算约束. 下面将由风险预算约束推导出风险资产投资额度区间.

根据伊藤引理, $\forall u > t$ 时刻, 财富过程的解可以表示为

$$W(u) = \exp\left(r(u - t)\right)\left(W + \int_t^u \mathrm{e}^{-r(s-t)}\left(\mu_m - rw_s + \mu w_s\right)\mathrm{d}s\right.$$

$$\left. + \int_t^u \mathrm{e}^{-r(s-t)}\sigma w_s S(s)^{\alpha}\mathrm{d}Z_1(s)\right). \tag{6.2.7}$$

对于 $u = s + \tau$, 如果时间间隔 τ 非常小的话, 就可以忽略掉投资策略 w_s 和风险资产波动率 $\sigma S(s)^{\alpha}$ 的变化, 那么组合的财富可以简化为

$$W(s + \tau) = W(s)\mathrm{e}^{r\tau} + \frac{\mathrm{e}^{r\tau} - 1}{r}(\mu_m - rw_s + \mu w_s)$$

$$+ \sigma w_s S(s)^{\alpha}\int_s^{s+\tau}\mathrm{e}^{-r(s_1-s)}\mathrm{d}Z_1(s_1). \tag{6.2.8}$$

记

$$A(s + \tau) := \sigma w_s S(s)^{\alpha}\int_s^{s+\tau}\mathrm{e}^{-r(s_1-s)}\mathrm{d}Z_1(s_1),$$

则显然有

$$A(s + \tau) \sim N\left(0, \frac{\mathrm{e}^{2r\tau} - 1}{2r}\sigma^2 w_s^2 S(s)^{2\alpha}\right),$$

其中, N 表示正态分布. 定义 s 时刻的动态 VaR 值为

$$\text{VaR}_s^{\beta,\tau} = \inf\{M \in \mathbb{R} : P(W(s+\tau) - W(s)e^{r\tau} \leqslant -M | \mathscr{F}_s) \leqslant \beta\},$$

表示在置信水平 $1-\beta$ 下, 在 $[s, s+\tau]$ 区间内可能出现的最大财富损失. 由于

$$P(W(s+\tau) - W(s)e^{r\tau} \leqslant -M)$$
$$= P\left(A(s+\tau) + \frac{e^{r\tau}-1}{r}(\mu_m - rw_s + \mu w_s) \leqslant -M\right)$$
$$= \Phi\left(\frac{\frac{1-e^{r\tau}}{r}(\mu_m - rw_s + \mu w_s) - M}{\sqrt{\mathbb{V}\text{ar}(A(s+\tau))}}\right), \tag{6.2.9}$$

其中, $\Phi(\cdot)$ 表示标准正态分布的累积密度函数. 所以

$$M \geqslant -\frac{e^{r\tau}-1}{r}(\mu_m - rw_s + \mu w_s) - \Phi^{-1}(\beta)\sqrt{\mathbb{V}\text{ar}(A(s+\tau))}, \tag{6.2.10}$$

从而

$$\text{VaR}_s^{\beta,\tau} = -\frac{e^{r\tau}-1}{r}(\mu_m - rw_s + \mu w_s) - \Phi^{-1}(\beta)\sigma|w_s|S(s)^\alpha\sqrt{\frac{e^{2r\tau}-1}{2r}}. \tag{6.2.11}$$

本章假设在投资过程中, 对于任意时间区间 $[s, s+\tau]$, 该时间段内财富的最大可能损失在 $1-\beta$ 的置信水平上不超过 L, 即有

$$-\frac{e^{r\tau}-1}{r}(\mu_m - rw_s + \mu w_s) - \Phi^{-1}(\beta)\sigma|w_s|S(s)^\alpha\sqrt{\frac{e^{2r\tau}-1}{2r}} \leqslant L,$$

等价于

$$\begin{cases} \left(\Phi^{-1}(\beta)\sigma w_s S(s)^\alpha\sqrt{\frac{e^{2r\tau}-1}{2r}}\right)^2 \leqslant \left[L + \frac{e^{r\tau}-1}{r}(\mu_m - rw_s + \mu w_s)\right]^2, \\ L + \frac{e^{r\tau}-1}{r}(\mu_m - rw_s + \mu w_s) \geqslant 0. \end{cases} \tag{6.2.12}$$

其中, 第一行表示投资于风险资产获得的期望收益 (或者承担的损失) 至少不能超过预计设定的最大损失. 由动态风险预算约束式(6.2.12)可以求解出投资策略所需要满足的范围, 从而得到以下引理.

引理6.1 对于年金财富过程式(6.2.4), 令

$$N_1 = \Phi^{-1}(\beta)^2 \frac{\mathrm{e}^{2r\tau} - 1}{2r} > 0, N_2 = \mu_m \frac{\mathrm{e}^{r\tau} - 1}{r} > 0, N_3 = (\mu - r) \frac{\mathrm{e}^{r\tau} - 1}{r\sigma S(s)^\alpha} > 0,$$

$$\hat{w}_1(s) = -\frac{L + N_2}{(\sqrt{N_1} - N_3)\sigma S(s)^\alpha}, \hat{w}_2(s) = \frac{L + N_2}{(\sqrt{N_1} + N_3)\sigma S(s)^\alpha}.$$

对于任意时间区间 $[s, s + \tau]$, 要保证该时间段内财富的最大可能损失在 $1 - \beta$ 的置信水平上不超过 L, 则投资策略必须满足如下条件:

$$\begin{cases} w_s \in [\hat{w}_1(s), \hat{w}_2(s)], & N_1 > N_3^2, \\ w_s \in [\hat{w}_1(s), +\infty), & N_1 < N_3^2. \end{cases} \tag{6.2.13}$$

证明 动态 VaR 约束可以重新表示为

$$\sigma^2 S(s)^{2\alpha}(N_1 - N_3^2)w_s^2 - 2(L + N_2)\sigma S(s)^\alpha N_3 w_s - (L + N_2)^2 \leqslant 0, \tag{6.2.14}$$

$$w_s \geqslant -\frac{N_2 + L}{N_3 \sigma S(s)^\alpha}. \tag{6.2.15}$$

动态 VaR 风险约束式(6.2.14)左侧可以视为一个关于投资策略 w_s 的二次函数, 对应二次方程为

$$(\sqrt{N_1}\sigma w_s S(s)^\alpha - (L + N_2 + w_s N_3 \sigma S(s)^\alpha))$$

$$\times (\sqrt{N_1}\sigma w_s S(s)^\alpha + (L + N_2 + w_s N_3 \sigma S(s)^\alpha)) = 0,$$

其两根分别为 $\hat{w}_1(s)$、$\hat{w}_2(s)$. 根据二次函数的开口方向和单调性关系, 可以得出以下结论.

(1) 当 $N_1 = N_3^2$ 时, 由于价格 $S(s)$ 的随机性, 进而 N_3 也是随机的, 这种状况发生的概率很小, 所以不讨论.

(2) 当 $N_1 > N_3^2$ 时, 抛物线开口向上, 并且有 $\hat{w}_1(s) < \hat{w}_2(s)$, 所以投资策略必须满足 $w_s \in [\hat{w}_1(s), \hat{w}_2(s)]$ 才能保证动态 VaR 风险预算约束.

(3) 当 $N_1 < N_3^2$ 时, 抛物线开口向下, 并且有 $\hat{w}_1(s) > \hat{w}_2(s)$, 所以需要满足 $w_s \in [\hat{w}_1(s), +\infty)$ 或者 $w_s \in (-\infty, \hat{w}_2(s)]$. 结合式(6.2.15), 化简后有 $w_s \in [\hat{w}_1(s), +\infty)$.

注记 6.1 由式(6.2.13)可以知道, 当市场处于低波动环境 ($S(s)^\alpha$ 较小) 时, 有 $N_1 < N_3^2$, 从而动态风险预算约束限定了投资额度的下限. 这是因为必须要投资足够金额的风险资产, 才恰好能实现一定置信范围内的最大损失额度. 当市场处于高波动环境 ($S(s)^\alpha$ 较大) 时, 有 $N_1 > N_3^2$, 动态风险预算约束同时限定了风险资产投资额度的上限和下限. 在给定的置信水平上, 当过度投资时, 最大损失会超过限定额度, 当投资不足时, 最大损失小于限定的额度.

注记6.2 如果令 $N_2 = 0, L = 0$, 即不存在年金缴费, 同时尽可能地不允许有损失, 则式(6.2.15)意味着限制了投资者不能做空. 这是因为风险资产具有正的风险溢价 ($\mu > r$), 风险预算约束不允许承担风险同时获取不到正期望收益的投资行为存在. 如果 $L > 0$, 则允许有部分损失发生, 此时会允许做空; 如果还存在年金缴费 ($\mu_m > 0$), 则进一步会允许更大范围内的做空行为存在.

注记6.3 如果 $\tau \to 0^+$, 则 $N_1 > N_3^2$ 意味着 $|\Phi^{-1}(\beta)| > \dfrac{\sqrt{\tau}(\mu - r)}{\sigma S(s)^\alpha}$, 即 τ 时间段的夏普比率小于 β 分位数绝对值. 对于常见的置信水平, 如 $1 - \beta = 0.95$(对应分位数绝对值为 -1.96) 和权益市场产品 (大多数指数年化夏普比率小于 1), 这个式子是成立的. 因此在下文中主要考虑这种情况, 即说明正常情况下动态风险预算约束同时限制了风险资产的最小和最大投资额度.

6.3　问　题　求　解

本节首先根据随机动态规划原理建立值函数所满足的非线性偏微分方程; 其次, 根据猜测的值函数形式将非线性偏微分方程化简为一个齐次和一个非齐次抛物型偏微分方程; 最后求解这两个方程, 从而给出值函数的显式表达.

6.3.1　受约束 HJB 方程建立及化简

对于最优投资问题式(6.2.4)和式 (6.2.5), 由于资产组合净值的动态预算约束中包含了 W、S 两个状态变量, 所以可以记值函数为

$$J(t, W, S) = \max_{w \in \mathscr{A}} \mathbb{E}[U(W_T) | W(t) = W, S(t) = S]. \tag{6.3.1}$$

由随机最优控制理论可知, 值函数 $J(t, W, S)$ 满足如下的 HJB 方程

$$0 = \max_{w \in \mathscr{A}} \mathscr{A}^w J(t, W, S), \tag{6.3.2}$$

$$\mathscr{A}^w f(t, W, S) = f_W (\mu_m + w(\mu - r) + rW) + \frac{1}{2}\sigma^2 f_{SS} S^{2\alpha+2}$$

$$+ \frac{1}{2}\sigma^2 w^2 f_{WW} S^{2\alpha} + \sigma^2 w f_{WS} S^{2\alpha+1} + \mu S f_S + f_t, \tag{6.3.3}$$

$$J(T, W, S) = U(W), \ \forall S. \tag{6.3.4}$$

在式(6.3.2)中, $\mathscr{A}^w f(t, W, S)$ 表示受控随机过程(6.2.4)的无穷小生成子.

当存在动态 VaR 风险预算约束时, 投资策略还需要满足条件式(6.2.13). 由于这是一个带复杂动态约束条件的动态优化问题, 因此和第 2~5 章的求解方法不同. 首先化简 HJB 方程的维度, 根据无风险约束下自融资组合和非自融资组合的值函数关系, 猜测值函数的形式, 可以得到以下结果.

定理6.1 最优投资问题式(6.2.4)和式 (6.2.5)的值函数具有如下形式:

$$J(t, W, S) = -\frac{\exp(g(t, S)) \exp\left(-\gamma \exp(r(T-t))\left(\frac{\mu_m\left(1 - e^{r(t-T)}\right)}{r} + W\right)\right)}{\gamma}. \quad (6.3.5)$$

其中, $g(t, S)$ 满足约束偏微分方程

$$0 = \min_{w \in \mathscr{A}}\left(\frac{1}{2}\gamma^2\sigma^2 w^2 S^{2\alpha}e^{2r(T-t)} + \gamma w e^{r(T-t)}\left(-\sigma^2 g_S S^{2\alpha+1} - \mu + r\right)\right.$$
$$\left. + \frac{1}{2}\sigma^2 S^{2\alpha+2}\left(g_S^2 + g_{SS}\right) + \mu S g_S + g_t\right). \quad (6.3.6)$$

证明　由式(6.3.5)可以得到

$$J_S/J = g_S, \quad J_{SS}/J = g_S^2 + g_{SS},$$

$$J_W/J = \gamma\left(-e^{r(T-t)}\right), \quad J_{WS}/J = \gamma g_S\left(-e^{r(T-t)}\right),$$

$$J_{WW}/J = \gamma^2 e^{2r(T-t)}, \quad J_t/J = g_t + \gamma e^{r(T-t)}\left(\mu_m + rW\right).$$

将这些偏导数代入式(6.3.3)中, 可以得到

$$0 = \max_{w \in \mathscr{A}}\left[J\left(\frac{1}{2}\gamma^2\sigma^2 w^2 S^{2\alpha}e^{2r(T-t)} + \gamma w e^{r(T-t)}\left(-\sigma^2 g_S S^{2\alpha+1} - \mu + r\right)\right.\right.$$
$$\left.\left. + \frac{1}{2}\sigma^2 S^{2\alpha+2}\left(g_S^2 + g_{SS}\right) + \mu S g_S + g_t\right)\right]. \quad (6.3.7)$$

由于 $J < 0$, 化简可以得到式(6.3.6).

注记6.4　定理 6.1仍然表明非自融资组合和自融资组合对应的值函数存在一定联系, 年金采取分期缴费和趸交在金融意义上是完全等价的, 最终得到的间接效用相等.

6.3.2　受约束最优投资策略

1. $\alpha = 0$ 时的结果

由于式(6.3.6)较为复杂, 先求解 $\alpha = 0$ 的结果, 此时值函数不再依赖于价格状态变量, 从而有 $g_S = 0, g_{SS} = 0$, 故方程可以化简为

$$0 = \min_{w \in \mathscr{A}}\left(\frac{1}{2}\gamma^2\sigma^2 w^2 e^{2r(T-t)} + \gamma w e^{r(T-t)}\left(-\mu + r\right) + g_t\right). \quad (6.3.8)$$

记动态 VaR 风险预算约束下的最优投资策略为 w^*_{VaR}, 投资策略的边界可以简化为

$$\hat{w}_1(s) = -\frac{L + N_2}{\left(\sigma\sqrt{N_1} - (\mu - r)\dfrac{e^{r\tau} - 1}{r}\right)}, \quad \hat{w}_2(s) = \frac{L + N_2}{\left(\sigma\sqrt{N_1} + (\mu - r)\dfrac{e^{r\tau} - 1}{r}\right)}.$$

开口向上抛物线式(6.3.8)的对称轴为 $w^* = \dfrac{e^{-r(T-t)}(\mu - r)}{\gamma\sigma^2}$, 结合风险约束条件式(6.2.13), 有如下结论.

(1) 当 $\Phi^{-1}(\beta)^2 \dfrac{e^{2r\tau} - 1}{2r} > \left((\mu - r)\dfrac{e^{r\tau} - 1}{r\sigma}\right)^2$ 时, 有

$$w^*_{\text{VaR}} = \begin{cases} \hat{w}_1(s), & w^* \leqslant \hat{w}_1(s), \\ w^*, & w^* \in (\hat{w}_1(s), \hat{w}_2(s)), \\ \hat{w}_2(s), & w^* \geqslant \hat{w}_2(s). \end{cases} \tag{6.3.9}$$

(2) 当 $\Phi^{-1}(\beta)^2 \dfrac{e^{2r\tau} - 1}{2r} < \left((\mu - r)\dfrac{e^{r\tau} - 1}{r\sigma}\right)^2$ 时, 有

$$w^*_{\text{VaR}} = \begin{cases} \hat{w}_1(s), & w^* \leqslant \hat{w}_1(s), \\ w^*, & w^* \geqslant \hat{w}_1(s). \end{cases} \tag{6.3.10}$$

同时有

$$g(t) = -\int_t^T \left(\frac{1}{2}\gamma^2\sigma^2(w^*_{\text{VaR}}(s))^2 e^{2r(T-s)} + \gamma w^*_{\text{VaR}}(s)e^{r(T-s)}(-\mu + r)\right)ds. \tag{6.3.11}$$

2. $\alpha \neq 0$ 时的结果

开口向上抛物线式(6.3.6)的对称轴为

$$w^* = \frac{S g_S e^{r(t-T)}}{\gamma} - \frac{(r - \mu)S^{-2\alpha}e^{r(t-T)}}{\gamma\sigma^2}, \tag{6.3.12}$$

即为不存在动态风险约束时的最优投资策略. 结合风险约束条件式(6.2.13), 如果 $N_1 > \left((\mu - r)\dfrac{e^{r\tau} - 1}{r\sigma S(s)^\alpha}\right)^2$, 有

$$w^*_{\text{VaR}} = \begin{cases} \hat{w}_1(s), & w^* \leqslant \hat{w}_1(s), \\ w^*, & w^* \in (\hat{w}_1(s), \hat{w}_2(s)), \\ \hat{w}_2(s), & w^* \geqslant \hat{w}_2(s). \end{cases} \tag{6.3.13}$$

同时 $g(t, S)$ 满足方程

$$\left(\frac{1}{2}\gamma^2\sigma^2(w^*_{\text{VaR}})^2 S^{2\alpha}e^{2r(T-t)} + \gamma w^*_{\text{VaR}}e^{r(T-t)}\left(-\sigma^2 g_S S^{2\alpha+1} - \mu + r\right)\right.$$
$$\left. + \frac{1}{2}\sigma^2 S^{2\alpha+2}\left(g_S^2 + g_{SS}\right) + \mu S g_S + g_t\right) = 0.$$

注意到带 VaR 风险预算约束的投资策略式(6.3.13)由 $g(t, S)$ 决定, 同时 $g(t, S)$ 所满足的偏微分方程式 (6.3.2) 中又包含了投资策略 w^*_{VaR}. 由于式 (6.3.13) 是一个分段函数, 故无法像不存在风险预算约束一样直接将其代入式 (6.3.2) 中以消去 w^*_{VaR}, 以下将使用数值分析的方式进一步求解投资策略.

6.4　数 值 算 例

Yiu (2004) 基于有限差分方法发展了一套数值求解方法, 因为原始方程状态变量较少, 解收敛速度较快, 因此 Yiu (2004) 的方法并不适用. 本章建立的约束偏微分方程维度较高, 借鉴期权定价中的二叉树方法, 这里给出另外一种数值算法.

设二叉树存在 u、d 两个状态. 前面通过推导, 已经发现不同时刻的投资策略并不依赖于当前的财富状态, 所以可以在每一状态下将当前财富取为 0. 算法具体求解步骤如下.

1. 生成二叉树价格状态路径

(1) 在 $s = 0$ 时刻, 初始价格为 $S_0 = S$. 设价格的状态更新方程为

$$S(s + 1)^u = S(s)(1 + \mu + \sigma S(s)^\alpha),$$
$$S(s + 1)^d = S(s)(1 + \mu - \sigma S(s)^\alpha),$$

其中, $\mu + \sigma S(s)^\alpha$、$\mu - \sigma S(s)^\alpha$ 分别表示下一期处于 u、d 状态对应的实现收益率.

(2) 在 $t = 0, 1, 2, \cdots, T - 1$ 时刻, 遍历每一个价格节点, 生成下一期 u、d 两个价格状态.

2. 生成二叉树价格状态路径对应的概率分布

(1) 在 $s = 0$ 时刻, 初始分布为 $P_0 = 1$. 概率密度的更新方程为

$$P(s + 1)^u = pP(s),$$
$$P(s + 1)^d = (1 - p)P(s),$$

其中, p 表示下一期处于 u 状态的概率; $P(s + 1)^u$ 表示下一期演化到 u 状态的无条件概率.

(2) 在 $s = 0, 1, 2, \cdots, T - 1$ 时刻, 遍历每一个概率分布节点, 生成下一期 u, d 两个状态的概率分布.

3. 从 $s = T - 1$ 逆向求解最优投资策略

(1) 取 $s = T - 1, W(s) = 0$. 遍历所有 $s = T - 1$ 时刻的价格状态.

(2) 对于每一个价格状态, 由式 (6.2.13) 生成投资策略的上下界. 将区间划分为若干等分, 其中的每一个点都代表了一个投资策略.

(3) 对于每一个价格节点, 遍历所有的投资策略, 计算从该节点到 T 时刻的所有路径上对应的终端财富、效用函数及期望效用.

(4) 取对应期望效用最大的投资策略为 $s = T - 1$ 时刻的最优投资策略 $w_{\text{VaR}}^*(s)$.

(5) 取 $s = T - 2, T - 3, \cdots, 0$. 重复上述过程从而得到所有状态下的投资策略. 注意在搜寻 s 时刻的投资策略时, $s + 1, s + 2, \cdots, T - 1$ 时刻的投资策略已经求解好了, 因此在更新终端财富时直接将投资策略代入即可.

具体核心实现代码参见附录 E.

在以下算例中, 如无特殊说明, 取金融市场参数为 $S = 10.0, \mu = 0.02, \sigma = 1.23$, $\alpha = -1.5, p = 0.26, r = 0.04/52$, 这组参数为周频率参数, 其对应的年化期望收益率约为 $52(\mu + (2p - 1)\sigma S^\alpha) = 0.0692$, 年化波动率约为 $\sqrt{52 \times 4p(1 - p)} \times \sigma S^\alpha = 0.2461$. 年金参数取 $W(0) = 10\,000, \mu_m = 100$, 相当于每月缴费 400 元; 风险厌恶系数为 $\gamma = 0.0002, \beta = 0.05, L = 100$, 即要求在 95% 的置信度下损失不超过单期缴费. 初始时刻风险预算约束对应的投资策略取值空间为 $[-3507.76, 2094.56]$.

图 6.1 展示了一个三期二叉树决策模型. 由图 6.1(a) 和 (b) 可以看出, 由于 CEV 随机波动率的存在, 尽管状态 (u, d) 和状态 (d, u) 两种演化路径下的发生概率相同, 但是对应的终端价格存在明显的差异 (图中方框标注). 图 6.1(c) 表明高低波动率 (价格) 下的投资策略存在明显差异. 这是因为杠杆效应的存在, 高价格对应的波动率反而变小, 一方面使得相同风险预算约束下的投资范围变得更加宽泛, 另一方面使得风险资产的夏普比率变得更高, 从而更加具有投资吸引力. 图 6.1(d) 给出了经过投资之后的终端财富. 注意到虽然在最坏情形下, 投资风险资产总是亏损的, 但是因为风险控制防范到位, 并且投资组合每期都有新的缴费进入, 终端财富总是增加的.

图 6.2 展示了不同参数下最大风险容忍程度对最优投资策略的影响. 如图 6.2 所示, 当风险容忍程度较小时, 最优投资策略是其增函数, 然而当风险容忍程度增加到一定程度时, 最优投资策略趋于稳定, 不再变化. 这是因为当风险容忍程度较大时, 对应的投资策略取值范围相对较广, 这样无约束期望效用最优化对应的投资策略可能已经满足了风险预算约束. 当风险容忍程度增加时, 由于已经取到了无约束最优投资策略, 则投资策略不再进行调整; 当风险容忍程度减小时, 风险预算要求的最大风险投资额度也相应减小, 这会导致最优投资策略超出预算范围, 从而只能取到风险预算上边界.

图 6.3 展示了不同参数下投资期限对最优投资策略的影响. 如图 6.3 所示, 当

投资期限较长时, 最优投资策略随着投资期限的增加而减小, 这与 Basak 和 Chaba-kauri (2010) 研究中推论 1 的结果一致. 然而当投资期限较短时, 最优投资策略同样趋于稳定, 不再随时间变化. 当没有风险约束时, 一方面, 随着时间的增加, 风险增加速度快于收益的增加速度, 所以投资者会降低风险资产的投资额度; 另一方面,

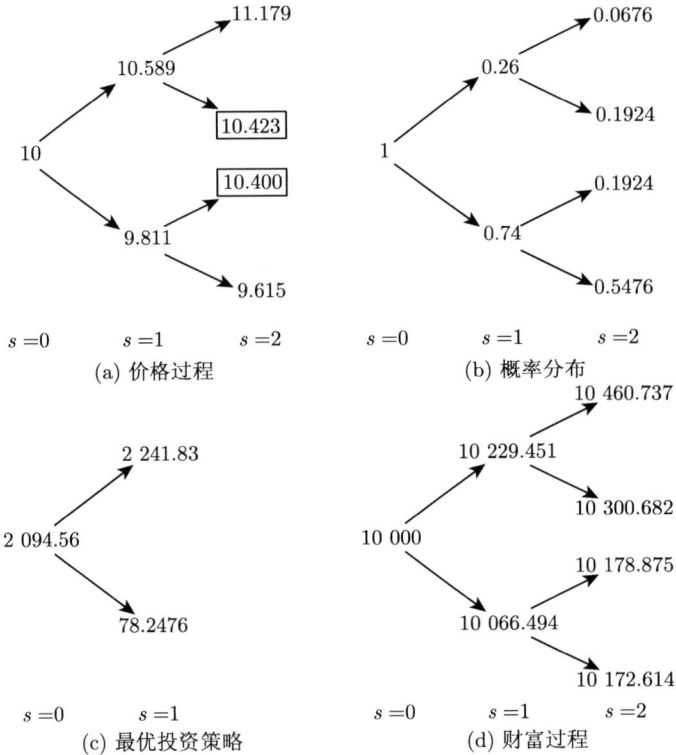

(a) 价格过程　　　　　　　　(b) 概率分布

(c) 最优投资策略　　　　　　(d) 财富过程

图 6.1　三期 CEV 二叉树决策模型示例

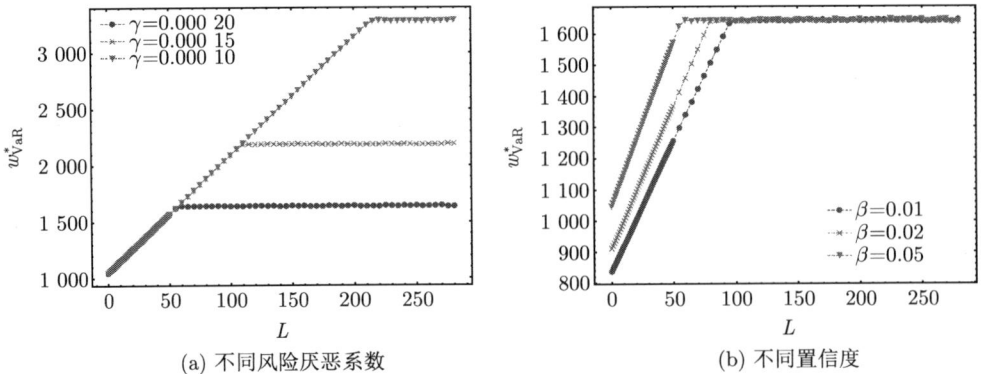

(a) 不同风险厌恶系数　　　　(b) 不同置信度

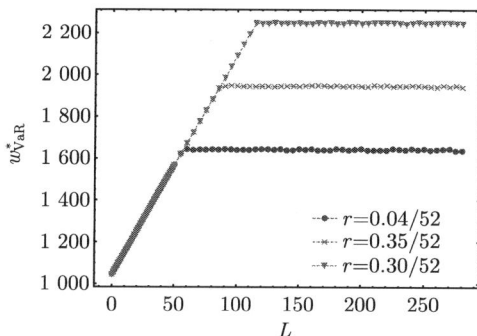

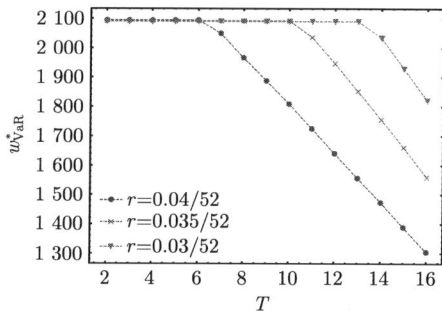

(c) 不同无风险利率

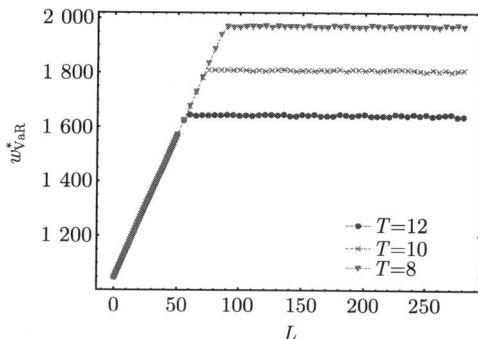

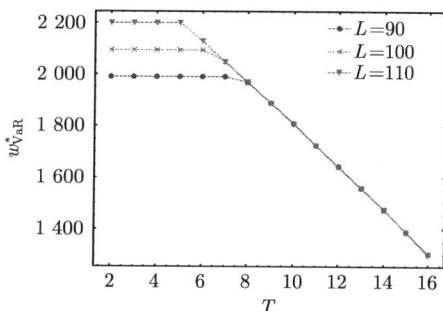

(d) 不同投资期限

图 6.2 不同参数下最大风险容忍程度 L 对最优投资策略 w_{VaR}^* 的影响

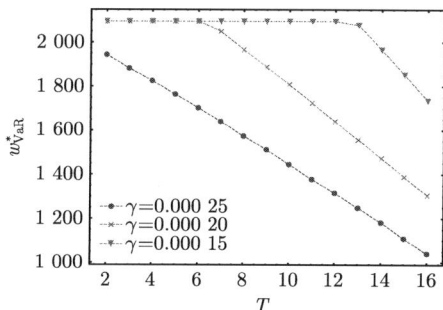

(a) 不同风险厌恶系数

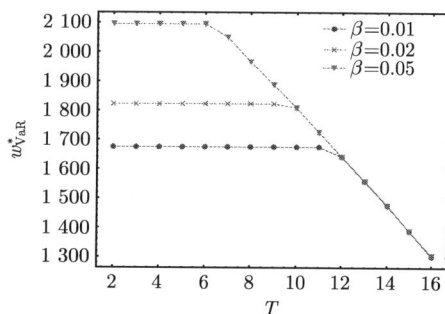

(b) 不同置信度

(c) 不同无风险利率

(d) 不同容忍程度

图 6.3 不同参数下投资期限 T 对最优投资策略 w_{VaR}^* 的影响

随着时间的增加, 因为预期超额收益增加, 所以需要的动态对冲需求绝对值也相应增加, 故风险资产的投资额度是时间的减函数. 当面临投资约束时, 由于设定的动态 VaR 风险预算约束与投资期限无关, 即说明初始时刻的约束对于所有期限都是相同的, 因此当投资期限较短时, 由于风险投资额度较大, 有可能超过了风险预算约束对应的最大投资额度, 从而恰好取在上界上.

图 6.2 (a) 和图 6.3 (a) 表明, 在相同条件下, 风险资产最优投资额度是风险厌恶系数的非增函数. 这是因为风险厌恶系数越大, 无 VaR 风险约束时的最优投资额度就越小, 也就更容易满足风险预算约束条件. 特别地, 可以看出当 $\gamma = 0.000\,25$ 时, 即使投资期限只有 1 期, 无 VaR 风险约束时的最优投资额度就已经足够小, 从而满足了风险预算约束条件. 当投资期限继续增加时, 无 VaR 风险约束时的最优投资额度也会随之减小, 其本身就已经满足了风险预算约束条件, 从而也等于带风险预算约束的最优策略.

图 6.2 (b) 和图 6.3 (b) 表明, 在相同条件下, 最大损失要求的置信度 $(1-\beta)$ 越高, 最优投资策略值越小. 这是因为在同样条件下, 置信度越高, 其对应的下端概率越小, 所以风险资产的投资额度就越小.

图 6.2(c) 和图 6.3 (c) 表明, 在相同条件下, 无风险收益率越高, 最优投资策略值越小. 这是因为无风险收益率是投资风险资产的机会成本, 无风险收益率的增加减小了风险资产的夏普比率, 从而使得风险资产的投资额度下降.

6.5 本 章 小 结

本章在 CEV 模型下基于 CARA 效用和动态 VaR 约束求解了 DC 型年金的最优投资策略. 通过做局部伊藤积分展开, 将风险条件转换为投资策略约束, 进而利用随机最优控制理论建立受约束的 HJB 方程. 然后利用非自融资组合的结论猜测到值函数的形式和投资策略的重要性质, 并由二叉树模型给出了策略的数值解, 最后探讨了参数对投资策略的影响. 结果表明: 当存在动态 VaR 风险预算约束时, 风险投资额度存在上下限; 长期投资因为更加重视风险, 所以不考虑风险预算约束时, 在风险资产上的最优投资额度较小, 从而容易满足风险预算约束条件; 随着投资期限的缩短, 由于不考虑约束时的风险资产投资额度逐渐变大, 可能会触发风控条件, 从而只能取到风险预算规则的上边界.

本章基于 CEV 模型得到了 VaR 约束下 DC 型年金的最优投资策略数值解, 但是仍然有一些问题有待进一步探究. 例如, 数值算法中利用了 CARA 效用对应投资策略不依赖于路径这一重要性质, 并且风险预算约束是直接以绝对损失额度度量的. 在其他目标或者风险预算约束下, 投资策略可能是依赖于路径的, 如何在这些情形下寻找高性能的数值解是未来需要解决的重点问题之一.

参 考 文 献

鲍奕奕, 刘海龙. 2007. 基于风险预算的资产配置方法 [J]. 上海管理科学, 29(1): 7-9.

曹原. 2015. Heston 随机波动率市场中带 VaR 约束的最优投资策略 [J]. 运筹与管理, 24(1): 231-236.

樊顺厚, 马娟, 常浩. 2016. Heston 随机波动率模型下的资产负债管理问题 [J]. 经济数学, 33(3): 11-19.

费为银, 蔡振球, 夏登峰. 2015a. 跳扩散环境下带通胀的最优动态资产配置 [J]. 管理科学学报, 18(8): 83-94.

费为银, 何丹丹, 张伟. 2015b. 跳扩散下汇率变动的外商直接投资问题研究 [J]. 系统工程理论与实践, 35(2): 283-290.

傅毅, 张寄洲, 郭润楠. 2017. 基于配对策略的基金动态资产配置 [J]. 系统管理学报, 26(5): 879-887.

傅毅, 张寄洲, 郭润楠. 2019. 基于 O-U 过程的基金配对资产动态管理策略研究 [J]. 管理评论, 31(6): 23-35.

谷爱玲, 陈树敏. 2016. 状态相依效用下的超额损失再保险–投资策略 [J]. 运筹学学报, 20(1): 91-104.

郭文旌, 赵成国, 袁建辉. 2011. 跳跃扩散市场的最优保险投资决策 [J]. 系统工程理论与实践, (4): 749-760.

韩立岩, 郑擎擎, 尹力博. 2017. 商品金融化背景下大宗商品指数收益机制转换 [J]. 管理科学学报, 20(9): 61-69.

何朝林, 孟卫东. 2009. 资产组合选择的理论、模型与方法的一个综述 [J]. 生产力研究, (1): 174-176.

李爱忠, 彭月兰, 任若恩, 等. 2018. 不确定环境下的跳扩散连续时间资产配置策略 [J]. 系统工程理论与实践, 37(12): 3118-3126.

李冰, 耿彩霞. 2018. CEV 模型下鲁棒最优投资和超额损失再保险问题研究 [J]. 统计学与应用, 7(5): 495-504.

李启才, 顾孟迪. 2015. 经典风险模型下 CEV 股票市场中最优再保险和投资策略 [J]. 应用数学, 28(2): 247-255.

李启才, 顾孟迪. 2016. 指数均值回复金融市场下的最优投资和最优再保险策略 [J]. 管理工程学报, 30(4): 79-84.

梁宗霞, 赵笑阳. 2016. 一类含消费、寿险和投资的随机最优控制问题 [J]. 中国科学: 数学, (12): 1863-1882.

刘海龙. 2011. 养老基金动态资产配置研究评述 [J]. 系统管理学报, 20(1): 1-9.

刘海龙, 吴冲锋. 2002. 考虑随机方差的最优消费和投资决策问题 [J]. 管理工程学报, (1): 47-50, 3-2.

罗琰, 杨招军, 张维. 2012. 跳扩散市场投资组合研究 [J]. 经济数学, 29(2): 45-51.

聂高琴. 2019. CEV 模型下最大化 HARA 效用的最优再保险与投资策略 [J]. 数学的实践与认识, 49(23): 249-255.

荣喜民, 范立鑫. 2012. 常弹性方差模型下保险人的最优投资策略 [J]. 系统工程理论与实践, 32(12): 2619-2628.

孙景云, 田丽娜, 陈峥. 2019. 基于 Stein-Stein 波动率和动态 VaR 约束下 DC 型养老基金的最优投资策略 [J]. 运筹学学报, 23(2): 44-56.

王蕾, 顾孟迪. 2013. 均值回复市场中的最优再保险与投资决策 [J]. 上海交通大学学报, 47(3): 438-443.

吴辉, 马超群. 2015. 常弹性方差模型下非零和投资组合博弈 [J]. 系统工程, 33(12): 1-7.

肖建武. 2014. 待遇预定制养老基金管理的 Heston 模型及 Legendre 变换–对偶决策 [J]. 系统工程, 32(7): 149-153.

肖建武. 2015. 基于 Heston 模型的待遇预定制养老基金管理最优决策 [J]. 运筹学学报, 19(1): 85-91.

肖建武, 秦成林. 2005. 养老基金管理的常方差弹性模型及 Legendre 变换–对偶解法 [J]. 系统工程理论与实践, (9): 49-53.

肖建武, 尹希明. 2011. 固定支付下养老基金资产组合 CEV 模型及最优投资策略 [J]. 数学的实践与认识, 41(22): 1-6.

伊博, 李仲飞, 曾燕. 2012. 基于动态 VaR 约束与随机波动率模型的最优投资策略 [J]. 运筹学学报, 16(2): 77-90.

曾敏, 陈萍. 2016. 一种比例再保险和投资最优化问题 [J]. 数学理论与应用, 36(2): 45-52.

张初兵. 2014. 连续时间下确定缴费型养老金的最优化管理 [M]. 北京: 人民邮电出版社.

张初兵, 荣喜民. 2012. 均值–方差模型下 DC 型养老金的随机最优控制 [J]. 系统工程理论与实践, 32(6): 1314-1323.

张初兵, 荣喜民, 常浩. 2011. 西方养老金最优化管理研究综述 [J]. 保险研究, (9): 121-127.

张玲, 张未未, 郑军. 2015. 动态非短视资产负债管理 [J]. 运筹与管理, 24(6): 225-232.

郑振龙, 陈志英. 2012. 现代投资组合理论最新进展评述 [J]. 厦门大学学报 (哲学社会科学版), (2): 17-24.

朱书尚, 李端, 周迅宇. 等, 2004. 论投资组合与金融优化——对理论研究和实践的分析与反思 [J]. 管理科学学报, 7(6): 1-12.

A C X, Lai Y Z, Shao Y. 2018. Optimal excess-of-loss reinsurance and investment problem with delay and jump–diffusion risk process under the CEV model[J]. Journal of Computational and Applied Mathematics, 342: 317-336.

A C X, Li Z F. 2015. Optimal investment and excess-of-loss reinsurance problem with delay for an insurer under Heston's SV model[J]. Insurance: Mathematics and Economics, 61: 181-196.

Acharya V V, Pedersen L H. 2005. Asset pricing with liquidity risk[J]. Journal of Financial Economics, 77(2): 375-410.

Ahn D H, Dittmar R F, Gallant A R. 2002. Quadratic term structure models: theory and evidence[J]. The Review of Financial Studies, 15(1): 243-288.

Aït-Sahalia Y, Brandt M W. 2001. Variable selection for portfolio choice[J]. The Journal of Finance, 56(4): 1297-1351.

Aït-Sahalia Y, Cacho-Diaz J, Hurd T R. 2009. Portfolio choice with jumps: a closed-form solution[J]. The Annals of Applied Probability, 19(2): 556-584.

Aït-Sahalia Y, Fan J Q, Li Y Y. 2013. The leverage effect puzzle: disentangling sources of bias at high frequency[J]. Journal of Financial Economics, 109(1): 224-249.

Aït-Sahalia Y, Hurd T R. 2016. Portfolio choice in markets with contagion[J]. Journal of Financial Econometrics, 14(1): 1-28.

Alexander G J, Baptista A M. 2004. A Comparison of VaR and CVaR constraints on portfolio selection with the mean-variance model[J]. Management Science, 50(9): 1261-1273.

Ang A, Bekaert G. 2002. International asset allocation with regime shifts[J]. The Review of Financial Studies, 15(4): 1137-1187.

Ang A, Bekaert G. 2004. How regimes affect asset allocation[J]. Financial Analysts Journal, 60(2): 86-99.

Ang A, Timmermann A. 2012. Regime changes and financial markets[J]. Annual Review of Financial Economics, 4(1): 313-337.

Asness C S, Moskowitz T J, Pedersen L H. 2013. Value and momentum everywhere[J]. The Journal of Finance, 68(3): 929-985.

Assa H. 2016. Financial engineering in pricing agricultural derivatives based on demand and volatility[J]. Agricultural Finance Review, 76(1): 42-53.

Bai X, Scheinberg K, Tutuncu R. 2016. Least-squares approach to risk parity in portfolio selection[J]. Quantitative Finance, 16(3): 357-376.

Bajeux-Besnainou I, Jordan J V, Portait R. 2003. Dynamic asset allocation for stocks, bonds, and cash[J]. The Journal of Business, 76(2): 263-287.

Bajeux-Besnainou I, Portait R. 1998. Dynamic asset allocation in a mean-variance framework[J]. Management Science, 44(11): S79-S95.

Bakkaloglu A, Aziz T, Fatima A, et al. 2017. Invariant approach to optimal investment–consumption problem: the constant elasticity of variance (CEV) model[J]. Mathematical Methods in the Applied Sciences, 40(5): 1382-1395.

Bansal R, Dahlquist M, Harvey C R. 2004. Dynamic trading strategies and portfolio choice[R]. National Bureau of Economic Research.

Barberis N. 2000. Investing for the long run when returns are predictable[J]. The Journal of Finance, 55(1): 225-264.

Basak S. 1995. A general equilibrium model of portfolio insurance[J]. The Review of Financial Studies, 8(4): 1059-1090.

Basak S, Chabakauri G. 2010. Dynamic mean-variance asset allocation[J]. The Review of Financial Studies, 23(8): 2970-3016.

Basak S, Chabakauri G. 2012. Dynamic hedging in incomplete markets: a simple solution[J]. The Review of Financial Studies, 25(6): 1845-1896.

Basak S, Shapiro A. 2001. Value-at-risk-based risk management: optimal policies and asset prices[J]. The Review of Financial Studies, 14(2): 371-405.

Beckers S. 1980. The constant elasticity of variance model and its implications for option pricing[J]. The Journal of Finance, 35(3): 661-673.

Bellamy N. 2001. Wealth optimization in an incomplete market driven by a jump-diffusion process[J].
    Journal of Mathematical Economics, 35(2): 259-287.

Benth F E, Karlsen K H. 2005. A note on Merton's portfolio selection problem for the Schwartz
    mean-reversion model[J]. Stochastic Analysis and Applications, 23(4): 687-704.

Berkelaar A B, Kouwenberg R, Post T. 2004. Optimal portfolio choice under loss aversion[J]. The
    Review of Economics and Statistics, 86(4): 973-987.

Bick B, Kraft H, Munk C. 2013. Solving constrained consumption-investment problems by simulation
    of artificial market strategies[J]. Management Science, 59(2): 485-503.

Bielecki T R, Jin H Q, Pliska S R, et al. 2005. Continuous-time mean-variance portfolio selection
    with bankruptcy prohibition[J]. Mathematical Finance, 15(2): 213-244.

Björk T, Khapko M, Murgoci A. 2017. On time-inconsistent stochastic control in continuous time[J].
    Finance and Stochastics, 21(2): 331-360.

Björk T, Murgoci A. 2014. A theory of Markovian time-inconsistent stochastic control in discrete
    time[J]. Finance and Stochastics, 18(3): 545-592.

Björk T, Murgoci A, Zhou X Y. 2014. Mean-variance portfolio optimization with state-dependent risk
    aversion[J]. Mathematical Finance, 24(1): 1-24.

Black F. 1976. The pricing of commodity contracts[J]. Journal of Financial Economics, 3(1/2): 167-
    179.

Black F, Litterman R. 1991. Asset allocation: combining investor views with market equilibrium [J].
    The Journal of Fixed Income, 1(2): 7-18.

Black F, Litterman R. 1992. Global portfolio optimization[J]. Financial Analysts Journal, 48(5): 28-
    43.

Blake D, Lehmann B N, Timmermann A. 1999. Asset allocation dynamics and pension fund perfor-
    mance[J]. The Journal of Business, 72(4): 429-461.

Bo L J, Tang D, Wang Y J. 2017. Optimal investment of variance-swaps in jump-diffusion market
    with regime-switching[J]. Journal of Economic Dynamics and Control, 83: 175-197.

Bodie Z, Detemple J, Rindisbacher M. 2009. Life-cycle finance and the design of pension plans[J].
    Annual Review of Financial Economics, 1: 249-286.

Bossaerts P, Ghirardato P, Guarneschelli S, et al. 2010. Ambiguity in asset markets: theory and
    experiment[J]. The Review of Financial Studies, 23(4): 1325-1359.

Boyle P P, Tian Y S. 1999. Pricing lookback and barrier options under the CEV process[J]. The Journal
    of Financial and Quantitative Analysis, 34(2): 241-264.

Brandt M W. 1999. Estimating portfolio and consumption choice: a conditional Euler equations ap-
    proach[J]. The Journal of Finance, 54(5): 1609-1645.

Brandt M W. 2010. Chapter 5—Portfolio choice problems[C]//Aït-Sahalia Y, Hansen L P. Handbook
    of Financial Econometrics, Volume 1: Tools and Techniques. San Diego: North-Holland: 269-
    336.

Brandt M W, Goyal A, Santa-Clara P, et al. 2005. A simulation approach to dynamic portfolio choice
    with an application to learning about return predictability[J]. The Review of Financial Studies,
    18: 831-873.

Branger N, Muck M, Weisheit S. 2017. Optimal portfolios when variances and covariances can jump[J]. Journal of Economic Dynamics and Control, 85: 59-89.

Branger N, Schlag C, Schneider E. 2008. Optimal portfolios when volatility can jump[J]. Journal of Banking & Finance, 32(6): 1087-1097.

Brennan M J, Schwartz E S, Lagnado R. 1997. Strategic asset allocation[J]. Journal of Economic Dynamics and Control, 21(8/9): 1377-1403.

Brennan M J, Solanki R. 1981. Optimal portfolio insurance[J]. Journal of Financial and Quantitative Analysis, 16(3): 279-300.

Brennan M J, Xia Y H. 2000. Stochastic interest rates and the bond-stock mix[J]. Review of Finance, 4(2): 197-210.

Brennan M J, Xia Y H. 2002. Dynamic asset allocation under inflation[J]. The Journal of Finance, 57(3): 1201-1238.

Brinson G P, Diermeier J J, Schlarbaum G G. 1986. A composite portfolio benchmark for pension plans[J]. Financial Analysts Journal, 42(2): 15-24.

Brinson G P, Hood L R, Beebower G L. 1995. Determinants of portfolio performance[J]. Financial Analysts Journal, 51(1): 133-138.

Browne S. 1995. Optimal investment policies for a firm with a random risk process: exponential utility and minimizing the probability of ruin[J]. Mathematics of Operations Research, 20(4): 937-958.

Buraschi A, Porchia P, Trojani F. 2010. Correlation risk and optimal portfolio choice[J]. The Journal of Finance, 65(1): 393-420.

Cairns A J G, Blake D, Dowd K. 2006. Stochastic lifestyling: optimal dynamic asset allocation for defined contribution pension plans[J]. Journal of Economic Dynamics and Control, 30(5): 843-877.

Campbell J Y, Serfaty-de Medeiros K, Viceira L M. 2010. Global currency hedging[J]. The Journal of Finance, 65(1): 87-121.

Campbell J Y, Viceira L M. 1999. Consumption and portfolio decisions when expected returns are time varying[J]. The Quarterly Journal of Economics, 114(2): 433-495.

Campbell J Y, Viceira L M. 2002. Strategic Asset Allocation: Portfolio Choice for Long-Term Investors[M]. New York: Oxford University Press.

Campbell R, Huisman R, Koedijk K. 2001. Optimal portfolio selection in a value-at-risk framework[J]. Journal of Banking & Finance, 25(9): 1789-1804.

Cardinale M, Navone M, Pioch A. 2014. The power of dynamic asset allocation[J]. Journal of Portfolio Management, 40(3):47-60.

Chacko G, Viceira L M. 2005. Dynamic consumption and portfolio choice with stochastic volatility in incomplete markets[J]. The Review of Financial Studies, 18(4): 1369-1402.

Chang H, Chang K. 2017. Optimal consumption-investment strategy under the Vasicek model: HARA utility and Legendre transform[J]. Insurance: Mathematics and Economics, 72: 215- 227.

Chang H, Rong X M, Zhao H, et al. 2013. Optimal investment and consumption decisions under the constant elasticity of variance model[J]. Mathematical Problems in Engineering, 2013: 1-11.

Chen L, Filipović D, Poor H V. 2004. Quadratic term structure models for risk-free and defaultable rates[J]. Mathematical Finance: An International Journal of Mathematics, Statistics and Financial Economics, 14(4): 515-536.

Chen L, Qian L Y, Shen Y, et al. 2016. Constrained investment–reinsurance optimization with regime switching under variance premium principle[J]. Insurance: Mathematics and Economics, 71: 253-267.

Chen L, Wu Z. 2010. Maximum principle for the stochastic optimal control problem with delay and application[J]. Automatica, 46(6): 1074-1080.

Chiu M C, Wong H Y. 2014a. Mean-variance portfolio selection with correlation risk[J]. Journal of Computational and Applied Mathematics, 263: 432-444.

Chiu M C, Wong H Y. 2014b. Mean-variance asset-liability management with asset correlation risk and insurance liabilities[J]. Insurance: Mathematics and Economics, 59: 300-310.

Chiu M C, Wong H Y. 2015. Dynamic cointegrated pairs trading: mean-variance time-consistent strategies[J]. Journal of Computational and Applied Mathematics, 290: 516-534.

Chiu M C, Wong H Y. 2018. Robust dynamic pairs trading with cointegration[J]. Operations Research Letters, 46(2): 225-232.

Chou C S, Lin H J. 2006. Some properties of CIR processes[J]. Stochastic Analysis and Applications, 24(4): 901-912.

Chow G, Kritzman M. 2001. Risk budgets[J]. Journal of Portfolio Management, 27(2): 56-60.

Christie A A. 1982. The stochastic behavior of common stock variances: value, leverage and interest rate effects[J]. Journal of Financial Economics, 10(4): 407-432.

Clarke R G, de Silva H, Thorley S R. 2013. Risk parity, maximum diversification, and minimum variance: an analytic perspective[J]. The Journal of Portfolio Management, 39(3): 39-53.

Claus M. 2012. Dynamic asset allocation[Z]. Copenhagen Business School.

Cochrane J H. 2008. The dog that did not bark: a defense of return predictability[J]. The Review of Financial Studies, 21(4): 1533-1575.

Cochrane J H. 2014. A mean-variance benchmark for intertemporal portfolio theory[J]. The Journal of Finance, 69(1): 1-49.

Consigli G, Dempster M A H. 1998. Dynamic stochastic programming for asset-liability management[J]. Annals of Operations Research, 81: 131-162.

Cox J C, Huang C F. 1989. Optimal consumption and portfolio policies when asset prices follow a diffusion process[J]. Journal of Economic Theory, 49(1): 33-83.

Cox J C, Ingersoll Jr J E, Ross S A. 1985. A theory of the term structure of interest rates[J]. Econometrica, 53(2): 385-407.

Cox J C, Ross S A. 1976. The valuation of options for alternative stochastic processes[J]. Journal of Financial Economics, 3(1/2): 145-166.

Cui X T, Zhu S S, Sun X L, et al. 2013. Nonlinear portfolio selection using approximate parametric value-at-risk[J]. Journal of Banking & Finance, 37(6): 2124-2139.

Cui X Y, Li D, Wang S Y, et al. 2012. Better than dynamic mean-variance: time inconsistency and free cash flow stream[J]. Mathematical Finance, 22(2): 346-378.

Cvitanić J, Goukasian L, Zapatero F. 2003. Monte Carlo computation of optimal portfolios in complete markets[J]. Journal of Economic Dynamics and Control, 27(6): 971-986.

Cvitanić J, Lazrak A, Wang T. 2008. Implications of the Sharpe ratio as a performance measure in multi-period settings[J]. Journal of Economic Dynamics and Control, 32(5): 1622-1649.

da Fonseca J, Grasselli M, Tebaldi C. 2008. A multifactor volatility Heston model[J]. Quantitative Finance, 8(6): 591-604.

Dang D M, Forsyth P A. 2014. Continuous time mean-variance optimal portfolio allocation under jump diffusion: an numerical impulse control approach[J]. Numerical Methods for Partial Differential Equations, 30: 664-698.

Dang D M, Forsyth P A. 2016. Better than pre-commitment mean-variance portfolio allocation strategies: a semi-self-financing Hamilton-Jacobi-Bellman equation approach[J]. European Journal of Operational Research, 250(3): 827-841.

Darius D. 2005. The constant elasticity of variance model in the framework of optimal investment problems[D]. Princeton: Princeton University.

Das S R, Uppal R. 2004. Systemic risk and international portfolio choice[J]. The Journal of Finance, 59(6): 2809-2834.

Davis M H A, Panas V G, Zariphopoulou T. 1993. European option pricing with transaction costs[J]. SIAM Journal on Control and Optimization, 31(2): 470-493.

Davydov D, Linetsky V. 2001. Pricing and hedging path-dependent options under the CEV process[J]. Management Science, 47(7): 949-965.

Dereich S, Neuenkirch A, Szpruch L. 2011. An Euler-type method for the strong approximation of the Cox-Ingersoll-Ross process[J]. Proceedings of the Royal Society A, 468(2140): 1105-1115.

Detemple J. 2014. Portfolio selection: a review[J]. Journal of Optimization Theory and Applications, 161: 1-21.

Detemple J, Rindisbacher M. 2005. Closed-form solutions for optimal portfolio selection with stochastic interest rate and investment constraints[J]. Mathematical Finance, 15(4): 539-568.

Detemple J B, Garcia R, Rindisbacher M. 2003. A Monte Carlo method for optimal portfolios[J]. The Journal of Finance, 58(1): 401-446.

Dieckmann S, Gallmeyer M. 2005. The equilibrium allocation of diffusive and jump risks with heterogeneous agents[J]. Journal of Economic Dynamics and Control, 29(9): 1547-1576.

Duan J C, Pliska S R. 2004. Option valuation with co-integrated asset prices[J]. Journal of Economic Dynamics and Control, 28(4): 727-754.

Duffie D. 2010. Dynamic Asset Pricing Theory[M]. 3rd ed. Princeton: Princeton University Press.

Duffie D, Fleming W, Soner H M, et al. 1997. Hedging in incomplete markets with HARA utility[J]. Journal of Economic Dynamics and Control, 21(4/5): 753-782.

Duffie D, Jackson M O. 1990. Optimal hedging and equilibrium in a dynamic futures market[J]. Journal of Economic Dynamics and Control, 14(1): 21-33.

Duffie D, Richardson H R. 1991. Mean-variance hedging in continuous time[J]. The Annals of Applied Probability, 1(1): 1-15.

Escobar M, Ferrando S, Rubtsov A. 2015. Robust portfolio choice with derivative trading under stochastic volatility[J]. Journal of Banking & Finance, 61: 142-157.

Escobar M, Ferrando S, Rubtsov A. 2017a. Optimal investment under multi-factor stochastic volatility[J]. Quantitative Finance, 17(2): 241-260.

Escobar M, Neykova D, Zagst R. 2017b. HARA utility maximization in a Markov-switching bond-stock market[J]. Quantitative Finance, 17(11): 1715-1733.

Faria G, Correia-da-Silva J. 2016. Is stochastic volatility relevant for dynamic portfolio choice under ambiguity?[J]. The European Journal of Finance, 22(7): 601-626.

Feller W. 1951. Two singular diffusion problems[J]. Annals of Mathematics, 54: 173-182.

Ferstl R, Weissensteiner A. 2011. Asset-liability management under time-varying investment opportunities[J]. Journal of Banking & Finance, 35(1): 182-192.

Fleming W H, Hernández-Hernández D. 2003. An optimal consumption model with stochastic volatility[J]. Finance and Stochastics, 7(2): 245-262.

Framstad N C, Øksendal B, Sulem A. 2001. Optimal consumption and portfolio in a jump diffusion market with proportional transaction costs[J]. Journal of Mathematical Economics, 35(2): 233-257.

Gao J W. 2009a. Optimal portfolios for DC pension plans under a CEV model[J]. Insurance: Mathematics and Economics, 44(3): 479-490.

Gao J W. 2009b. Optimal investment strategy for annuity contracts under the constant elasticity of variance (CEV) model[J]. Insurance: Mathematics and Economics, 45(1): 9-18.

Gârleanu N. 2009. Portfolio choice and pricing in illiquid markets[J]. Journal of Economic Theory, 144(2): 532-564.

Gârleanu N, Pedersen L H. 2013. Dynamic trading with predictable returns and transaction costs[J]. The Journal of Finance, 68(6): 2309-2340.

Gârleanu N, Pedersen L H. 2016. Dynamic portfolio choice with frictions[J]. Journal of Economic Theory, 165: 487-516.

Geman H, Shih Y F. 2009. Modeling commodity prices under the CEV model[J]. The Journal of Alternative Investments, 11(3): 65-84.

Graflund A, Nilsson B. 2003. Dynamic portfolio selection: the relevance of switching regimes and investment horizon[J]. European Financial Management, 9(2): 179-200.

Grossman S J, Vila J L. 1989. Portfolio insurance in complete markets: a note[J]. The Journal of Business, 62(4): 473-476.

Gu A L, Guo X P, Li Z F, et al. 2012. Optimal control of excess-of-loss reinsurance and investment for insurers under a CEV model[J]. Insurance: Mathematics and Economics, 51(3): 674-684.

Gu M D, Yang Y P, Li S D, et al. 2010. Constant elasticity of variance model for proportional reinsurance and investment strategies[J]. Insurance: Mathematics and Economics, 46(3): 580-587.

Guan G H, Liang Z X. 2014a. Optimal management of DC pension plan in a stochastic interest rate and stochastic volatility framework[J]. Insurance: Mathematics and Economics, 57: 58-66.

Guan G H, Liang Z X. 2014b. Optimal reinsurance and investment strategies for insurer under interest rate and inflation risks[J]. Insurance: Mathematics and Economics, 55: 105-115.

Guidolin M, Timmermann A. 2005. Economic implications of bull and bear regimes in UK stock and bond returns[J]. The Economic Journal, 115(500): 111-143.

Guidolin M, Timmermann A. 2007. Asset allocation under multivariate regime switching[J]. Journal of Economic Dynamics and Control, 31(11): 3503-3544.

Guidolin M, Timmermann A. 2008a. International asset allocation under regime switching, skew, and kurtosis preferences[J]. The Review of Financial Studies, 21(2): 889-935.

Guidolin M, Timmermann A. 2008b. Size and value anomalies under regime shifts[J]. Journal of Financial Econometrics, 6(1): 1-48.

Guo W J, Xu C M. 2004. Optimal portfolio selection when stock prices follow an jump-diffusion process[J]. Mathematical Methods of Operations Research, 60(3): 485-496.

Hainaut D. 2014. Impulse control of pension fund contributions, in a regime switching economy[J]. European Journal of Operational Research, 239(3): 810-819.

Hamilton J D. 1994. Time Series Analysis[M]. Princeton: Princeton University Press.

Harris R D F, Stoja E, Tan L Z. 2017. The dynamic Black-Litterman approach to asset allocation[J]. European Journal of Operational Research, 259(3): 1085-1096.

He X D, Jin H Q, Zhou X Y. 2015. Dynamic portfolio choice when risk is measured by weighted VaR[J]. Mathematics of Operations Research, 40(3): 773-796.

He X D, Zhou X Y. 2011. Portfolio choice via quantiles[J]. Mathematical Finance, 21(2): 203-231.

He X Z, Li K, Li Y W. 2018. Asset allocation with time series momentum and reversal[J]. Journal of Economic Dynamics and Control, 91: 441-457.

Henderson V. 2005. Explicit solutions to an optimal portfolio choice problem with stochastic income[J]. Journal of Economic Dynamics and Control, 29(7): 1237-1266.

Heston S L. 1993. A closed-form solution for options with stochastic volatility with applications to bond and currency options[J]. The Review of Financial Studies, 6(2): 327-343.

Hipp C, Plum M. 2000. Optimal investment for insurers[J]. Insurance: Mathematics and Economics, 27(2): 215-228.

Hodges S D, Neuberger A. 1989. Optimal replication of contingent claims under transaction costs[J]. Review of Futures Markets, 8(2): 222-239.

Hoevenaars R P M M, Molenaar R D J, Schotman P C, et al. 2008. Strategic asset allocation with liabilities: beyond stocks and bonds[J]. Journal of Economic Dynamics and Control, 32(9): 2939-2970.

Honda T. 2003. Optimal portfolio choice for unobservable and regime-switching mean returns[J]. Journal of Economic Dynamics and Control, 28(1): 45-78.

Hong H, Scheinkman J, Xiong W. 2006. Asset float and speculative bubbles[J]. The Journal of Finance, 61(3): 1073-1117.

Hong Y, Jin X. 2018. Semi-analytical solutions for dynamic portfolio choice in jump-diffusion models and the optimal bond-stock mix[J]. European Journal of Operational Research, 265(1): 389-398.

Hsuku Y H. 2007. Dynamic consumption and asset allocation with derivative securities[J]. Quantitative Finance, 7(2): 137-149.

Huang D S, Zhu S S, Fabozzi F J, et al. 2010. Portfolio selection under distributional uncertainty: a relative robust CVaR approach[J]. European Journal of Operational Research, 203(1): 185-194.

Ibbotson R G. 2010. The importance of asset allocation[J]. Financial Analysts Journal, 66(2): 18-20.

Ibbotson R G, Kaplan P D. 2000. Does asset allocation policy explain 40, 90, or 100 percent of performance?[J]. Financial Analysts Journal, 56(1): 26-33.

Jagannathan R, Ma T S. 2003. Risk reduction in large portfolios: why imposing the wrong constraints helps[J]. The Journal of Finance, 58(4): 1651-1683.

Jin X, Zhang A X. 2012. Decomposition of optimal portfolio weight in a jump-diffusion model and its applications[J]. The Review of Financial Studies, 25(9): 2877-2919.

Jin X, Zhang K. 2013. Dynamic optimal portfolio choice in a jump-diffusion model with investment constraints[J]. Journal of Banking & Finance, 37(5): 1733-1746.

Josa-Fombellida R, López-Casado P, Rincón-Zapatero J P. 2018. Portfolio optimization in a defined benefit pension plan where the risky assets are processes with constant elasticity of variance[J]. Insurance: Mathematics and Economics, 82: 73-86.

Jun Y. 2008. Quasi-stationary distributions for the radial Ornstein-Uhlenbeck processes[J]. Acta Mathematica Scientia, 28(3): 513-522.

Jung E J, Kim J H. 2012. Optimal investment strategies for the HARA utility under the constant elasticity of variance model[J]. Insurance: Mathematics and Economics, 51(3): 667-673.

Jurek J W, Yang H. 2007. Dynamic portfolio selection in arbitrage[R]. SSRN Scholarly Paper.

Karatzas I, Shreve S E. 1991. Brownian Motion and Stochastic Calculus[M]. New York: Springer Verlag.

Karlin S, Taylor H E. 1981. A Second Course in Stochastic Processes[M]. Cambridge: Academic Press.

Kim T S, Omberg E. 1996. Dynamic nonmyopic portfolio behavior[J]. The Review of Financial Studies, 9(1): 141-161.

Koijen R S J, Rodríguez J C, Sbuelz A. 2009. Momentum and mean reversion in strategic asset allocation[J]. Management Science, 55(7): 1199-1213.

Koijen R S J, van Nieuwerburgh S. 2011. Predictability of returns and Fash flows[J]. Annual Review of Financial Economics, 3(1): 467-491.

Kolm P, Ritter G. 2017. On the Bayesian interpretation of Black-Litterman[J]. European Journal of Operational Research, 258(2): 564-572.

Kraft H. 2005. Optimal portfolios and Heston's stochastic volatility model: an explicit solution for power utility[J]. Quantitative Finance, 5(3): 303-313.

Krokhmal P, Palmquist J, Uryasev S. 2002. Portfolio optimization with conditional value-at-risk objective and constraints[J]. Journal of Risk, 4: 43-68.

Laibson D. 1997. Golden eggs and hyperbolic discounting[J]. The Quarterly Journal of Economics, 112(2): 443-478.

Larsen L S, Munk C. 2012. The costs of suboptimal dynamic asset allocation: general results and applications to interest rate risk, stock volatility risk, and growth/value tilts[J]. Journal of Economic Dynamics and Control, 36(2): 266-293.

Lei Y T, Xu J. 2015. Costly arbitrage through pairs trading[J]. Journal of Economic Dynamics and Control, 56: 1-19.

Li D, Ng W L. 2000. Optimal dynamic portfolio selection: multiperiod mean-variance formulation [J]. Mathematical Finance, 10(3): 387-406.

Li D P, Rong X M, Zhao H. 2015. Time-consistent reinsurance—investment strategy for an insurer and a reinsurer with mean-variance criterion under the CEV model[J]. Journal of Computational and Applied Mathematics, 283: 142-162.

Li D P, Rong X M, Zhao H. 2016a. The optimal investment problem for an insurer and a reinsurer under the constant elasticity of variance model[J]. IMA Journal of Management Mathematics, 27(2): 255-280.

Li D P, Rong X M, Zhao H. 2016b. Time-consistent investment strategy for DC pension plan with stochastic salary under CEV model[J]. Journal of Systems Science and Complexity, 29(2): 428-454.

Li D P, Rong X M, Zhao H, et al. 2017. Equilibrium investment strategy for DC pension plan with default risk and return of premiums clauses under CEV model[J]. Insurance: Mathematics and Economics, 72: 6-20.

Li K, Liu J. 2019. Optimal dynamic momentum strategies[R]. SSRN Scholarly Paper.

Li Q C, Gu M D, Liang Z B. 2014. Optimal excess-of-loss reinsurance and investment polices under the CEV model[J]. Annals of Operations Research, 223(1): 273-290.

Li Y J, Zhu S S, Li D H, et al. 2013. Active allocation of systematic risk and control of risk sensitivity in portfolio optimization[J]. European Journal of Operational Research, 228(3): 556-570.

Li Y W, Li Z F. 2013. Optimal time-consistent investment and reinsurance strategies for mean-variance insurers with state dependent risk aversion[J]. Insurance: Mathematics and Economics, 53(1): 86-97.

Li Y Y, Forsyth P A. 2019. A data-driven neural network approach to optimal asset allocation for target based defined contribution pension plans[J]. Insurance: Mathematics and Economics, 86: 189-204.

Li Z F, Zeng Y, Lai Y Z. 2012. Optimal time-consistent investment and reinsurance strategies for insurers under Heston's SV model[J]. Insurance: Mathematics and Economics, 51(1): 191-203.

Liang Z B, Bi J, Yuen K C, et al. 2016. Optimal mean—variance reinsurance and investment in a jump-diffusion financial market with common shock dependence[J]. Mathematical Methods of Operations Research, 84(1): 155-181.

Liang Z B, Yuen K C, Cheung K C. 2012. Optimal reinsurance—investment problem in a constant elasticity of variance stock market for jump-diffusion risk model[J]. Applied Stochastic Models in Business and Industry, 28(6): 585-597.

Lin X, Qian Y P. 2015. Time-consistent mean-variance reinsurance-investment strategy for insurers under CEV model[J]. Scandinavian Actuarial Journal, 2016(7): 646-671.

Lioui A. 2013. Time consistent vs. time inconsistent dynamic asset allocation: some utility cost calculations for mean variance preferences[J]. Journal of Economic Dynamics and Control, 37(5): 1066-1096.

Liu H N. 2011. Dynamic portfolio choice under ambiguity and regime switching mean returns[J]. Journal of Economic Dynamics and Control, 35(4): 623-640.

Liu J. 2007. Portfolio selection in stochastic environments[J]. The Review of Financial Studies, 20(1): 1-39.

Liu J, Longstaff F A, Pan J. 2003. Dynamic asset allocation with event risk[J]. The Journal of Finance, 58(1): 231-259.

Liu J, Pan J. 2003. Dynamic derivative strategies[J]. Journal of Financial Economics, 69(3): 401-430.

Liu J, Timmermann A. 2013. Optimal convergence trade strategies[J]. The Review of Financial Studies, 26(4): 1048-1086.

Longstaff F A. 2001. Optimal portfolio choice and the valuation of illiquid securities[J]. The Review of Financial Studies, 14(2): 407-431.

Luo S Z, Zeng X D. 2014. An optimal investment model with Markov-driven volatilities[J]. Quantitative Finance, 14(9): 1651-1661.

Ma K, Forsyth P A. 2016. Numerical solution of the Hamilton-Jacobi-Bellman formulation for continuous-time mean-variance asset allocation under stochastic Volatility[R]. SSRN Scholarly Paper.

MacLean L C, Zhao Y G, Ziemba W T. 2011. Mean-variance versus expected utility in dynamic investment analysis[J]. Computational Management Science, 8(1): 3-22.

Maenhout P J. 2004. Robust portfolio rules and asset pricing[J]. The Review of Financial Studies, 17(4): 951-983.

Maenhout P J. 2006. Robust portfolio rules and detection-error probabilities for a mean-reverting risk premium[J]. Journal of Economic Theory, 128(1): 136-163.

Mammitzsch V. 1986. A rigorous proof of a property of the premium principle of zero utility in the case of additivity[C]//Goovaerts M, de Vylder F, Haezendonck J. NATO ASI Series: Insurance and Risk Theory. Dordrecht: Springer Netherlands: 189-194.

Mania M, Schweizer M. 2005. Dynamic exponential utility indifference valuation[J]. The Annals of Applied Probability, 15(3): 2113-2143.

Markowitz H M. 1952. Portfolio selection[J]. The Journal of Finance, 7(1): 77-91.

Markowitz H M. 2010. Portfolio theory: as I still see it[J]. Annual Review of Financial Economics, 2(1): 1-23.

Merton R C. 1969. Lifetime portfolio selection under uncertainty: the continuous-time case[J]. The Review of Economics and Statistics, 51(3): 247-257.

Merton R C. 1971. Optimum consumption and portfolio rules in a continuous-time model[J]. Journal of Economic Theory, 3(4): 373-413.

Merton R C. 1973. An intertemporal capital asset pricing model[J]. Econometrica, 41(5): 867- 887.

Merton R C. 1976. Option pricing when underlying stock returns are discontinuous[J]. Journal of Financial Economics, 3(1): 125-144.

Moallemi C C, Sağlam M. 2017. Dynamic portfolio choice with linear rebalancing rules[J]. Journal of Financial and Quantitative Analysis, 52(3): 1247-1278.

Moskowitz T J, Ooi Y H, Pedersen L H. 2012. Time series momentum[J]. Journal of Financial Economics, 104(2): 228-250.

Munk C. 2000. Optimal consumption/investment policies with undiversifiable income risk and liquidity constraints[J]. Journal of Economic Dynamics and Control, 24(9): 1315-1343.

Munk C, Sørensen C, 2010. Dynamic asset allocation with stochastic income and interest rates[J]. Journal of Financial Economics, 96(3): 433-462.

Munk C, Sørensen C, Vinther N T. 2004. Dynamic asset allocation under mean-reverting returns, stochastic interest rates, and inflation uncertainty: are popular recommendations consistent with rational behavior?[J]. International Review of Economics & Finance, 13(2): 141-166.

Musiela M, Zariphopoulou T. 2004a. A valuation algorithm for indifference prices in incomplete markets[J]. Finance and Stochastics, 8(3): 399-414.

Musiela M, Zariphopoulou T. 2004b. An example of indifference prices under exponential preferences[J]. Finance and Stochastics, 8(2): 229-239.

Novy-Marx R. 2012. Is momentum really momentum?[J]. Journal of Financial Economics, 103(3): 429-453.

Qian E. 2005. On the financial interpretation of risk contribution: risk budgets do add up[R]. SSRN Scholarly Paper.

Qian E. 2011. Risk parity and diversification[J]. The Journal of Investing, 20(1): 119-127.

Rockafellar R T, Uryasev S. 2000. Optimization of conditional value-at-risk[J]. Journal of risk, 2: 21-42.

Rogers L C G. 2013. Optimal Investment[M]. Berlin: Springer.

Roncalli T. 2013. Introduction to Risk Parity and Budgeting[M]. Boca Raton: CRC Press.

Roncalli T, Weisang G. 2016. Risk parity portfolios with risk factors[J]. Quantitative Finance, 16(3): 377-388.

Rudolf M, Ziemba W T. 2004. Intertemporal surplus management[J]. Journal of Economic Dynamics and Control, 28(5): 975-990.

Rytchkov O. 2016. Time-varying margin requirements and optimal portfolio choice[J]. Journal of Financial and Quantitative Analysis, 51(2): 655-683.

Samuelson P A. 1969. Lifetime portfolio selection by dynamic stochastic programming[J]. The Review of Economics and Statistics, 51(3): 239-246.

Schroder M. 1989. Computing the constant elasticity of variance option pricing formula[J]. The Journal of Finance, 44(1): 211-219.

Schwartz E S. 1997. The stochastic behavior of commodity prices: implications for valuation and hedging[J]. The Journal of Finance, 52(3): 923-973.

Sharpe W F. 1964. Capital asset prices: a theory of market equilibrium under conditions of risk[J]. The Journal of Finance, 19(3): 425-442.

Sharpe W F. 2002. Budgeting and monitoring pension fund risk[J]. Financial Analysts Journal, 58(5): 74-86.

Shen Y, Zeng Y. 2015. Optimal investment—reinsurance strategy for mean-variance insurers with square-root factor process[J]. Insurance: Mathematics and Economics, 62: 118-137.

Shen Y, Zhang X, Siu T K. 2014. Mean-variance portfolio selection under a constant elasticity of variance model[J]. Operations Research Letters, 42(5): 337-342.

Shephard N, Andersen T G. 2009. Stochastic volatility: origins and overview[C]//Anderson T G, Davis R A, Kreiß J P. Handbook of Financial Time Series. Berlin: Springer: 233-254.

Shi Y, Li X, Cui X Y. 2017. Better than pre-committed optimal mean-variance policy in a jump diffusion market[J]. Mathematical Methods of Operations Research, 85(3): 327-347.

Sørensen C. 1999. Dynamic asset allocation and fixed income management[J]. Journal of Financial and Quantitative Analysis, 34(4): 513-531.

Stein E M, Stein J C. 1991. Stock price distributions with stochastic volatility: an analytic approach[J]. The Review of Financial Studies, 4(4): 727-752.

Strotz R H. 1955. Myopia and inconsistency in dynamic utility maximization[J]. The Review of Economic Studies, 23(3): 165-180.

Stulz R M. 1984. Optimal hedging policies[J]. Journal of Financial and Quantitative Analysis, 19(2): 127-140.

Sun J Y, Li Z F, Zeng Y. 2016. Precommitment and equilibrium investment strategies for defined contribution pension plans under a jump-diffusion model[J]. Insurance: Mathematics and Economics, 67: 158-172.

Tourin A, Yan R. 2013. Dynamic pairs trading using the stochastic control approach[J]. Journal of Economic Dynamics and Control, 37(10): 1972-1981.

Tsai J, Wachter J A. 2015. Disaster risk and its implications for asset pricing[J]. Annual Review of Financial Economics, 7(1): 219-252.

Tu J. 2010. Is regime switching in stock returns important in portfolio decisions?[J]. Management Science, 56(7): 1198-1215.

Viceira L M. 2001. Optimal portfolio choice for long-horizon investors with nontradable labor income[J]. The Journal of Finance, 56(2): 433-470.

Wachter J A. 2002. Portfolio and consumption decisions under mean-reverting returns: an exact solution for complete markets[J]. Journal of Financial and Quantitative Analysis, 37(1): 63-91.

Wachter J A. 2010. Asset allocation[J]. Annual Review of Financial Economics, 2(1): 175-206.

Wang J, Forsyth P A. 2010. Numerical solution of the Hamilton-Jacobi-Bellman formulation for continuous time mean variance asset allocation[J]. Journal of Economic Dynamics and Control, 34(2): 207-230.

Wang J, Forsyth P A. 2011. Continuous time mean variance asset allocation: a time-consistent strategy[J]. European Journal of Operational Research, 209(2): 184-201.

Wang N. 2007. Optimal investment for an insurer with exponential utility preference[J]. Insurance: Mathematics and Economics, 40(1): 77-84.

Wang Y J, Rong X M, Zhao H. 2018. Optimal investment strategies for an insurer and a reinsurer with a jump diffusion risk process under the CEV model[J]. Journal of Computational and Applied Mathematics, 328: 414-431.

Wang Z W, Xia J M, Zhang L H. 2007. Optimal investment for an insurer: the martingale approach[J]. Insurance: Mathematics and Economics, 40(2): 322-334.

Wei J, Wong K C, Yam S C P, et al. 2013. Markowitz's mean-variance asset-liability management with regime switching: a time-consistent approach[J]. Insurance: Mathematics and Economics, 53(1): 281-291.

Wu H, Ma C Q, Yue S J. 2017. Momentum in strategic asset allocation[J]. International Review of Economics & Finance, 47: 115-127.

Wu H L. 2013. Mean-variance portfolio selection with a stochastic cash flow in a Markov-switching jump-diffusion market[J]. Journal of Optimization Theory and Applications, 158(3): 918-934.

Wu K, Wu W X. 2016. Optimal controls for a large insurance under a CEV model: based on the Legendre transform-dual method[J]. Journal of Quantitative Economics, 14(2): 167-178.

Wu L R. 2003. Jumps and dynamic asset allocation[J]. Review of Quantitative Finance and Accounting, 20(3): 207-243.

Xia Y H. 2001. Learning about predictability: the effects of parameter uncertainty on dynamic asset allocation[J]. The Journal of Finance, 56(1): 205-246.

Xiang L, Li Y F. 2011. Optimal reinsurance and investment for a jump diffusion risk process under the CEV model[J]. North American Actuarial Journal, 15(3): 417-431.

Xiao J W, Hong Z, Qin C L. 2007. The constant elasticity of variance (CEV) model and the Legendre transform-dual solution for annuity contracts[J]. Insurance: Mathematics and Economics, 40(2): 302-310.

Yang H L, Zhang L H. 2005. Optimal investment for insurer with jump-diffusion risk process[J]. Insurance: Mathematics and Economics, 37(3): 615-634.

Yao H X, Chen P, Li X. 2016a. Multi-period defined contribution pension funds investment management with regime-switching and mortality risk[J]. Insurance: Mathematics and Economics, 71: 103-113.

Yao H X, Lai Y Z, Li Y. 2013. Continuous-time mean-variance asset-liability management with endogenous liabilities[J]. Insurance: Mathematics and Economics, 52(1): 6-17.

Yao H X, Li X, Hao Z F, et al. 2016b. Dynamic asset-liability management in a Markov market with stochastic cash flows[J]. Quantitative Finance, 16(10): 1575-1597.

Ye J. 2018. Portfolio optimization with mean-reverting assets: combining theory with deep learning[D]. Princeton: Princeton University.

Yiu K F C. 2004. Optimal portfolios under a value-at-risk constraint[J]. Journal of Economic Dynamics and Control, 28(7): 1317-1334.

Yiu K F C, Liu J Z, Siu T K, et al. 2010. Optimal portfolios with regime switching and value-at-risk constraint[J]. Automatica, 46(6): 979-989.

Yu J. 2005. On leverage in a stochastic volatility model[J]. Journal of Econometrics, 127(2): 165-178.

Yuan W P, Lai S Y. 2019. Family optimal investment strategy for a random household expenditure under the CEV model[J]. Journal of Computational and Applied Mathematics, 354: 1-14.

Zariphopoulou T. 1999. Optimal investment and consumption models with non-linear stock dynamics[J]. Mathematical Methods of Operations Research, 50(2): 271-296.

Zariphopoulou T. 2001. A solution approach to valuation with unhedgeable risks[J]. Finance and Stochastics, 5(1): 61-82.

Zeng X D, Taksar M. 2013. A stochastic volatility model and optimal portfolio selection[J]. Quantitative Finance, 13(10): 1547-1558.

Zhang J G, Tan K S, Weng C G. 2017. Optimal hedging with basis risk under mean-variance criterion[J]. Insurance: Mathematics and Economics, 75: 1-15.

Zhang M, Chen P. 2016a. Mean-variance asset-liability management under constant elasticity of variance process[J]. Insurance: Mathematics and Economics, 70: 11-18.

Zhang M, Chen P. 2016b. Mean-variance portfolio selection with regime switching under shorting prohibition[J]. Operations Research Letters, 44(5): 658-662.

Zhang Y Y, Li X, Guo S. 2018. Portfolio selection problems with Markowitz's mean-variance framework: a review of literature[J]. Fuzzy Optimization and Decision Making, 17(2): 125-158.

Zhao H, Rong X M. 2012. Portfolio selection problem with multiple risky assets under the constant elasticity of variance model[J]. Insurance: Mathematics and Economics, 50(1): 179-190.

Zhao H, Rong X M. 2017. On the constant elasticity of variance model for the utility maximization problem with multiple risky assets[J]. IMA Journal of Management Mathematics, 28(2): 299-320.

Zheng X X, Zhou J M, Sun Z Y. 2016. Robust optimal portfolio and proportional reinsurance for an insurer under a CEV model[J]. Insurance: Mathematics and Economics, 67: 77-87.

Zhou K, Gao J J, Li D, et al. 2017. Dynamic mean-VaR portfolio selection in continuous time[J]. Quantitative Finance, 17(10): 1631-1643.

Zhou X Y, Li D. 2000. Continuous-time mean-variance portfolio selection: a stochastic LQ framework[J]. Applied Mathematics and Optimization, 42(1): 19-33.

Zhou X Y, Yin G. 2003. Markowitz's mean-variance portfolio selection with regime switching: a continuous-time model[J]. SIAM Journal on Control and Optimization, 42(4): 1466-1482.

Zhu D M, Xie Y, Ching W K, et al. 2016. Optimal portfolios with maximum value-at-risk constraint under a hidden Markovian regime-switching model[J]. Automatica, 74: 194-205.

Zhu S S, Li D, Sun X L. 2010. Portfolio selection with marginal risk control[J]. The Journal of Computational Finance, 14(1): 3-28.

Zou B, Cadenillas A. 2014. Explicit solutions of optimal consumption, investment and insurance problems with regime switching[J]. Insurance: Mathematics and Economics, 58: 159-167.

Zumbach G. 2013. Leverage effect[C]//Zumbach G. Discrete Time Series, Processes, and Applications in Finance. Berlin: Springer: 205-209.

附录 A　CEV 过程的基本数学性质

CEV 过程是一类重要的随机过程, 本附录旨在给出其主要数理性质, 特别是其平方根矩和一阶矩, 以及一个重要的矩不等式. 它们在求解 CEV 过程相关偏微分方程和证明随机最优控制问题的验证定理中有着重要作用.

考虑满足通常条件的赋域空间 $(\Omega, \mathscr{F}, \{\mathscr{F}_s\}_{t \leqslant s \leqslant T}, \mathbb{P})$, 其中 $\mathscr{F}_s = \sigma(Z_1(s))$ 表示截至 $s(t \leqslant s \leqslant T)$ 时刻的所有可用信息; $Z_1(s)$ 表示定义在 $\mathbb{P}$ 测度上的标准一维布朗运动.

定义 A.1(CEV 过程)　称随机价格过程 $S(s)$ 服从 CEV 模型, 如果 $S(s)$ 满足如下的随机微分方程:

$$\frac{\mathrm{d}S(s)}{S(s)} = r\mathrm{d}s + \sigma S(s)^\alpha \mathrm{d}Z_1(s), \quad S(t) = S > 0, \tag{A.1}$$

其中, r、σ 均表示正常数, $\alpha \in \mathbb{R}$.

注记 A.1　容易知道 $\sigma S(s)^\alpha$ 表示瞬时波动率, 由

$$\frac{\mathrm{d}\log(\sigma S(s)^\alpha)}{\mathrm{d}\log(S(s))} = \alpha, \tag{A.2}$$

易知价格的单位百分比变化引起的瞬时波动率的百分比变化是恒定不变的, 所以称 α 为弹性方差系数, 特别地, 当 $\alpha = 0$ 时, 瞬时波动率不随价格的变化而变化, 此时 CEV 模型退化为几何布朗运动模型.

注记 A.2　CEV 扩散过程具有如下的边界特征[①][②].

(1) 如果 $\alpha < -1/2$, 则原点是一个正常边界 (regular boundary), 即该过程既能从某一正初始值出发在有限时间内以概率 1 到达原点, 也能从原点出发在有限时间内以概率 1 返回正值区域.

(2) 如果 $-1/2 \leqslant \alpha < 0$, 则原点是一个退出边界 (exit boundary), 即该过程仅能从某一正初始值出发在有限时间内以概率 1 到达原点, 但是一旦到达原点便永久停留在原点位置.

---

① 关于一维扩散过程的边界分类, 参考 Karlin 和 Taylor 研究中第 15 章第 6 节 (Karlin S, Taylor H E. 1981. A Second Course in Stochastic Processes[M]. Cambridge: Academic Press).

② Davydov D, Linetsky V. 2001. Pricing and hedging path-dependent options under the CEV process[J]. Management Science, 47(7): 949-965.

(3) 如果 $\alpha \geqslant 0$, 则原点是一个自然边界 (natural boundary), 即该过程既不能从某一正初始值出发在有限时间内以概率 1 到达原点, 也不能从原点出发在有限时间内以概率 1 到达某正值点.

CEV 过程本身的数学性质比较复杂, 因此我们首先试图进行一定的数学变换, 将其转换为熟知的 Feller(费勒) 平方根过程.

引理A.1   如果 $S(s)$ 服从式(A.1)定义的 CEV 模型, 则 $S(s)^{-2\alpha}$ 服从 Feller 平方根过程.

证明   令 $X(s) = S(s)^{-2\alpha}$, 由伊藤引理有

$$
\begin{aligned}
\mathrm{d}X(s) &= \mathrm{d}S(s)^{-2\alpha} \\
&= \alpha\left((2\alpha+1)\sigma^2 - 2rS(s)^{-2\alpha}\right)\mathrm{d}s - 2\alpha\sigma S(s)^{-\alpha}\mathrm{d}Z_1(s) \\
&= \kappa(\lambda - S(s)^{-2\alpha})\mathrm{d}s + \theta\sqrt{S(s)^{-2\alpha}}\mathrm{d}Z_1(s) \\
&= \kappa(\lambda - X(s))\mathrm{d}s + \theta\sqrt{X(s)}\mathrm{d}Z_1(s),
\end{aligned}
\tag{A.3}
$$

其中, $\kappa = 2\alpha r, \lambda = \dfrac{(2\alpha+1)\sigma^2}{2r}, \theta = -2\alpha\sigma$.

Feller[1]在不同的参数范围内给出了 Feller 平方根过程对应的 Fokker-Planck 方程的解. 当 $\alpha \geqslant 0$ 时, 式(A.3) 即为利率模型中著名的 Cox-Ingersoll-Ross (CIR) 模型[2]. 当 $-1/2 \leqslant \alpha < 0$ 时, 由于其边界条件意味着价格一定存在破产风险, 我们不考虑这种情形. 当 $\alpha \leqslant -1/2$ 时, 可以进一步变换为 (squared) radial Ornstein-Uhlenbeck 过程. 以下对这两种情形进行详细讨论.

引理A.2   对于式(A.3) 定义的平方根过程, 如果 $\alpha > 0$, 则其转移密度函数为

$$
f(S(t+\tau)^{-2\alpha} = y | S(t)^{-2\alpha} = X)
$$

$$
\begin{aligned}
=&\, 4^{\frac{\kappa\lambda}{\theta^2}} \left(\frac{\kappa y}{\theta^2(1-\mathrm{e}^{-\kappa\tau})}\right)^{\frac{2\kappa\lambda}{\theta^2}} \exp\left(-\frac{2\kappa(X+y\mathrm{e}^{\kappa\tau})}{\theta^2(\mathrm{e}^{\kappa\tau}-1)}\right) \\
&\times {}_0F_1\left(;\frac{2\kappa\lambda}{\theta^2};\frac{4\kappa^2yX\mathrm{e}^{\kappa\tau}}{\theta^4(\mathrm{e}^{\kappa\tau}-1)^2}\right)\frac{1}{y\Gamma\left(\dfrac{2\kappa\lambda}{\theta^2}\right)},
\end{aligned}
\tag{A.4}
$$

其中, $\Gamma(z) = \displaystyle\int_0^\infty t^{z-t}\mathrm{e}^t\mathrm{d}t$ 表示欧拉伽玛函数; ${}_0F_1(;b;z)$ 表示合流超几何函数, 其定义为

---

① Feller W. 1951. Two singular diffusion problems[J]. Annals of Mathematics, 54: 173-182.

② Cox J C, Ingersoll Jr J E, Ross S A. 1985. A theory of the term structure of interest rates[J]. Econometrica, 53(2): 385-407.

$$_0F_1(;b;z) = \sum_{k=0}^{\infty} \frac{z^k}{(b)_k k!},$$

其中, $(b)_k = \dfrac{\Gamma(b+k)}{\Gamma(b)}$ 表示 Pochhammer 记号.

证明   见 Chou 和 Lin[1]的研究.

引理A.3   对于式(A.3) 定义的平方根过程, 如果 $\alpha > 0$, 则其 $p(p > 0)$ 阶矩为

$$\mathbb{E}[y^p|X]$$

$$= \int_0^{\infty} y^p f(S(t+\tau)^{-2\alpha} = y|S(t)^{-2\alpha} = X)\mathrm{d}y$$

$$= \frac{\mathrm{e}^{\kappa(-p)\tau}\left(\dfrac{2\kappa}{\theta^2(\mathrm{e}^{\kappa\tau}-1)}\right)^{-p}\Gamma\left(p+\dfrac{2\kappa\lambda}{\theta^2}\right){}_1F_1\left(-p;\dfrac{2\kappa\lambda}{\theta^2};-\dfrac{2X\kappa}{(-1+\mathrm{e}^{\kappa\tau})\theta^2}\right)}{\Gamma\left(\dfrac{2\kappa\lambda}{\theta^2}\right)}, \tag{A.5}$$

其中, $_1F_1(a;b;z)$ 表示合流超几何函数, 其定义为

$$_1F_1(a;b;z) = \frac{\Gamma(b)}{\Gamma(a)\Gamma(b-a)}\int_0^1 t^{a-1}(1-t)^{b-a-1}\exp(zt)\mathrm{d}t.$$

特别地, 当 $p = 1$ 时, 有

$$\mathbb{E}[y|X] = \lambda + \mathrm{e}^{-\kappa\tau}(X-\lambda). \tag{A.6}$$

证明   直接积分或者参见 Dereich 等[2]的研究.

定理A.1   如果 $\alpha > 0$, 则有

$$\mathbb{E}[S(t+\tau)^{-2\alpha}|S(t)^{-2\alpha} = S^{-2\alpha}]$$

$$= \frac{S^{-2\alpha}\mathrm{e}^{-2\alpha r\tau}\left((2\alpha+1)\sigma^2 S^{2\alpha}\left(\mathrm{e}^{2\alpha r\tau}-1\right)+2r\right)}{2r}, \tag{A.7}$$

$$\mathbb{E}[S(t+\tau)^{-\alpha}|S(t)^{-2\alpha} = S^{-2\alpha}]$$

$$= \frac{\Gamma\left(\dfrac{3}{2}+\dfrac{1}{2\alpha}\right)\mathrm{e}^{\alpha(-r)\tau}{}_1F_1\left(-\dfrac{1}{2};\dfrac{2\alpha+1}{2\alpha};-S^{-2\alpha}M(\tau)\right)}{\Gamma\left(1+\dfrac{1}{2\alpha}\right)\sqrt{M(\tau)}}, \tag{A.8}$$

① Chou C S, Lin H J. 2006. Some properties of CIR processes[J]. Stochastic Analysis and Applications, 24(4): 901-912.

② Dereich S, Neuenkirch A, Szpruch L. 2011. An Eulertype method for the strong approximation of the Cox-Ingersoll-Ross process[J]. Proceedings of the Royal Society A, 468(2140): 1105-1115.

其中, $M(\tau) = \dfrac{r}{\alpha\sigma^2\left(e^{2\alpha r\tau} - 1\right)}$.

定义 A.2 ((squared) radial Ornstein-Uhlenbeck 过程)   如果 $\lambda \in \mathbb{R}, \delta \geqslant 0, R > 0$, 随机微分方程

$$dR(s) = (\delta - 2\lambda R(s))ds + 2\sqrt{R(s)}dZ_1(s), \quad R(t) = R \tag{A.9}$$

有唯一强解, 称为参数为 $-\lambda$ 的 δ-维 (squared) radial Ornstein-Uhlenbeck 过程, 其算术平方根称为参数为 $-\lambda$ 的 δ-维 radial Ornstein-Uhlenbeck 过程.

注记 A.3   如果 δ 为正整数, (squared) radial Ornstein-Uhlenbeck 过程可以表示成 δ-维 Ornstein-Uhlenbeck 过程欧几里得范数的平方, 这便是其名字的由来.

引理 A.4   对于参数为 $-\lambda$ 的 δ-维 radial Ornstein-Uhlenbeck 过程, 其转移密度函数为

$$
\begin{aligned}
&f(R(t+\tau) = y|R(t) = X) \\
&= \frac{(2\lambda)y^{2\nu+1}\exp\left(-\lambda y^2\right)(xy\exp(-\lambda\tau))^{-\nu}}{1 - \exp(-2\lambda\tau)}I_\nu\left(\frac{2\lambda xy\exp(-\lambda\tau)}{1 - \exp(-2\lambda\tau)}\right) \\
&\quad \times \exp\left(-\frac{\lambda\left(x^2 + y^2\right)\exp(-2\lambda\tau)}{1 - \exp(-2\lambda\tau)}\right),
\end{aligned}
\tag{A.10}
$$

其中, $\nu = \dfrac{\delta}{2} - 1$. I_ν 表示参数为 ν 的第一类修正贝塞尔函数.

证明   见 Jun[①]的研究.

推论 A.1   如果 $0 < \delta < 2, \lambda < 0, p > 0$, 则

$$
\begin{aligned}
&\mathbb{E}[R(t+\tau)^p|R(t) = X] \\
&= \frac{\Gamma\left(\dfrac{p+\delta}{2}\right)\left(\dfrac{\lambda e^{2\lambda\tau}}{e^{2\lambda\tau} - 1}\right)^{-\frac{p}{2}}{}_1F_1\left(-\dfrac{p}{2}; \dfrac{\delta}{2}; \dfrac{x^2\lambda}{1 - e^{2\lambda\tau}}\right)}{\Gamma\left(\dfrac{\delta}{2}\right)}.
\end{aligned}
\tag{A.11}
$$

引理 A.5   当 $\alpha < -\dfrac{1}{2}$ 时, $\dfrac{S(s)^{-2\alpha}}{(\alpha\sigma)^2}$ 服从参数 $-\lambda = -\alpha r$ 的 $\delta = \dfrac{1}{\alpha} + 2$-维 (squared) radial Ornstein-Uhlenbeck 过程.

证明   由伊藤引理易证. 当 $\alpha < -\dfrac{1}{2}$ 时, $\delta = \dfrac{1}{\alpha} + 2 > 0$, 保证维数为正.

---

① Jun Y. 2008. Quasi-stationary distributions for the radial Ornstein-Uhlenbeck processes[J]. Acta Mathematica Scientia, 28(3): 513-522.

定理A.2　当 $\alpha < -\dfrac{1}{2}$ 时, 有

$$\mathbb{E}[S(t+\tau)^{-2\alpha}|S(t)^{-2\alpha} = S^{-2\alpha}]$$

$$= \frac{S^{-2\alpha}\mathrm{e}^{-2\alpha r\tau}\left((2\alpha+1)\sigma^2 S^{2\alpha}\left(\mathrm{e}^{2\alpha r\tau}-1\right)+2r\right)}{2r}, \tag{A.12}$$

$$\mathbb{E}[S(t+\tau)^{-\alpha}|S(t)^{-2\alpha} = S^{-2\alpha}]$$

$$= \frac{\Gamma\left(\dfrac{3}{2}+\dfrac{1}{2\alpha}\right)\mathrm{e}^{\alpha(-r)\tau} \, _1F_1\left(-\dfrac{1}{2}; \dfrac{2\alpha+1}{2\alpha}; -S^{-2\alpha}M(\tau)\right)}{\Gamma\left(1+\dfrac{1}{2\alpha}\right)\sqrt{M(\tau)}}. \tag{A.13}$$

证明　将 $\lambda = \alpha r, \delta = \dfrac{1}{\alpha}+2$ 代入式 (A.11) 中有

$$\mathbb{E}\left[\left(\frac{S(t+\tau)^{-\alpha}}{-\alpha\sigma}\right)^p \middle| \frac{S(t)^{-\alpha}}{-\alpha\sigma} = x\right] = \frac{\Gamma\left(\dfrac{1}{2}\left(p+\dfrac{1}{\alpha}+2\right)\right)}{\Gamma\left(\dfrac{1}{2}\left(2+\dfrac{1}{\alpha}\right)\right)}\left(\frac{\alpha r \mathrm{e}^{2\alpha r\tau}}{\mathrm{e}^{2\alpha r\tau}-1}\right)^{-\frac{p}{2}}$$

$$\times {}_1F_1\left(-\frac{p}{2}; \frac{1}{2}\left(2+\frac{1}{\alpha}\right); \frac{rx^2\alpha}{1-\mathrm{e}^{2r\alpha\tau}}\right), \tag{A.14}$$

于是,

$$\mathbb{E}[S(t+\tau)^{-2\alpha}|S(t)^{-2\alpha} = S^{-2\alpha}]$$

$$= (-\alpha\sigma)^2\mathbb{E}\left[\left(\frac{S(t+\tau)^{-\alpha}}{-\alpha\sigma}\right)^2 \middle| \frac{S^{-\alpha}}{-\alpha\sigma}\right]$$

$$= \frac{S^{-2\alpha}\mathrm{e}^{-2\alpha r\tau}\left((2\alpha+1)\sigma^2 S^{2\alpha}\left(\mathrm{e}^{2\alpha r\tau}-1\right)+2r\right)}{2r},$$

$$\mathbb{E}[S(t+\tau)^{-\alpha}|S(t)^{-2\alpha} = S^{-2\alpha}]$$

$$= -\alpha\sigma\mathbb{E}\left[\frac{S(t+\tau)^{-\alpha}}{-\alpha\sigma} \middle| \frac{S^{-\alpha}}{-\alpha\sigma}\right]$$

$$= \frac{\Gamma\left(\dfrac{1}{2}\left(3+\dfrac{1}{\alpha}\right)\right)\mathrm{e}^{\alpha(-r)\tau} \, _1F_1\left(-\dfrac{1}{2}; \dfrac{1}{2}\left(2+\dfrac{1}{\alpha}\right); -S^{-2\alpha}M(\tau)\right)}{\Gamma\left(1+\dfrac{1}{2\alpha}\right)\sqrt{M(\tau)}}.$$

综上, 我们可得如下定理.

定理 A.3   如果 $S(s)$ 服从式(A.1)定义的 CEV 模型,且 $\alpha > 0$ 或者 $\alpha < -\dfrac{1}{2}$,总有

$$\mathbb{E}[S(t+\tau)^{-2\alpha}|S(t)^{-2\alpha} = S^{-2\alpha}]$$

$$= \frac{S^{-2\alpha}\mathrm{e}^{-2\alpha r\tau}\left((2\alpha+1)\sigma^2 S^{2\alpha}\left(\mathrm{e}^{2\alpha r\tau}-1\right)+2r\right)}{2r},$$

$$\mathbb{E}[S(t+\tau)^{-\alpha}|S(t)^{-2\alpha} = S^{-2\alpha}] \tag{A.15}$$

$$= \frac{\Gamma\left(\dfrac{3}{2}+\dfrac{1}{2\alpha}\right)\mathrm{e}^{\alpha(-r)\tau}\,{}_1F_1\left(-\dfrac{1}{2};\dfrac{2\alpha+1}{2\alpha};-S^{-2\alpha}M(\tau)\right)}{\Gamma\left(1+\dfrac{1}{2\alpha}\right)\sqrt{M(\tau)}}. \tag{A.16}$$

以下将给出涉及 CEV 模型的随机控制问题中常用的一个不等式.

定理 A.4   如果 $X(s)$ 满足 CIR 随机过程式(A.3),则 $E\left[\exp\left(\beta\displaystyle\int_t^T X(s)\mathrm{d}s\right)\right] < \infty$ 当且仅当如下条件满足.

(1) $\beta \leqslant \dfrac{\kappa^2}{2\theta^2}$.

(2) $\beta > \dfrac{\kappa^2}{2\theta^2}$,且 $T-t < \gamma_2^{-1}\mathrm{arccot}(-\gamma_1/\gamma_2)$,这里 γ_1、γ_2 定义为

$$\gamma_1 = \frac{\kappa}{2}, \quad \gamma_2 = \frac{\sqrt{-\kappa^2+2\theta^2\beta}}{2}.$$

同时,假设 $f(s)$ 是区间 $[t,T]$ 上的有界函数,则

$$\exp\left\{\frac{1}{2}\int_t^T f(s)^2 X(s)\mathrm{d}s + \int_t^T f(s)\sqrt{X(s)}\mathrm{d}Z_1(s)\right\} \tag{A.17}$$

是一个鞅过程.

证明   见 Zeng 和 Taksar[①]的研究.

定理 A.5   对于随机过程(A.3),如果 $\beta \leqslant \dfrac{\kappa^2}{2\theta^2}$,则

$$\mathbb{E}_t\left[\exp\left(\beta\int_t^T X(s)\mathrm{d}s\right)\right] < \infty. \tag{A.18}$$

---

① Zeng X D, Taksar M. 2013. A stochastic volatility model and optimal portfolio selection[J]. Quantitative Finance, 13(10): 1547-1558.

证明 设 $u(t, X) = \mathbb{E}_t\left[\exp\left(\beta \int_t^T X(s)\mathrm{d}s\right)\right]$, 则由 Feynman-Kac 公式知, $u(t, X)$ 满足如下偏微分方程:

$$0 = \beta X u(t, X) + \kappa u_r(\lambda - X) + u_t + \frac{1}{2}\theta^2 X u_{XX}, \quad u(T, X) = 1.$$

猜测 $u(t, X) = \exp(f_1(t)X + f_0(t))$, 则可以得到 Riccati 方程组

$$0 = \kappa\lambda f_1(t) + f_0'(t), \tag{A.19}$$

$$0 = \beta + \frac{1}{2}\theta^2 f_1(t)^2 - \kappa f_1(t) + f_1'(t), \tag{A.20}$$

以及 $f_1(T) = 0, f_0(T) = 0$. 令 $f_1(t) = \dfrac{2a'(t)}{\theta^2 a(t)}$, 则有

$$0 = a''(t) - \kappa a'(t) + \frac{1}{2}\beta\theta^2 a(t).$$

当 $\beta \leqslant \dfrac{\kappa^2}{2\theta^2}$ 时, 这个微分方程对应的特征方程具有实数解, 其通解为

$$a(t) = c_1\mathrm{e}^{\frac{1}{2}t\left(\kappa - \sqrt{\kappa^2 - 2\beta\theta^2}\right)} + c_2\mathrm{e}^{\frac{1}{2}t\left(\sqrt{\kappa^2 - 2\beta\theta^2} + \kappa\right)},$$

所以

$$f_1(t) = \frac{\sqrt{\kappa^2 - 2\beta\theta^2}\left(1 - \dfrac{2c_1}{c_2\mathrm{e}^{t\sqrt{\kappa^2 - 2\beta\theta^2}} + c_1}\right) + \kappa}{\theta^2}.$$

将边界条件 $f_1(T) = 0$ 代入求解 c_1, 然后再代回上式化简, 最终得到

$$f_1(t) = \frac{2\beta}{\kappa - \sqrt{\kappa^2 - 2\beta\theta^2}\coth\left(\dfrac{1}{2}(t - T)\sqrt{\kappa^2 - 2\beta\theta^2}\right)}.$$

附录 B 随机微分方程和 Feynman-Kac 公式

金融经济学中的很多问题最终都可以归结为偏微分方程的求解问题, Feynman-Kac 公式表明抛物型偏微分方程的解可以表示成随机微分方程的条件期望. 在特殊情形下, 可以通过进一步化简条件期望得到封闭解; 在一般情形下, 可以借助蒙特卡罗模拟技术计算出该期望. 本附录就 Feynman-Kac 公式展开叙述.

仍然考虑满足通常条件的赋域空间 $(\Omega, \mathscr{F}, \{\mathscr{F}_s\}_{t \leqslant s \leqslant T}, \mathbb{P})$, 其中 $\mathscr{F}_s = \sigma(Z_1(s))$ 表示截至 $s(t \leqslant s \leqslant T)$ 时刻的所有可用信息; $Z_1(s)$ 表示定义在 $\mathbb{P}$ 测度上的标准一维布朗运动.

利用 Feynman-Kac 公式的前提之一是保证抛物型偏微分方程对应的随机微分方程存在, 因此我们首先讨论随机微分方程解的存在问题.

定义 B.1(Lipschitz 条件) 称二元函数 $f(t,x)$ 在其定义域内对于 x 是满足 Lipschitz 条件的, 如果对 $\forall t, x, y$, 存在常数 k 使得

$$|f(t,x) - f(t,y)| \leqslant k|x-y|, \tag{B.1}$$

称二元函数 $f(t,x)$ 对于 x 是满足局部 Lipschitz 条件的, 如果对 $\forall x$, 称总是存在 $\epsilon_x > 0$, 使得 $f(t,x)$ 在邻域 $[x - \epsilon_x, x + \epsilon_x]$ 上满足 Lipschitz 条件.

定义 B.2(增长条件) 称二元函数 $f(t,x)$ 对于 $x \in \mathbb{R}$ 是满足增长 (growth) 条件的, 如果对 $\forall t, x$, 存在正常数 K 使得

$$|f(t,x)|^2 \leqslant K(1 + |x|^2), \tag{B.2}$$

称二元函数 $f(t,x)$ 对于 $x \in \mathbb{R}$ 是满足多项式增长 (polynomial growth) 条件的, 如果对 $\forall t, x$, 称存在正常数 K、ν 使得

$$|f(t,x)| \leqslant K(1 + |x|^\nu). \tag{B.3}$$

定理 B.1(一维随机微分方程强解) 如果一维随机微分方程

$$\mathrm{d}X(s) = \mu(s, X(s))\mathrm{d}s + \sigma(s, X(s))\mathrm{d}Z_1(s) \tag{B.4}$$

的漂移项和扩散项对 $\forall s \in [t, T]$ 和 $x, y \in \mathbb{R}$ 满足

$$|\mu(s,x) - \mu(s,y)| \leqslant K|x-y|,$$

$$|\sigma(s,x) - \sigma(s,y)| \leqslant h(|x-y|),$$

其中, K 是一个正常数及 $h : [0,\infty] \to [0,\infty]$ 是一个满足 $h(0) = 0$,

$$\int_{(0,\epsilon)} h^{-2}(u)\mathrm{d}u = \infty, \quad \forall \epsilon > 0 \tag{B.5}$$

的严格正单调函数, 则式(B.4) 有唯一强解.

证明　见 Karatzas 和 Shreve[1]研究中第 291 页.

取 $\sigma(s,x) = \sqrt{x}, h(x) = \sqrt{x}$, 易知 $|\sqrt{x} - \sqrt{y}| \leqslant |\sqrt{x-y}|$, 从而 Feller 平方根过程具有唯一强解.

定理B.2(Feynman-Kac 公式)　考虑边界条件为

$$u(T,x) = \psi(x) \tag{B.6}$$

的偏微分方程

$$\frac{\partial u}{\partial t}(t,x) + \mu(t,x)\frac{\partial u}{\partial x}(t,x) + \frac{1}{2}\sigma^2(t,x)\frac{\partial^2 u}{\partial x^2}(t,x) - V(t,x)u(t,x) + f(t,x) = 0, \tag{B.7}$$

其解可以表示为下面的条件期望

$$u(t,X) = \mathbb{E}^Q\left[\int_t^T e^{-\int_t^r V(\tau,X_\tau)\mathrm{d}\tau}f(r,X_r)\,\mathrm{d}r + e^{-\int_t^T V(\tau,X_\tau)\mathrm{d}\tau}\psi(X_T)\,|X_t = x\right], \tag{B.8}$$

其中, X 满足随机微分方程:

$$\mathrm{d}X(s) = \mu(s,X(s))\mathrm{d}s + \sigma(s,X(s))\mathrm{d}W^Q(s), \quad X(t) = x,$$

其中, $W^Q(s)$ 表示定义在 Q 测度下的一维标准布朗运动, 特别地, 如果 μ、σ、ψ、f、V 均为连续函数且满足以下条件:

(1) μ、σ 是有界局部 Lipschitz 函数.

(2) σ 是对于变量 t 一致, 对于变量 x 满足 Hölder 连续性的函数, 即 σ 的 Hölder 系数不依赖于 t.

(3) V 是对于变量 t 一致, 对于变量 x 满足 Hölder 连续性的有界函数.

(4) f 是对于变量 t 一致, 对于变量 x 满足 Hölder 连续性及多项式增长条件的函数.

(5) ψ 满足多项式增长条件.

则式(B.8)是式(B.6)和式 (B.7) 的唯一满足多项式增长条件的解.

证明　见 Duffie[2]研究中附录 E.

① Karatzas I, Shreve S E. 1991. Brownian Motion and Stochastic Calculus[M]. New York: Springer Verlag.
② Duffie D. 2010. Dynamic Asset Pricing Theory[M]. 3rd ed.Princeton: Princeton University Press.

附录 C　预先承诺策略和时间一致策略

在动态 (多期) 均值–方差问题中, 通常会涉及两种结果——预先承诺策略和时间一致策略. 为了直观地理解相关概念及其区别, 本附录基于两期二叉树经济给出一个演示案例.

C.1　基本经济假设

考虑一个离散时间两期经济, 市场中存在一只利率为 0 的无风险债券和一只风险资产, 其价格演化如图 C.1~ 图 C.3 的二叉树所示. 其中 S 为 $t = 0$ 时刻的价格, u、d 分别为经济在未来处于升、降两种状态时价格的增 (减) 幅; 为方便描述, 直接称经济在未来处于状态 d 或 u; 设 p 为下一期经济处于 u 状态的概率.

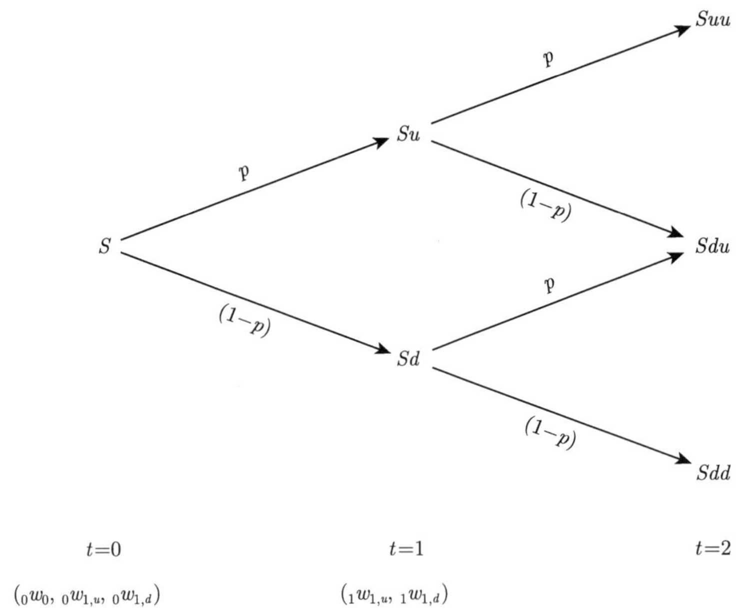

Suu
p
Su
p
(1−p)
S
Sdu
p
(1−p)
Sd
(1−p)
Sdd
t=0
t=1
t=2
$({}_0w_0,\ {}_0w_{1,u},\ {}_0w_{1,d})$
$({}_1w_{1,u},\ {}_1w_{1,d})$

图 C.1　物理测度下的风险资产价格演化过程

考虑风险中性测度和转移密度. 设下一期处于 u 状态的概率为 $\tilde{p}$, 则有

$$\tilde{p}u + (1 - \tilde{p})d = 1.$$

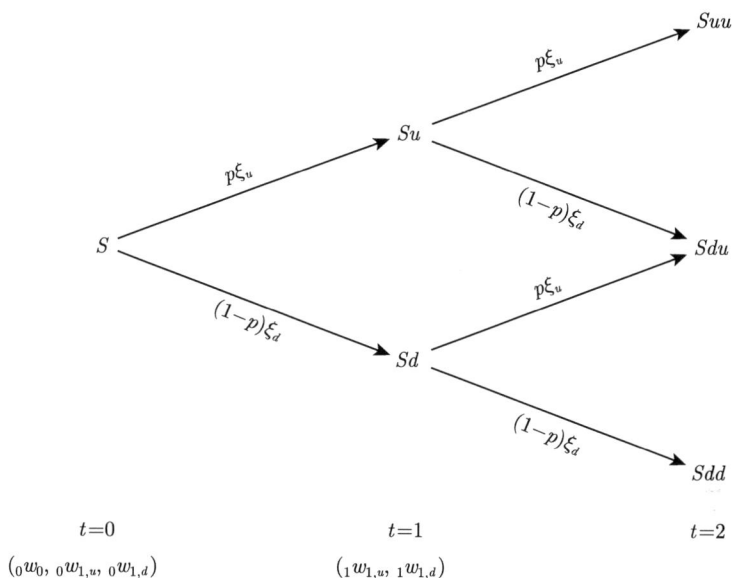

图 C.2 风险中性测度下的风险资产价格演化过程

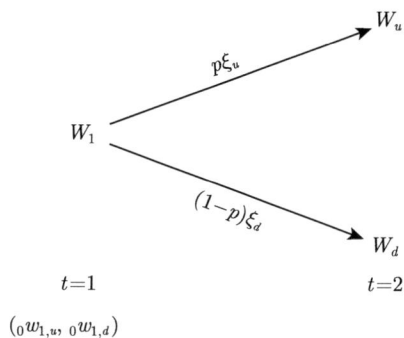

图 C.3 单期模型中组合财富演化过程

故

$$\tilde{p} = \frac{1-d}{u-d}, \qquad 1-\tilde{p} = \frac{u-1}{u-d}. \tag{C.1}$$

对应的状态转移密度过程为

$$\xi_u = \frac{\tilde{p}}{p}, \qquad \xi_d = \frac{1-\tilde{p}}{1-p}. \tag{C.2}$$

考虑均值–方差型投资者的组合选择问题. 设其初始财富为 $W, t = i, i \in \{0, 1, 2\}$ 时刻的财富为 $W(i)$. 如果风险厌恶系数为 γ, 目标可以记为

$$\max_{w_0, w_1}\left(\mathbb{E}_0[W(2)] - \frac{\gamma}{2}\mathbb{V}\mathrm{ar}_0[W(2)]\right). \tag{C.3}$$

C.2 预先承诺投资策略

设投资策略为 $({}_0w_0, {}_0w_{1,u}, {}_0w_{1,d})$, 其中 ${}_iw_{j,k}$ 表示 i 时刻所制定的 j 时刻处于 k 状态的策略 (投资于风险资产的财富).

不同于一般的动态规划问题, 这里使用鞅方法求解优化问题, 其基本思路是设法将动态规划问题转换为静态优化问题. 根据 Basak 和 Chabakauri[①]研究中的方程 (34) 和方程 (35), 组合选择问题式(C.3)的预先承诺策略等价于如下的静态优化问题:

$$\max\left(\mathbb{E}_t[W(2)] - \frac{\gamma}{2}\mathbb{V}\mathrm{ar}_t[W(2)]\right), \tag{C.4}$$

$$\text{s.t.} \qquad \mathbb{E}_t[\xi W(2)] = W. \tag{C.5}$$

其中, ξ 表示状态转移密度.

C.2.1 单期优化问题

不妨考虑 $t = 1$ 时刻处于 u 状态的决策, 在物理测度下, 有

$$\mathbb{E}_1[W(2)] = (1 - p)W_d + pW_u,$$

$$\mathbb{V}\mathrm{ar}_1[W(2)] = -(p - 1)p(W_d - W_u)^2,$$

所以优化问题为

$$U(W_u, W_d) = -\frac{1}{2}\gamma\left(-((1 - p)W_d + pW_u)^2 + (1 - p)W_d^2 + pW_u^2\right)$$
$$+ (1 - p)W_d + pW_u$$

$$\text{s.t.} \qquad W_1 = (1 - p)\xi_d W_d + p\xi_u W_u.$$

构造如下拉格朗日函数:

$$L(W_u, W_d) = U(W_u, W_d) + \lambda(W_1 - ((1 - p)\xi_d W_d + p\xi_u W_u)).$$

[①] Basak S, Chabakauri G. 2010. Dynamic mean-variance asset allocation[J]. The Review of Financial Studies, 23(8): 2970-3016.

求一阶条件可以得到

$$
\begin{cases}
W_u^* = W_1 + ((p-1)\xi_d(\xi_d - \xi_u))/\gamma, \\
W_d^* = W_1 + (p\xi_u(\xi_u - \xi_d))/\gamma,
\end{cases}
\tag{C.6}
$$

接下来构造投资策略 $(_1w_{1,u})$ 以实现终端状态财富式(C.6), 即有

$$
\begin{cases}
W_u^* = W_1 - {}_1w_{1,u}^* + u\,{}_1w_{1,u}^*, \\
W_d^* = W_1 - {}_1w_{1,u}^* + d\,{}_1w_{1,u}^*.
\end{cases}
$$

从而求得投资策略为

$$
{}_1w_{2,u}^* = \frac{d(p-1) - pu + 1}{\gamma(p-1)p(d-u)^2}.
\tag{C.7}
$$

同理也可得到

$$
{}_1w_{2,d}^* = \frac{d(p-1) - pu + 1}{\gamma(p-1)p(d-u)^2}.
\tag{C.8}
$$

C.2.2 两期优化问题

如图 C.4 所示, 在物理测度下, 有

$$
\mathbb{E}_0[W(2)] = (1-p)^2 W_{dd} + (1-p)p W_{du} + p^2 W_{uu} + p(1-p)W_{ud},
$$

$$
\begin{aligned}
\mathbb{V}\mathrm{ar}_0[W(2)] = &-\big((p-1)^2 W_{dd} + p(pW_{uu} - (p-1)(W_{du} + W_{ud}))\big)^2 \\
&+ (p-1)^2 W_{dd}^2 - (p-1)p W_{du}^2 + p^2 W_{uu}^2 - (p-1)p W_{ud}^2.
\end{aligned}
$$

所以投资目标为

$$
U(W_{uu}, W_{ud}, W_{du}, W_{dd}) = \mathbb{E}_0[W(2)] - \frac{\gamma}{2}\mathbb{V}\mathrm{ar}_0[W(2)].
$$

构造拉格朗日函数

$$
\begin{aligned}
L(W_{uu}, W_{ud}, W_{du}, W_{dd}) = &\,U(W_{uu}, W_{ud}, W_{du}, W_{dd}) + \lambda(W - ((1-p)^2\xi_d^2 W_{dd} \\
&+ p(1-p)\xi_u\xi_d W_{ud} + (1-p)p\xi_d\xi_u W_{du} + p^2\xi_u^2 W_{uu})),
\end{aligned}
$$

求一阶条件可以得到

$$
\begin{cases}
W_{uu}^* = W + (p-1)\xi_d\big((p-1)\xi_d^3 + (1-3p)\xi_d\xi_u^2 + 2p\xi_u^3\big)/\gamma, \\
W_{ud}^* = W_{ud}^* = W + (\xi_d - \xi_u)\big((p-1)^2\xi_d^3 - p^2\xi_u^3\big)/\gamma, \\
W_{dd}^* = W + p\xi_u\big(2(p-1)\xi_d^3 + (2-3p)\xi_d^2\xi_u + p\xi_u^3\big)/\gamma.
\end{cases}
\tag{C.9}
$$

故投资策略满足

$$\begin{cases} (W - {}_0w_0^*) + u\,{}_0w_0^* - {}_0w_{1,u}^* + u\,{}_0w_{1,u}^* = W_{uu}^*, \\ (W - {}_0w_0^*) + u\,{}_0w_0^* - {}_0w_{1,u}^* + d\,{}_0w_{1,d}^* = W_{ud}^*, \\ (W - {}_0w_0^*) + d\,{}_0w_0^* - {}_0w_{1,d}^* + d\,{}_0w_{1,d}^* = W_{dd}^*. \end{cases} \tag{C.10}$$

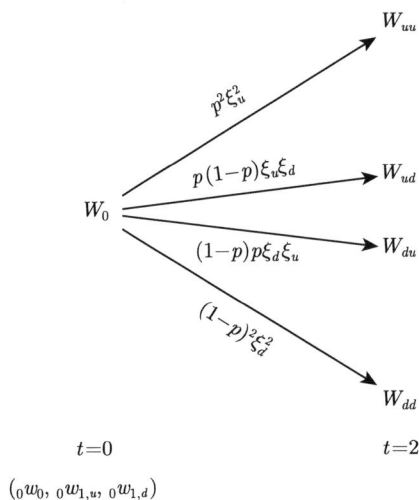

图 C.4 两期模型中组合财富演化过程

解之得

$$\begin{cases} {}_0w_0^* = \dfrac{(d(p-1) - pu + 1)\big((d-2)d(p-1) - pu^2 + 2pu - 1\big)}{\gamma(p-1)^2 p^2 (d-u)^4}, \\ {}_0w_{1,u}^* = \dfrac{(d-1)(d(p-1) - pu + 1)}{\gamma(p-1)p^2(d-u)^3}, \quad {}_0w_{1,d}^* = \dfrac{(u-1)(d(-p) + d + pu - 1)}{\gamma(p-1)^2 p(u-d)^3}. \end{cases}$$
$$\tag{C.11}$$

对比式(C.7)、式(C.8)和式(C.11)可以发现

$${}_0w_{1,u}^* \neq {}_1w_{1,u}^*, \; {}_0w_{1,d}^* \neq {}_1w_{1,d}^*, \tag{C.12}$$

说明不同时刻做出的其他某一时刻的投资策略不相同, 这就是所谓的时间不一致性. 也就是说, 如果投资者在 $t = 1$ 时刻对策略进行重新评估的话, 会背离 $t = 0$ 时刻制定的该时刻的投资策略, 除非严守承诺, 故这种投资策略也称为预先承诺策略.

C.3 时间一致 (均衡) 投资策略

和一般的动态规划问题类似, 这里使用逆向归纳的方法求解优化问题. 设投资策略为 $(_0\pi_{0}, {_0\pi_{1,u}}, {_0\pi_{1,d}})$, 其中 $_i\pi_{j,k}$ 表示 i 时刻所制定的 j 时刻处于 k 状态的策略.

首先考虑 $t = 1$ 时刻的最优化决策 $_1\pi_{1,u}$, 其状态转移方程为

$$W(2) = (W(1) - {_1\pi_{1,u}}) + {_1\pi_{1,u}}(X(2)(u - d) + d), \tag{C.13}$$

其中, $X(2)$ 表示 $t = 2$ 时刻经济所处的状态, 服从参数为 p 的伯努利 (Bernoulli) 分布, 其值取 1 时表示经济处于 u 状态. 于是有

$$\mathbb{E}_1[W(2)] = {_1\pi_{1,u}}(d(-p) + d + pu - 1) + W_1,$$

$$\mathbb{V}\mathrm{ar}_1[W(2)] = p(1 - p)({_1\pi_{1,u}})^2(d - u)^2.$$

求解该最优化问题可以得到

$$_1\pi_{1,u}^* = \frac{d(1 - p) + pu - 1}{\gamma(1 - p)p(d - u)^2}. \tag{C.14}$$

其中, 分子表示超额收益; 分母表示风险厌恶系数乘以风险资产波动率的平方. 注意到 $_1\pi_{1,u}$ 不依赖于状态变量, 时间一致投资策略要求

$$_0\pi_{1,u}^* = {_1\pi_{1,u}^*}. \tag{C.15}$$

对于单期模型, 虽然使用的求解方法完全不同, 但策略式(C.7)和策略式(C.16)是完全相同的. 可以根据逆向归纳法的思路继续求解 $t = 0$ 时刻的投资策略, 这里由逻辑直接推出投资策略. 因为 $t = 0$ 和 $t = 1$ 时刻面临的投资机会集完全相同, 所以投资策略也是不变的, 即有

$$_0\pi_0 = \frac{d(1 - p) + pu - 1}{\gamma(1 - p)p(d - u)^2}. \tag{C.16}$$

对比式(C.11)、式(C.14)、式(C.16)可以发现, 对于多期模型, 预先承诺策略和时间一致策略完全不同.

附录 D　主要定理证明

D.1　定理 3.5 证明

解满足 HJB 方程只是原始随机动态优化问题的一个必要条件, 并非充分条件. 为了说明 HJB 方程的解同时也是原始随机动态优化问题的解, 本附录主要证明值函数的验证定理.

首先给出如下的引理.

引理 D.1　假定对于任意可容许投资策略 w, $J \in C^{(1,2,2)}([t, T] \times \mathbb{R}_+^2)$ 满足 $\mathscr{A}^w J \leqslant 0$, $J(T, W, S) = U(W)$, 且在时间区间 $s \in [t, T]$ 上 $J(s, W^w(s), S(s))$ 对应的 t 时刻的条件期望总是一致可积的 (uniformly integrable), 则有

$$J(t, W, S) \geqslant \mathbb{E}[U(W^w)|S(t) = S, W(t) = W].$$

并且, 如果 $\mathscr{A}^{w^*} J = 0$, 则有

$$J(t, W, S) = \mathbb{E}[U(W^{w^*})|S(t) = S, W(t) = W].$$

证明　假设 w 是一个可容许投资策略, 取一组开区间 $O_1, O_2, O_3, \cdots$, 假设其满足 $O_i \subset O_{i+1} \subset O, i = 1, 2, \cdots$. 对于 $(W, S) \in O_1$, 令 τ_i 为 (W, S) 从 O_i 的退出时间 (exiting time) 及 $T_i = \min(T, \tau_i)$, 根据邓肯公式 (Dynkin's formula) 有

$$\mathbb{E}_t[J(T_i, W^w(T_i), S(T_i))] = J(t, W, S) + \mathbb{E}_t \int_t^{T_i} \mathscr{A}^w J(s, W^w(s), S(s)) \mathrm{d}s$$

$$\leqslant J(t, W, S), \tag{D.1}$$

其中, $\mathbb{E}_t[\cdot] = \mathbb{E}[\cdot|W(t) = W, S(t) = S]$. 由于

$$\lim_{i \to \infty} J(T_i, W^w(T_i), S(T_i)) = J(T, W^w(T), S(T)) = U(W^w), \text{a.s.}, \tag{D.2}$$

且序列 $\{J(T_i, W^w(T_i), S(T_i))\}$ 在 t 时刻的条件期望是一致可积的, 因此有

$$\mathbb{E}_t[U(W^w)] = \mathbb{E}_t[\liminf_{i \to \infty} J(T_i, W^w(T_i), S(T_i))]$$

$$= \liminf_{i \to \infty} \mathbb{E}_t[J(T_i, W^w(T_i), S(T_i))]$$

$$\leqslant J(t, W, S). \tag{D.3}$$

用 $w = w^*$ 进行替换, 式 (D.3) 中的不等号变成等号从而可以得到

$$\mathbb{E}_t[J(T_i, W^{w^*}(T_i), S(T_i))] = J(t, W, S) \geqslant \mathbb{E}_t[U(W^w)],$$

$$\mathbb{E}_t[U(W^{w^*})] = J(t, W, S).$$

以下证明定理 3.5.

证明 根据引理 D.1, 证明 $J(t, W, S)$ 满足一致可积条件即可. 令值函数 $V(s) = J(s, W^{w^*}(s), S(s))$, 由伊藤引理可以得到

$$
\begin{aligned}
\mathrm{d}V(s) = {} & V(s)\Bigg(rS(s)g^{(0,1)}(s, S(s)) + \frac{1}{2}\sigma^2 S(s)^{2\alpha+2}g^{(0,2)}(s, S(s)) + g^{(1,0)}(s, S(s)) \\
& - \gamma \mathrm{e}^{r(T-s)}\bigg(rS(s)h^{(0,1)}(s, S(s)) + \frac{1}{2}\sigma^2 S(s)^{2\alpha+2}h^{(0,2)}(s, S(s)) \\
& + h^{(1,0)}(s, S(s)) - rh(s, S(s)) + \mu_m + \frac{\rho\sigma_m(r-\mu)S(s)^{-\alpha}}{\sigma} \\
& + \frac{1}{2}\gamma\left(\rho^2 - 1\right)\sigma_m^2 \mathrm{e}^{r(T-s)} \bigg) + \frac{(r-\mu)^2 S(s)^{-2\alpha}}{2\sigma^2} \Bigg)\mathrm{d}s \\
& - \frac{(\mu-r)S(s)^{-\alpha}}{\sigma}\mathrm{d}Z_1(s) - \gamma\sqrt{1-\rho^2}\sigma_m \mathrm{e}^{r(T-s)}\mathrm{d}Z_2(s) \\
= {} & -\frac{(\mu-r)S(s)^{-\alpha}}{\sigma}\mathrm{d}Z_1(s) - \gamma\sqrt{1-\rho^2}\sigma_m \mathrm{e}^{r(T-s)}\mathrm{d}Z_2(s).
\end{aligned}
$$

以上使用式 (3.3.10) 得到第二个等号. 进一步使用伊藤引理有

$$
\begin{aligned}
\mathrm{d}\log V(u) = {} & \frac{1}{2}\left(\gamma^2\left(\rho^2-1\right)\sigma_m^2 \mathrm{e}^{2r(T-s)} - \frac{(r-\mu)^2 S(s)^{-2\alpha}}{\sigma^2}\right)\mathrm{d}s \\
& + \frac{(r-\mu)S(s)^{-\alpha}}{\sigma}\mathrm{d}Z_1(s) + \gamma\sqrt{1-\rho^2}\sigma_m\left(-\mathrm{e}^{r(T-s)}\right)\mathrm{d}Z_2(s).
\end{aligned}
$$

这个随机微分方程的解可以表示为

$$
\begin{aligned}
\log(V(u)) - \log(V(t)) = {} & \int_t^u \frac{1}{2}\left(\gamma^2\left(\rho^2-1\right)\sigma_m^2 \mathrm{e}^{2r(T-s)} - \frac{(r-\mu)^2 S(s)^{-2\alpha}}{\sigma^2}\right)\mathrm{d}s \\
& + \int_t^u \frac{(r-\mu)S(s)^{-\alpha}}{\sigma}\mathrm{d}Z_1(s)
\end{aligned}
$$

$$+ \int_t^u \gamma \sqrt{1 - \rho^2} \sigma_m \left(-e^{r(T-s)}\right) dZ_2(s).$$

从而有

$$V(u)^2 / V(t)^2 = \exp\Bigg(\int_t^u \left(\gamma^2 \left(\rho^2 - 1\right) \sigma_m^2 e^{2r(T-s)} - \frac{(r-\mu)^2 S(s)^{-2\alpha}}{\sigma^2}\right) ds$$

$$+ \int_t^u \frac{2(r-\mu)S(s)^{-\alpha}}{\sigma} dZ_1(s) - 2\gamma \sigma_m \sqrt{1-\rho^2} \int_t^u e^{r(T-s)} dZ_2(s)\Bigg).$$

根据定理 A.4 可知, 当 $\mu > r$ 时

$$\exp\left(\int_t^u -\frac{1}{2} \frac{4(r-\mu)^2 S(s)^{-2\alpha}}{\sigma^2} ds + \int_t^u \frac{2(r-\mu)S(s)^{-\alpha}}{\sigma} dZ_1(s)\right)$$

是一个鞅过程, 同时

$$\mathbb{E}\left[\exp \int_t^u \frac{(r-\mu)^2 S(s)^{-2\alpha}}{\sigma^2} ds | S(t) = S \right] < \infty.$$

由 Novikov 条件知

$$\exp\left(\int_t^u \left(-2\gamma^2 \left(1-\rho^2\right) \sigma_m^2 e^{2r(T-s)}\right) ds - \int_t^u 2\gamma \sqrt{1-\rho^2} \sigma_m e^{r(T-s)} dZ_2(s)\right)$$

是一个鞅. 因此有

$$\mathbb{E}\left[V(u)^2 | S(t) \right] = V(t)^2 \mathbb{E}\Bigg[\exp \int_t^u \left(\frac{(r-\mu)^2 S(s)^{-2\alpha}}{\sigma^2}\right.$$

$$\left. + \gamma^2 \left(1-\rho^2\right) \sigma_m^2 e^{2r(T-s)}\right) ds | S(t) = S \Bigg]$$

$$< \infty.$$

D.2   定理 4.5 证明

证明   仅证明 $\alpha \neq 0$ 时的结果, $\alpha = 0$ 时的证明是类似的. 根据伊藤引理及式 (4.3.46), 对随机过程 $g(s, W^{w^*}(s), S(s))$ 有

$$dg(s, W^{w^*}(s), S(s))$$

$$= \left(rS(s)\tilde{g}^{(0,1)}(s, S(s)) + \frac{1}{2}\sigma^2 S(s)^{2\alpha+2} \tilde{g}^{(0,2)}(s, S(s)) + \tilde{g}^{(1,0)}(s, S(s)) \right.$$

$$
\begin{aligned}
&+ \frac{\rho\sigma_m(r-\mu)e^{r(T-s)}S(s)^{-\alpha}}{\sigma} + \mu_m e^{r(T-s)} + \frac{(r-\mu)^2 S(s)^{-2\alpha}}{\gamma\sigma^2}\bigg)ds \\
&+ \frac{(\mu-r)S(s)^{-\alpha}}{\gamma\sigma}dZ_1(s) + \sqrt{1-\rho^2}\sigma_m e^{r(T-s)}dZ_2(s) \\
={}& \frac{(\mu-r)S(s)^{-\alpha}}{\gamma\sigma}dZ_1(s) + \sqrt{1-\rho^2}\sigma_m e^{r(T-s)}dZ_2(s).
\end{aligned}
\tag{D.4}
$$

这里由式 (4.3.16) 得到第二个等号, 求解这个微分方程可以得到

$$
\begin{aligned}
g(u, W^{w^*}(u), S(u)) ={}& g(t, W, S) + \int_t^u \frac{(\mu-r)S(s)^{-\alpha}}{\gamma\sigma}dZ_1(s) \\
&+ \int_t^u \sqrt{1-\rho^2}\sigma_m e^{r(T-s)}dZ_2(s),
\end{aligned}
\tag{D.5}
$$

因此有

$$
\begin{aligned}
\mathbb{E}_t[g(u, W^{w^*}(u), S(u))^2] ={}& g(t, W, S)^2 + \int_t^u \frac{(\mu-r)^2 \mathbb{E}_t[S(s)^{-2\alpha}]}{\gamma^2\sigma^2}ds \\
&+ \int_t^u (1-\rho^2)\sigma_m^2 e^{2r(T-s)}ds \\
&< \infty.
\end{aligned}
\tag{D.6}
$$

对于随机过程 $\tilde{v}(s, S(s))$, 不可对冲风险项是有限的, 可对冲项不带来额外的风险, 而投资于风险资产所需要承担的风险总是小于期望收益, 即 $\tilde{v}_{\text{selff}}(t, S) < \tilde{g}_{\text{selff}}(t, S)$. 由于 $g(t, W, S)$ 平方可积, 所以 $\tilde{v}(s, S(s))$ 也平方可积, 进而 $J(t, W, S)$ 也平方可积.

D.3　定理 5.3 证明

证明　此处仅证明 $\alpha > 0$ 时的对应结果, 其他情形下同理可得. 根据伊藤引理及式(5.3.66), 有

$$
\begin{aligned}
&dg(s, W^{w^*}(s), L(s), S(s)) \\
={}& \mathcal{A}^{w^*}g(s, W^*(s), L(s), S(s))ds + \left(\frac{(\mu-r)S(s)^{-\alpha}}{\gamma\sigma}\right)dZ_1(s) \\
&+ \left(\sqrt{1-\rho^2}\sigma_l L(s)m(s, S(s))\right)dZ_2(s) \\
={}& \left(\frac{(\mu-r)S(s)^{-\alpha}}{\gamma\sigma}\right)dZ_1(s) + \left(\sqrt{1-\rho^2}\sigma_l L(s)m(s, S(s))\right)dZ_2(s).
\end{aligned}
\tag{D.7}
$$

这里由式(5.3.6) 得到第二个等号. 上述随机微分方程的解为

$$g(u, W^{w^*}(u), L(u), S(u)) = g(t, W, L, S) + \int_t^u \frac{(\mu - r)S(s)^{-\alpha}}{\gamma \sigma} \mathrm{d}Z_1(s)$$

$$+ \int_t^u \left(\sqrt{1 - \rho^2} \sigma_l L(s) m(s, S(s)) \right) \mathrm{d}Z_2(s), \qquad (\text{D.8})$$

因此有

$$\mathbb{E}_t[g^2] = g(t, W, L, S)^2 + \int_t^u \frac{(\mu - r)^2 \mathbb{E}_t[S(s)^{-2\alpha}]}{\gamma^2 \sigma^2} \mathrm{d}s$$

$$+ (1 - \rho^2)\sigma_l^2 \mathbb{E}_t \left[\int_t^u L(s)^2 m(s, S(s))^2 \mathrm{d}s \right]$$

$$< M_1 + (1 - \rho^2)\sigma_l^2 \left[\int_t^u \mathbb{E}_t[L(s)^2] \mathbb{E}_t[m(s, S(s))^2] \mathrm{d}s \right]$$

$$\leqslant M_1 + (1 - \rho^2)\sigma_l^2 \left[\int_t^u (\mathbb{E}_t[L(s)^2])^2 \mathrm{d}s \int_t^u (\mathbb{E}_t[m(s, S(s))^2])^2 \mathrm{d}s \right]^{1/2}$$

$$\leqslant M_1 + (1 - \rho^2)\sigma_l^2 \left[\int_t^u \mathbb{E}_t[L(s)^4] \mathrm{d}s \int_t^u \mathbb{E}_t[m(s, S(s))^4] \mathrm{d}s \right]^{1/2}$$

$$\leqslant M_1 + (1 - \rho^2)\sigma_l^2 M_2 \left[\int_t^u \mathbb{E}_t[m(s, S(s))^4] \mathrm{d}s \right]^{1/2}$$

$$= M_1 + (1 - \rho^2)\sigma_l^2 M_2 \left[\int_t^u \mathbb{E}_t[\bar{m}(s, S(s)^{-\alpha})^4] \mathrm{d}s \right]^{1/2}$$

$$\leqslant M_1 + (1 - \rho^2)\sigma_l^2 M_2 \left[\int_t^u \mathbb{E}_t[(1 + M_3 S(s)^{-\nu\alpha})^4] \mathrm{d}s \right]^{1/2}$$

$$< \infty. \qquad (\text{D.9})$$

在上述推导中, 第四个不等号之所以成立是因为 $L(s)$ 服从条件正态分布; 倒数第二个不等号成立是因为 $\bar{m}(t, Y)$ 满足多项式增长条件; 最后一个不等号成立是因为 $S(s)^{-2\alpha}$ 的任意正数矩均存在.

由于 $J(t, W, L, S) = g(t, W, L, S) - \tilde{v}(t, L, S)$ 以及 $(A + B)^2 \leqslant 2(A^2 + B^2)$, 只需要证明 $\mathbb{E}_t[\tilde{v}(u, L(u), S(u))^2] < \infty$. 由于 $\tilde{v}(t, L, S) = L^2 h(t, S) + k(t, S)$, 只需要分别证明 $\mathbb{E}_t[(L(u)^2 h(u, S(u)))^2] < \infty$ 以及 $\mathbb{E}_t[k(u, S(u))^2] < \infty$, 有 $\mathbb{E}_t[k(u, S(u))^2] < \infty$. 同理, 根据式 (D.9), 可以证明 $\mathbb{E}_t[(L(u)^2 h(u, S(u)))^2] < \infty$. 总之

$$\mathbb{E}_t[(J(u, W^{w^*}(u), L(u), S(u)))^2] < \infty. \qquad (\text{D.10})$$

附录 E 第 6 章数值算法核心实现代码

```cpp
 1  #ifndef NUMERICAL__DATAMODEL_H
 2  #define NUMERICAL__DATAMODEL_H
 3
 4  #include <vector>
 5  #include <cmath>
 6  #include <iostream>
 7  #include <algorithm>
 8  #include <memory>
 9  #include <algorithm>
10  #include <cassert>
11  #include <functional>
12
13
14  #ifndef DEBUGINFO
15  #define DEBUGINFO(info) std::cout<<__LINE__<<":"<<__FUNCTION__<< info << std::endl
16  #endif
17
18  auto print_vec = [](const std::vector<double>& vec) -> void
19  {
20    std::copy(vec.cbegin(), vec.cend(), std::ostream_iterator<double>(std::cout, " "));
21    std::cout << std::endl;
22  };
23
24  auto vecdotvec = [](const std::vector<double>& lvec, const std::vector<double>& rvec) ->
          double
25  {
26    assert(lvec.size() == rvec.size());
27    auto res = .0;
28
29    auto size = lvec.size();
30    for(auto i = 0; i < size; ++i)
31      res += lvec[i] * rvec[i];
32
33    return res;
34  };
35
36  struct BiTree
37  {
38    std::vector<std::vector<double>>  tree_;
39    int depth;
```

```
40    /**
41     * \brief 二叉树数据结构
42     *
43     * 为了便于选取截面信息，使用二维数组而不是常规的树结构存储信息，行表示不同时刻
44     * 每一行第一个元素表示上一行第一个元素在u状态下的值，第二个元素表示在d状态下的值
45     * 其他以此类推
46     *
47     * @param depth
48     */
49    BiTree(int depth) : depth(depth)
50    {
51      std::vector<std::vector<double>>  tree_;
52
53      for (auto i = 0; i < this->depth; ++i)
54      {
55        auto temp = std::vector<double>(1<<i, 0.0);
56        tree_.push_back(temp);
57      }
58      this->tree_ = tree_;
59    }
60    void show_content() const
61    {
62      for (auto i = 0; i < this->depth; ++i)
63      {
64        std::cout << i  << ":";
65        print_vec(this->tree_[i]);
66      }
67    }
68    /**
69     * \brief 获取子树，便于后面选择范围
70     *
71     * @param depth 时间坐标
72     * @param j     截面坐标
73     * @return      从坐标位置开始的子树
74     */
75    BiTree getsubtree(int depth, int j) const
76    {
77      auto subtree = BiTree(this->depth - depth);
78      subtree.tree_[0][0] = this->tree_[depth][j];
79
80      auto nextfirstnode = 2 * j;
81      for(auto l=depth; l < this->depth-1; ++l)
82      {
83
84        auto nextnodessize = subtree.tree_[l-depth+1].size();
85        std::copy(this->tree_[l+1].cbegin()+nextfirstnode,
86            this->tree_[l+1].cbegin()+nextfirstnode+nextnodessize, subtree.tree_[l-depth+1].
          begin());
```

```
87
88        nextfirstnode = nextfirstnode << 1;
89      }
90      return subtree;
91    }
92 };
93
94 using Strategy = BiTree;
95 using PriceDynamic = BiTree;
96 using Probability = BiTree;
97
98 struct ProbDynamic : public Probability
99 {
100   double p;
101   ProbDynamic(int depth, double p) : BiTree(depth)
102   {
103     this->tree_[0][0] = 1.;
104     for(auto i = 0; i < depth-1; ++i)
105     {
106       auto size = tree_[i].size();
107
108       for(auto j = 0; j < size; ++j)
109       {
110         this->tree_[i+1][2*j] = this->tree_[i][j] * p;
111         this->tree_[i+1][2*j+1] = this->tree_[i][j] * (1-p);
112       }
113     }
114   }
115 };
116
117 struct PriceDynamicGBM : public PriceDynamic
118 {
119 public:
120   const double S;
121   const double mu;
122   const double sigma;
123 public:
124   PriceDynamicGBM(int depth, const double S, const double mu, const double sigma)
125   : BiTree(depth), S(S), mu(mu), sigma(sigma)
126   {
127     this->tree_[0][0] = this->S;
128
129     // 换算为u, d 参数
130     auto d = 1 + this->mu  - this->sigma;
131     auto u = d + 2 * this->sigma;
132     // 生成价格二叉树的所有节点
133     for(auto i = 0; i < depth-1; ++i)
134     {
```

```cpp
        auto size = tree_[i].size();

        for(auto j = 0; j < size; ++j)
        {
          this->tree_[i+1][2*j] = this->tree_[i][j] * u;
          this->tree_[i+1][2*j+1] = this->tree_[i][j] * d;
        }
      }
  }
};

struct PriceDynamicCEV : public PriceDynamic
{
public:
  const double S;
  const double mu;
  const double sigma;
  const double alpha;
public:
  PriceDynamicCEV(int depth, const double S, const double mu, const double sigma, double
      alpha)
    : BiTree(depth), S(S), mu(mu), sigma(sigma), alpha(alpha)
  {
    this->tree_[0][0] = this->S;

    // 生成价格二叉树的所有节点
    for(auto i = 0; i < depth-1; ++i)
    {
      auto size = tree_[i].size();
      for(auto j = 0; j < size; ++j)
      {
        // 换算为u, d 参数
        auto sigma = this->sigma*pow(this->tree_[i][j], alpha);
        auto u = 1 + this->mu  + sigma;
        auto d = 1 + this->mu  - sigma;

        this->tree_[i+1][2*j] = this->tree_[i][j] * u;
        this->tree_[i+1][2*j+1] = this->tree_[i][j] * d;
      }
    }
  }
};

class WealthDynamic
{
public:
  int depth;
```

```
182      std::shared_ptr<ProbDynamic> prob;          //> 概率分布
183      std::shared_ptr<PriceDynamicCEV> price;     //> 价格过程
184      std::shared_ptr<Strategy > strategy;        //> 投资策略
185      std::shared_ptr<BiTree > wealth;            //> 财富过程，保存从当前节点开始投资到期末的财富
             数量
186
187 public:
188      WealthDynamic(int depth, double S, double mu, double sigma, double alpha, double p)
189          : depth(depth), wealth(new BiTree(depth)),
190            prob(new ProbDynamic(depth, p)),
191            price(new PriceDynamicCEV(depth, S, mu, sigma, alpha)),
192            strategy(new Strategy(depth-1))
193      {
194      }
195      /**
196       * \brief 寻找最优投资策略
197       * \param L    可以容忍的最大损失
198       * \param mu_m 单期缴费
199       * \param r       无风险利率
200       * \param gamma 风险厌恶系数
201       * \param partationNo 风险约束区间的划分数量
202       * \param quantile 1-置信度对应的标准正态分布分位数
203       */
204      auto OptimalStrategy(double L, double mu_m, double r, double gamma, int partationNo,
             double quantile) const
205      {
206        auto tau = 1.0;
207        auto N_1 = quantile * quantile *(exp(2*r*tau) -1 )/(2.* r);
208        auto N_2 = mu_m * (exp(r*tau) - 1)/r;
209        auto N_3 = (this->price->mu - r) * (exp(r*tau) - 1)/r;
210
211        auto sigma = 0.;
212        // 逆向优化，从T-1时刻开始
213        for (auto i = this->depth-2; i != -1; --i)
214        {
215          auto curPrice = this->price->tree_[i]; // 获取当前时间点
216          auto curStateNo = curPrice.size();     // 当前时间点所有价格状态数量
217          // 遍历当前时刻的所有价格状态
218          for(auto j=0; j < curStateNo; ++j)
219          {
220            // 生成所有可能的策略空间，等间距地在上下限之间取值
221
222            sigma = (this->price->sigma) * pow(curPrice[j], this->price->alpha); // CEV 波动率
223            auto lbd = -(L+N_2)/(sqrt(N_1)*sigma - N_3);  // lower bound
224            auto ubd =  (L+N_2)/(sqrt(N_1)*sigma + N_3);  // uppder bound
225            auto strategy_sampleNo = partationNo;
226
227            std::vector<double> strategies;
```

```
228      for(auto i = 0; i < strategy_sampleNo; ++i)
229      {
230        strategies.push_back(std::lerp(lbd, ubd, static_cast<double>(i)/
         strategy_sampleNo));
231      }
232      strategies.push_back(ubd);
233      DEBUGINFO(i);
234      DEBUGINFO(j);
235      DEBUGINFO(ubd);
236      DEBUGINFO(lbd);
237      // 计算每一策略下的期望财富
238      std::vector<double> expectedutility; // 所有可能的未来财富
239      expectedutility.resize(strategies.size());
240      // 计算每一策略对应的财富分布，概率是否归一化不影响结果
241      auto probdist = *(this->prob->getsubtree(i, j).tree_.end()-1);
242      for(auto k = 0; k < strategy_sampleNo+1; ++k)
243      {
244          //财富演化过程
245          auto curwealthtree = this->wealth->getsubtree(i, j);
246          auto curpricetree = this->price->getsubtree(i, j);
247          auto cursize = curwealthtree.tree_.size();
248
249          assert(cursize == this->depth - i);
250
251          // 计算该策略下的最终财富分布
252          curwealthtree.tree_[0][0] = 0; // 初始财富取0，不影响结果，因为策略与财富无关
253          for(auto i = 0; i < cursize-1; ++i)
254          {
255            auto size = curwealthtree.tree_[i].size();
256
257            for(auto j = 0; j < size; ++j)
258            {
259              curwealthtree.tree_[i+1][2*j] = (1+r)*(curwealthtree.tree_[i][j]-
             strategies[k]+mu_m) +
260                     strategies[k]*curpricetree.tree_[i+1][2*j]/curpricetree.tree_[i][j];
261              curwealthtree.tree_[i+1][2*j+1] = (1+r)*(curwealthtree.tree_[i][j]-
             strategies[k]+mu_m) +
262                     strategies[k]*curpricetree.tree_[i+1][2*j+1]/curpricetree.tree_[i][j];
263            }
264          }
265
266          auto terminalwealth = *(curwealthtree.tree_.cend()-1); // 终端财富
267
268          std::vector<double> utility;
269          utility.resize(terminalwealth.size());
270          std::transform(terminalwealth.cbegin(), terminalwealth.cend(), utility.begin()
         ,
271            [gamma](double wealth) -> double
```

```
272                {
273                    return -exp(-gamma*wealth)/gamma;
274                });
275            expectedutility[k] = vecdotvec(utility, probdist); // 概率无须归一化，比较期望
       不影响
276        }
277        auto pos = std::max_element(expectedutility.cbegin(), expectedutility.cend()); //
       最大期望效用
278        this->strategy->tree_[i][j] = strategies[pos - expectedutility.cbegin()]; // 对应
       投资策略
279    }
280  }
281 //    this->strategy->show_content();
282    return this->strategy;
283  }
284 };
285 #endif //NUMERICAL__DATAMODEL_H
```